大数据与广西县域旅游竞争力评价研究

梁业章　张河清　主编

科学出版社
北　京

内 容 简 介

本书立足于广西县级地域旅游产业的实际发展概况，选取广西文化和旅游厅指定参与广西游客满意度调查的 48 个县（市、区）作为分析样本，以大数据、"互联网＋"为依托，构建了由要素竞争力、业绩竞争力、管理竞争力、发展竞争力和新媒体评价 5 个一级指标，4A 级以上景区数量、旅行社数量等 22 个二级指标组成的县域旅游竞争力评价指标体系，并通过 Excel、SPSS、ArcGIS 等分析软件对县域旅游的空间数据进行量化处理，得出广西各县（市、区）域旅游竞争力水平总体情况并基于全域旅游、文旅融合等视角进行解读。

本书可供城乡发展、旅游规划等领域研究者与从业人员，文化地理学、旅游管理学、人文地理学等学科的师生参考阅读。

图书在版编目（CIP）数据

大数据与广西县域旅游竞争力评价研究/梁业章，张河清主编. —北京：科学出版社，2022.5
ISBN 978-7-03-072336-9

Ⅰ．①大…　Ⅱ．①梁…　②张…　Ⅲ．①旅游业-竞争力-研究-广西　Ⅳ．①F592.767

中国版本图书馆 CIP 数据核字（2022）第 086600 号

责任编辑：石　珺　李　静 / 责任校对：张小霞
责任印制：吴兆东 / 封面设计：蓝正设计

科学出版社 出版
北京东黄城根北街 16 号
邮政编码：100717
http://www.sciencep.com

北京捷迅佳彩印刷有限公司 印刷
科学出版社发行　各地新华书店经销

*

2022 年 5 月第 一 版　开本：720×1000　B5
2022 年 5 月第一次印刷　印张：17
字数：327 000

定价：146.00 元
（如有印装质量问题，我社负责调换）

前言

近年来，广西壮族自治区以习近平新时代中国特色社会主义思想为指导，精准把握新发展阶段、深入贯彻新发展理念、加快构建新发展格局，聚焦探索具有广西特色的立足于乡村振兴的县域旅游发展新路径，取得了一系列令人瞩目的新成就，形成了具有标杆和示范意义的新模式。

本书选取广西境内的全域旅游示范区、广西特色旅游名县、广西特色旅游名县创建县、广西特色旅游名县备选县和广西游客满意度调查县作为研究对象。为了便于调查统计分析，同时基于数据的可获取性，选取广西壮族自治区文化和旅游厅指定参与广西游客满意度调查的48个县（市、区）作为分析样本。需要特别指出的是，为了与广西游客满意度调查县（市、区）数据样本保持一致，将涠洲岛（县级管理体制，下同）作为县域参与排名。

本书立足广西县级地域的旅游发展状况，在2018~2019年进行了连续不间断的调查研究，以大数据、"互联网+"为依托，构建县域旅游竞争力评价指标体系：主要由要素竞争力、业绩竞争力、管理竞争力、发展竞争力和新媒体评价5个一级指标、22个二级指标等组成。通过定量研究与定性研究相结合的方法总结出一套科学、完备、能较为真实反映各县（市、区）旅游发展水平的竞争力评价体系，利用"互联网+"旅游大数据，应用 Excel、SPSS、ArcGIS 等分析软件，对县域旅游的空间数据进行处理，得出广西各县（市、区）域旅游竞争力水平总体情况，并基于全域旅游的视角解读广西县域旅游竞争力。对广西县域旅游经济竞争力进行研究，具有较强的理论价值、实践意义和应用价值。

本书得到广西游客满意度项目、国家社会科学基金项目"南粤古驿道文化遗产保护与活化利用研究"（批准号：19FSHB007）；国家自然科学基金面上项目"旅游业跨区域联合发展的竞合机制及其绩效评价研究"（批准号：70973029）；国家自然科学基金面上项目"民族传统聚落"文化与生态基因信息图谱"建模及应用研究"（批准号：71473051）；教育部新世纪优秀人才支持计划项目"旅游竞争力评价体系研究"（批准号：NCET-10-0086）共同资助。

由于作者水平有限，时间仓促，书中难免存在疏漏之处，恳请广大读者与同行批评指正。

目 录

前言

第1部分 总 报 告

第1章 研究背景与发展概况 ... 3

1.1 研究背景 ... 3
1.1.1 旅游业对全面建成小康社会起到重要的支撑作用 ... 3
1.1.2 旅游业转型升级的现实需求 ... 4
1.1.3 县域是新常态下旅游发展的"主力战场" ... 5

1.2 发展概况 ... 5
1.2.1 首届广西县域旅游竞争力新闻发布会概况 ... 5
1.2.2 主流媒体的报道与转载 ... 7

第2章 广西县域旅游竞争力评价指标体系及模型 ... 9

2.1 构建原则 ... 9
2.1.1 科学性原则 ... 9
2.1.2 层次性原则 ... 9
2.1.3 系统性原则 ... 9
2.1.4 动态性原则 ... 10
2.1.5 前瞻性原则 ... 10

2.2 评价指标制定参考标准 ... 10

2.3 竞争力评价模型 ... 11
2.3.1 理论基础 ... 11
2.3.2 参考模型 ... 17
2.3.3 县域旅游竞争力关键因素分析 ... 21

2.4 竞争力评价指标体系 ... 37
2.4.1 竞争力构成要素 ... 37
2.4.2 广西县域旅游综合竞争力评价指标体系 ... 38
2.4.3 广西县域旅游创新发展能力评价指标体系 ... 39

2.5 数据采集 ··· 40
    2.5.1 文化和旅游厅官方网站 ··· 40
    2.5.2 各县（市、区）旅游统计数据 ··· 41
    2.5.3 各县（市、区）《国民经济和社会发展统计公报》 ·················· 41
    2.5.4 各县（市、区）编制的《旅游业发展规划》 ·························· 41
    2.5.5 广西旅游科学研究所 ··· 41
    2.5.6 第三方网站 ·· 41
    2.5.7 百度大数据分析平台 ··· 41
    2.5.8 专家评价 ·· 42
2.6 评价方法 ··· 42
    2.6.1 因子分析法 ·· 42
    2.6.2 聚类分析法 ·· 43
    2.6.3 GIS 技术 ··· 44
    2.6.4 内容分析法 ·· 44

第 3 章 2018～2019 年广西县域旅游竞争力评价及解读 ············· 46

3.1 广西 2018～2019 年县域旅游竞争力评价 ······························· 46
    3.1.1 要素竞争力评价 ·· 46
    3.1.2 业绩竞争力评价 ·· 47
    3.1.3 管理竞争力评价 ·· 47
    3.1.4 发展竞争力评价 ·· 48
    3.1.5 新媒体评价 ·· 48
    3.1.6 综合竞争力评价 ·· 49
    3.1.7 旅游创新发展能力指数评价 ·· 50
3.2 解读广西县域旅游综合竞争力"十强县" ································ 50
    3.2.1 旅游综合竞争力第一名——阳朔县 ······································· 52
    3.2.2 旅游综合竞争力第二名——青秀区 ······································· 54
    3.2.3 旅游综合竞争力第三名——涠洲岛（县级管理体制） ············ 55
    3.2.4 旅游综合竞争力第四名——靖西市 ······································· 57
    3.2.5 旅游综合竞争力第五名——秀峰区 ······································· 58
    3.2.6 旅游综合竞争力第六名——金秀县 ······································· 59
    3.2.7 旅游综合竞争力第七名——龙胜县 ······································· 60
    3.2.8 旅游综合竞争力第八名——资源县 ······································· 61
    3.2.9 旅游综合竞争力第九名——城中区 ······································· 63
    3.2.10 旅游综合竞争力第十名——兴安县 ····································· 64

第4章 广西县域旅游发展的总体评价与建议……66

4.1 广西县域旅游发展的探索与实践……66
4.1.1 "双创双促"成效显著，形成广西模式……66
4.1.2 文旅融合绽放光彩，释放强大动能……67
4.1.3 旅游扶贫典型样本，村民共享红利……68
4.1.4 深化供给创新，激活消费需求……69
4.1.5 借力品牌优势，提质康养旅游……69
4.1.6 节事活动品牌化，助推县域经济……71

4.2 广西县域旅游发展的主要问题……72
4.2.1 基础设施建设需完善，未解决"最后一公里"……72
4.2.2 资源特色未充分发挥，产业融合度较低……72
4.2.3 品牌形象定位不清晰，游客感知混淆……73
4.2.4 旅游经济发展不均衡，联动作用不明显……73
4.2.5 旅游资金投入不够，投融资渠道不畅……74
4.2.6 旅游市场管理水平不高，缺乏统一规定……74
4.2.7 旅游高素质人才短缺，职业素养有待提高……75

4.3 发展建议……75
4.3.1 统筹推进，有效衔接乡村振兴……75
4.3.2 抓住机遇，打造粤港澳大湾区"后花园"……76
4.3.3 全域覆盖，优化县域旅游发展环境……77
4.3.4 区域联动，促进县域协同发展……78
4.3.5 打造IP，发展县域特色优势产业……78
4.3.6 培育精品，升级旅游品牌形象……80
4.3.7 畅通渠道，加大旅游资金投入……80
4.3.8 强化监管，提高景区管理水平……81
4.3.9 注重人才，提升人才的量与质……81

第2部分 分 报 告

第5章 全域旅游早谋划——阳朔县……85

5.1 阳朔县县域旅游发展概况……85
5.1.1 发展现状……85
5.1.2 发展优势……86

5.2 阳朔县县域旅游的探索与实践……90
5.2.1 发展历史梳理……90

　　　　5.2.2　政府统筹，党建引领模式 ·· 91

　5.3　阳朔县县域旅游发展的主要问题及原因分析 ·· 96

　　　　5.3.1　阳朔县县域旅游发展的主要问题 ·· 96

　　　　5.3.2　阳朔县县域旅游发展主要问题的原因分析 ······························· 98

　5.4　阳朔县县域旅游发展建议 ·· 98

　　　　5.4.1　提升政府预见性的监管，实现有效的社会管理 ························ 98

　　　　5.4.2　践行"两山理论"，强化宣传推广 ·· 99

　　　　5.4.3　解放思想，全面理顺旅游发展体制 ·· 99

　　　　5.4.4　面向市场，形成百花齐放的生动局面 ···································· 100

　　　　5.4.5　党建引领，推动各项工作落到实处 ·· 100

第6章　绿色城区显魅力——青秀区 ··· 102

　6.1　青秀区县域旅游发展概况 ·· 102

　　　　6.1.1　发展现状 ··· 102

　　　　6.1.2　发展优势 ··· 103

　6.2　青秀区县域旅游的探索与实践 ·· 104

　　　　6.2.1　发展历史梳理 ·· 104

　　　　6.2.2　坚持全域发展原则，深入开展全域旅游建设 ························ 105

　6.3　青秀区县域旅游发展的主要问题及原因分析 ·· 107

　　　　6.3.1　青秀区县域旅游发展的主要问题 ·· 107

　　　　6.3.2　青秀区县域旅游发展主要问题的原因分析 ···························· 108

　6.4　青秀区县域旅游发展建议 ·· 109

　　　　6.4.1　突出政府主导作用，营造良好的县域旅游发展氛围 ············ 109

　　　　6.4.2　突出品牌意识，提高县域旅游核心的竞争力 ························ 109

　　　　6.4.3　优化旅游服务环境，提升旅游服务品质 ································ 110

　　　　6.4.4　突出项目带动，加大招商引资力度 ······································ 110

　　　　6.4.5　优化旅游产业结构，推动旅游提质发展 ································ 110

　　　　6.4.6　强化教育培训，提供人才保障 ·· 110

　　　　6.4.7　加强基础设施建设，完善公共服务体系 ································ 111

第7章　海岛旅游创精品——涠洲岛 ··· 112

　7.1　涠洲岛县域旅游发展概况 ·· 112

　　　　7.1.1　发展现状 ··· 112

　　　　7.1.2　发展优势 ··· 114

　7.2　涠洲岛县域旅游的探索与实践 ·· 117

7.2.1　发展历史梳理 ·· 117
　　　7.2.2　海岛旅游创精品模式 ·· 119
　7.3　涠洲岛县域旅游发展的主要问题及原因分析 ··· 122
　　　7.3.1　涠洲岛县域旅游发展的主要问题 ·· 122
　　　7.3.2　涠洲岛县域旅游发展主要问题的原因分析 ······································· 124
　7.4　涠洲岛县域旅游发展建议 ·· 125
　　　7.4.1　明确核心价值，打造"慢活"旅游品牌 ··· 125
　　　7.4.2　加强顶层设计，做好海岛统一规划和管理工作 ······························· 126
　　　7.4.3　打造文化旅游产品，丰富休闲娱乐项目 ··· 127
　　　7.4.4　加强基础设施建设和服务设施建设，推进智慧旅游服务 ·················· 128
　　　7.4.5　加大社会资本投资力度，拓展旅游投融资渠道 ······························· 128
　　　7.4.6　宣传生态文明理念，加强涠洲岛生态环境、海岛资源保护工作 ········ 128
　　　7.4.7　加大质量体系管理，携手应对全球化挑战 ····································· 129

第8章　民族旅游显特色——靖西市 ··· 130

　8.1　靖西市县域旅游发展概况 ·· 130
　　　8.1.1　发展现状 ·· 130
　　　8.1.2　发展优势 ·· 135
　8.2　靖西市县域旅游的探索与实践 ·· 139
　　　8.2.1　发展历史梳理 ··· 139
　　　8.2.2　民族旅游显特色模式 ·· 141
　8.3　靖西市县域旅游发展的主要问题及原因分析 ··· 143
　　　8.3.1　靖西市县域旅游发展的主要问题 ··· 143
　　　8.3.2　靖西市县域旅游发展主要问题的原因分析 ····································· 146
　8.4　靖西市县域旅游发展建议 ·· 148
　　　8.4.1　挖掘全新旅游品牌，推进产业融合发展 ··· 148
　　　8.4.2　加强民族传统文化的保护与深入开发 ·· 149
　　　8.4.3　加强基础设施建设，为旅游发展提供现实基础 ······························· 149
　　　8.4.4　加强人才队伍建设，为旅游业输送高质量人才 ······························· 149
　　　8.4.5　激发各个主体积极性，推动社会共创旅游高地 ······························· 149

第9章　文旅体融合多亮点——秀峰区 ··· 151

　9.1　秀峰区县域旅游发展概况 ·· 151
　　　9.1.1　发展现状 ·· 151
　　　9.1.2　发展优势 ·· 154

9.2 秀峰区县域旅游的探索与实践 155
    9.2.1 发展历史梳理 155
    9.2.2 文旅体融合发展模式 157

9.3 秀峰区县域旅游发展的主要问题及原因分析 162
    9.3.1 秀峰区县域旅游发展的主要问题 162
    9.3.2 秀峰区县域旅游发展主要问题的原因分析 162

9.4 秀峰区县域旅游发展建议 163
    9.4.1 深入挖掘文化底蕴，吸引游客前来旅游 163
    9.4.2 开展法律进景区，促进辖区旅游业健康发展 164
    9.4.3 加强旅游市场监管，促进旅游管理体制升级 165
    9.4.4 提升旅游人员从业素质，提升行业服务水平 166

第10章 特色旅游促脱贫——金秀县 167

10.1 金秀县县域旅游发展概况 167
    10.1.1 发展现状 167
    10.1.2 发展优势 170

10.2 金秀县县域旅游的探索与实践 175
    10.2.1 发展历史梳理 175
    10.2.2 特色旅游促脱贫模式 177

10.3 金秀县县域旅游发展的主要问题及原因分析 179
    10.3.1 金秀县县域旅游发展的主要问题 179
    10.3.2 金秀县县域旅游发展主要问题的原因分析 181

10.4 金秀县县域旅游发展建议 182
    10.4.1 坚持绿色发展理念，推动协同发展 182
    10.4.2 完善旅游规划，规范旅游开发管理 182
    10.4.3 树立鲜明旅游形象，加大旅游宣传力度 183
    10.4.4 完善旅游基础设施，加强旅游可进入性 183
    10.4.5 健全多元化投资体制，提升经济支撑能力 183

第11章 生态旅游扶贫齐发展——龙胜县 184

11.1 龙胜县县域旅游发展概况 184
    11.1.1 发展现状 184
    11.1.2 发展优势 186

11.2 龙胜县县域旅游的探索与实践 191
    11.2.1 发展历史梳理 191

11.2.2 "生态、旅游、扶贫"三位一体发展模式·············194
11.3 龙胜县县域旅游发展的主要问题及原因分析·············197
11.3.1 龙胜县县域旅游发展的主要问题·············197
11.3.2 龙胜县县域旅游发展主要问题的原因分析·············198
11.4 龙胜县县域旅游发展建议·············199
11.4.1 加强交通基础设施建设·············199
11.4.2 出台科学长远的县域旅游发展规划·············199
11.4.3 设计富有深度的旅游产品和项目·············199
11.4.4 加大力度规范旅游市场管理·············200

第12章 特色旅游促融合——资源县·············201
12.1 资源县县域旅游发展概况·············201
12.1.1 发展现状·············201
12.1.2 发展优势·············204
12.2 资源县县域旅游的探索与实践·············206
12.2.1 发展历史梳理·············206
12.2.2 特色旅游促融合模式·············206
12.3 资源县县域旅游发展的主要问题及原因分析·············209
12.3.1 资源县县域旅游发展的主要问题·············209
12.3.2 资源县县域旅游发展主要问题的原因分析·············211
12.4 资源县县域旅游发展建议·············212
12.4.1 完善各类配套设施,提升旅游接待能力·············212
12.4.2 差异化开发产品,突显地方特色·············213
12.4.3 优化旅游产业链,形成规模效应·············214
12.4.4 加强推介宣传,树立旅游品牌形象·············215

第13章 环江旅游树标杆——城中区·············217
13.1 城中区县域旅游发展概况·············217
13.1.1 发展现状·············217
13.1.2 发展优势·············222
13.2 城中区县域旅游的探索与实践·············224
13.2.1 发展历史梳理·············224
13.2.2 环江旅游树标杆模式·············226
13.3 城中区县域旅游发展的主要问题及原因分析·············229
13.3.1 城中区县域旅游发展的主要问题·············229

13.3.2 城中区县域旅游发展主要问题的原因分析 230

13.4 城中区县域旅游发展建议 231
13.4.1 加快补齐短板，优化机制政策 231
13.4.2 加大供给侧改革，加快产业融合 232
13.4.3 创新发展规划，打造一批旅游服务平台 232
13.4.4 加强旅游人才队伍建设，提升服务品质 232

第 14 章 产业融合绘美景——兴安县 234

14.1 兴安县县域旅游发展概况 234
14.1.1 发展现状 234
14.1.2 发展优势 238

14.2 兴安县县域旅游的探索与实践 241
14.2.1 发展历史梳理 241
14.2.2 产业融合绘美景模式 244

14.3 兴安县县域旅游发展的主要问题及原因分析 245
14.3.1 兴安县县域旅游发展的主要问题 245
14.3.2 兴安县县域旅游发展主要问题的原因分析 247

14.4 兴安县县域旅游发展建议 248
14.4.1 完善配套设施，提升服务水平 248
14.4.2 线上线下同步宣传，提高知名度 248
14.4.3 深度开发旅游资源，提升内涵品位 249
14.4.4 从"旅游＋"到"＋旅游"，构建旅游新格局 250

参考文献 251

附录 254

后记 259

第1部分

总报告

第 1 章 研究背景与发展概况

1.1 研究背景

当前中国正在进入"全民旅游""品质旅游"的时代,旅游发展进入提质升级的新阶段。县域是中国最传统的基层单元行政区,县域旅游是我国旅游业发展的重要基础和主要增长点,蕴藏着巨大的旅游发展潜力。发展县域旅游,将各县域拥有的丰富的旅游资源转化为现实的经济力量,是县域经济迫切需要发展以适应整个国民经济发展情况下的一个重要的经济突破口。在广西县域大力发展旅游经济,将有利于加快县域经济产业结构升级换代,加快广西现代化建设步伐,实现以旅游产业开发促进地方经济发展、构建和谐社会。

1.1.1 旅游业对全面建成小康社会起到重要的支撑作用

我国旅游业已全面融入国家战略体系,其综合性强、关联性高、拉动性大,在政治、经济、文化、社会、生态等领域显示出巨大的发展活力,成为国家经济社会发展的战略性支柱产业。数据显示,2018 年,我国实现旅游总收入 5.97 万亿元,同比增长 10.5%。全年全国旅游业对 GDP 的综合贡献为 9.94 万亿元,占 GDP 总量的 11.04%[1]。2019 年实现旅游总收入 6.63 万亿元,同比增长 11%。旅游业对 GDP 的综合贡献为 10.94 万亿元,占 GDP 总量的 11.05%[2]。旅游业发展也是我国全面建成小康社会的重要内容,其就业容量大、门槛低、层次多、方式灵活,既有适合广大民众参与就业的大量岗位,又有适合不同类型的高层次人才创业的众多机会,适合激发全社会创业创新创意热情。2018 年我国旅游直接就业 2826 万人,旅游直接和间接就业 7991 万人,占全国就业总人口的 10.29%[3]。2019 年旅游直接就业 2825 万人,旅游直接和间接就业 7987 万人,占全国就业总人口的 10.31%[4]。

旅游业在我国精准扶贫中发挥着日益显著的作用,具有目标准、成本低、见效快、受益面广、返贫率低、受益期长等主要特点。党的十八大以来,旅游业作为国家扶贫战略的重要组成部分,通过智力扶贫、资金帮扶、产业扶贫等手段和

---

[1] https://baijiahao.baidu.com/s?id=1625334736334192787&wfr=spider&for=pc
[2] https://baijiahao.baidu.com/s?id=1660856707899708619&wfr=spider&for=pc
[3] http://www.gov.cn/shuju/2019-02/13/content_5365248.htm
[4] http://www.xinhuanet.com/2020-03/10/c_1125692452.htm

措施，促进许多贫困落后的乡村地区实现脱贫，走向致富，为国家扶贫战略目标的实现做出了巨大贡献。旅游扶贫正在成为发挥旅游综合功能、做大做强旅游产业的新方式、新路径、新载体。

党的十九大胜利召开，对旅游业发展是极大的鼓励与鞭策。习近平总书记在党的十九大报告中指出，随着社会的发展，人民美好生活需要日益广泛，我们要在满足人民群众对物质文化生活更高要求的基础上，不断促进人的全面发展，为人民创造良好生产生活环境，建设美丽中国，让全体人民在共建共享发展中有更多获得感。旅游业作为现代社会经济体系中的幸福产业，能够使人们通过参与旅游活动和旅游业发展等途径来分享社会发展成果，并获得精神愉悦，促进人的全面发展。2020年是脱贫攻坚、全面建成小康社会的收官之年，这赋予了旅游业光荣而艰巨的历史使命：旅游业要在决胜全面建成小康社会的收官时期，在精准扶贫、提高广大人民群众的获得感和幸福感、促进人的全面发展等方面发挥更重要的作用。

1.1.2 旅游业转型升级的现实需求

2014年习近平总书记的系列讲话让"新常态"成为国内学术研究热点，中国经济逐渐步入新常态是一个不争的事实。"中速度""优结构""新动力""多挑战"是新常态下中国经济发展的四大主要特征[1]，旅游业作为新常态下区域经济新的增长点，增长方式必须适应新常态。同年，《国务院关于促进旅游业改革发展的若干意见》明确提出了科学旅游观的主线：转型升级与提质增效[2]。中国旅游发展正处于由粗放型向集约化发展的转型期，旅游经济增长方式不能仅仅依靠数量的增加，旅游资源开发利用必须走集约化发展道路，必须适应旅游经济转型升级的现实需求。

2018年政府工作报告中明确提出要大力发展全域旅游，创建全域旅游示范区[3]。2018年3月，国务院办公厅印发《国务院办公厅关于促进全域旅游发展的指导意见》[4]，就推动全域旅游发展做出部署。指导意见的发布，标志着全域旅游正式上升为国家战略，是大众旅游时代我国旅游业发展战略的一次新提升。这也意味着在新时代背景下，旅游业必须实现转型升级，才能实现可持续发展。一个区域的旅游质量，不单单取决于旅行社、酒店、景区的服务质量，而是由整个区域的综合环境决定的，这就要求必须从整体优化旅游环境、优化旅游全过程，配套旅游基础设施、公共服务体系和旅游服务要素。

---

[1] http://news.12371.cn/2014/12/10/ARTI1418146923180203.shtml
[2] http://www.gov.cn/zhengce/content/2014-08/21/content_8999.htm
[3] http://www.gov.cn/zhuanti/2018lh/2018zfgzbg/zfgzbg.htm
[4] http://www.gov.cn/xinwen/2018-03/22/content_5276533.htm

2018年4月8日,中华人民共和国文化和旅游部正式在北京挂牌,标志着"诗和远方"正式走到了一起。本质上,"文旅融合"现象是我国旅游业朝着良性与健康方向发展的一种体现。在这样的大背景下,传统旅游市场将面临一定程度的震荡与重组。旅游行业的升级换代不可避免,势在必行,但同时消费升级也不是一蹴而就,需要一个过程,这个过程是行业头部企业引领行业逐步转变的过程。因此,在文旅融合发展的理念下,旅游业转型升级势不可挡。

1.1.3 县域是新常态下旅游发展的"主力战场"

我国是个农业大国,绝大部分人口在县域。县域经济是整个国民经济的重要经济基础,也是国家政权得以稳固的基石。县域旅游经济作为县域经济的组成部分,有着其特殊性和重要地位。在新常态下,大力推进现代服务业发展,最大难点在县域,重点和着力点也在县域。毋庸置疑,县域是旅游发展的"主力战场"。目前,国际旅游需求已经发育到一个非常完善的程度,中国旅游主要不是靠特殊的吸引力而是靠全面的竞争力求得发展。近年来,广西县域旅游业虽然发展较快,但发展的总体水平与资源优势很不相称。广西县域旅游未来发展的水平和繁荣昌盛无疑将对整个广西区域的竞争力水平的提升有重要作用。

除此之外,发展县域旅游经济是实施政府主导型旅游发展战略、加快县域经济发展的重要工作,是转变经济发展方式、调整经济结构、提高产业素质的重要举措。县域旅游开发兼具经济与文化的综合性,既能"输血",也能"造血"。通过旅游开发,一方面可以有效培植各县域地方文化自然保存、发展的造血功能,使普通民众获得传承、保护地方文化的动力,增强地方文化的自我传习、保护和持续发展的能力,如促使当地居民开始修建历史建筑、传承传统文化等;另一方面不断提高地方群众的思想道德水平和科学文化水平,提高生活质量,提高适应市场、参与竞争的能力。只要县域旅游发展得当,无疑将有力地拉动地方经济的持续增长,有利于从整体上认识全国区域旅游竞争格局及区域旅游产业发展的大方向,提升广西在全国旅游格局中的地位和作用,并促成构成国内旅游业完整的支持体系。因此,改变各县域经济发展不平衡的局面,加快县域小康社会建设已经成为当前刻不容缓的任务。

1.2 发展概况

1.2.1 首届广西县域旅游竞争力新闻发布会概况

2019年12月20日,由桂林旅游学院和崇左市大新县人民政府共同主办,广西旅游科学研究所、桂林旅游学院《旅游论坛》编辑部、中国旅游研究院东盟旅游研究基地、广东旅游竞争力评价研究中心承办的"2019边境县域旅游可持续发展研讨会暨2019广西县域旅游竞争力评价研究报告发布会"在广西崇左市大新县举行。来自国内旅游界著名专家学者、专业期刊主编、广西旅游发展重点县（市、区）领导和国家、省、市30多家主流媒体记者出席了此次会议，以期为推进我国边境县域旅游可持续发展、加强旅游领域的学者和行业专家之间的交流、展现相关研究成果，为学术研究、机构或企业参与县域旅游可持续发展的务实合作构建广泛而全面的交流平台（图1-1）。

图1-1 2019边境县域旅游可持续发展研讨会暨2019广西县域旅游竞争力评价研究报告发布会

研讨会上，近百名与会代表围绕"开放、发展、可持续"主题，就边境旅游、县域旅游、乡村旅游等议题展开热烈讨论，形成一定共识。在发布会上，由桂林旅游学院、广西旅游科学研究所、广东旅游竞争力评价研究中心组成的广西县域旅游竞争力研究课题组，向社会发布了《广西县域旅游竞争力评价研究报告》（2018～2019年）。研究报告根据课题组对全区48个县（市、区）的实地调研，采用科学的计量方法和全面的旅游大数据调研资料，对各县的旅游竞争力进行了全方位的调研分析及系统的科学测算，评选出广西 2018～2019 年度"旅游综合竞争力十强县（市）"，分别是阳朔县、南宁市青秀区、涠洲岛、靖西市、桂林市秀峰区、金秀瑶族自治县（简称金秀县）、龙胜各族自治县（简称龙胜县）、资源县、柳州市城中区、兴安县。大新县、容县、桂林市雁山区、融水苗族自治县（简称融水县）、恭城瑶族自治县（简称恭城县）、南宁市邕宁区、南宁市兴宁区、三江侗族自治县（简称三江县）、东兴市、巴马瑶族自治县（简称巴马县）获评"旅游创新发展十强县（市）"。此外，研究报告根据广西县域旅游实际发展情况，指出目前发展存在的优势与不足，为县域旅游下一步的发展方向指明道路。

1.2.2 主流媒体的报道与转载

《广西县域旅游竞争力评价研究报告》（2018～2019 年）一经发布，便受到了多个主流媒体的报道与转载，各个新闻媒体也对"2019 边境县域旅游可持续发展研讨会暨 2019 广西县域旅游竞争力评价研究报告发布会"进行了宣传，为研究报告和发布会的传播推广发挥了重要作用（图 1-2）。

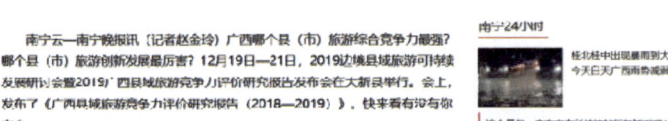

图 1-2　主流媒体对广西县域旅游竞争力报道和转载

第 2 章　广西县域旅游竞争力评价指标体系及模型

2.1　构建原则

2.1.1　科学性原则

科学性原则指的是评价指标体系能较客观、准确、全面地反映广西县域旅游的本质特征，能较好地度量广西 48 个县旅游可持续发展主要目标实现的程度。且选取的指标需概念界定清楚，统计口径一致，指标的统计口径和核算方法纵向（同一地区不同年份）、横向（不同地区之间）可比。

科学评价原则包含三个方面的内容：一是评价指标体系内容的准确性；二是评价指标体系的构建方法具有科学性；三是评价指标体系能体现评价的客观性。

2.1.2　层次性原则

旅游系统是一个多层次的目的地等级系统，县域旅游系统可分解出不同等级系统。按照结构决定功能的原则，系统内范围大小不同的子系统，各结构层次的子系统，决定了旅游目的地系统内部各层次结构功能的不同差异，各结构层次的子系统有机组合构成一个完整的县域旅游系统。

指标体系的构建是由许多同一层次中具有不同作用和特点的指标构成，因此选择指标也要具有层次性原则。

2.1.3　系统性原则

尽可能多地选取可以概括反映被评价对象各个层面特征的指标。县域是我国具有相对独立性和完整性的基础行政区域，是一个机构齐全、功能完备的有机体系。县域旅游可视为一个系统，它是由相互作用和相互依赖的经济要素结合而成的具有特定功能的有机整体，各要素之间关联性密切、整体性很强。系统整体功能不等于部分功能之和，若系统结构是合理的，其整体功能将大于部分功能之和。

县域旅游空间结构具有"牵一发而动全身"的相互影响作用。因此，在进行县域旅游竞争力评价时，应从系统的整体出发，综合考虑整个系统的运行，着眼于系统的整体评价原则。

2.1.4 动态性原则

任何事物都是发展的，因此，衡量县域旅游发展水平的有关评价指标的评价值也具有动态性。指标体系的研究总是在一定空间范围内进行，其中除了有反映发展的静态指标，还要有动态指标；既要从时间序列，又要从空间序列来评价和判定。因此，不同发展水平应采用不同的指标体系，遵循动态性原则。

2.1.5 前瞻性原则

前瞻性原则是指县域旅游发展评价指标体系的设计要体现与时俱进的精神，把握未来发展的基本趋势，注重选择一些反映县域旅游发展潜力的指标。

2.2 评价指标制定参考标准

本书评价指标制定参考了省域经济竞争力评价指标体系的标准，李建平（2007）借鉴国际上区域经济竞争力研究的主流研究体系和方法，按照科学性、客观性、系统性等原则，兼顾考虑综合性要素和开放性要素、直接性要素和动态性要素，建立了一个由四级层次指标构成的省域经济竞争力评价指标体系。

其中，一级指标为 A：省域经济综合竞争力。

二级指标共 8 个，包括 B1：宏观经济竞争力、B2：产业经济竞争力、B3：可持续发展竞争力、B4：财政金融竞争力、B5：知识经济竞争力、B6：发展环境竞争力、B7：宏观经济实力、B8：发展水平竞争力。

三级指标共 22 个。一、二、三级指标具体名称如图 2-1 所示，四级指标 184 个。

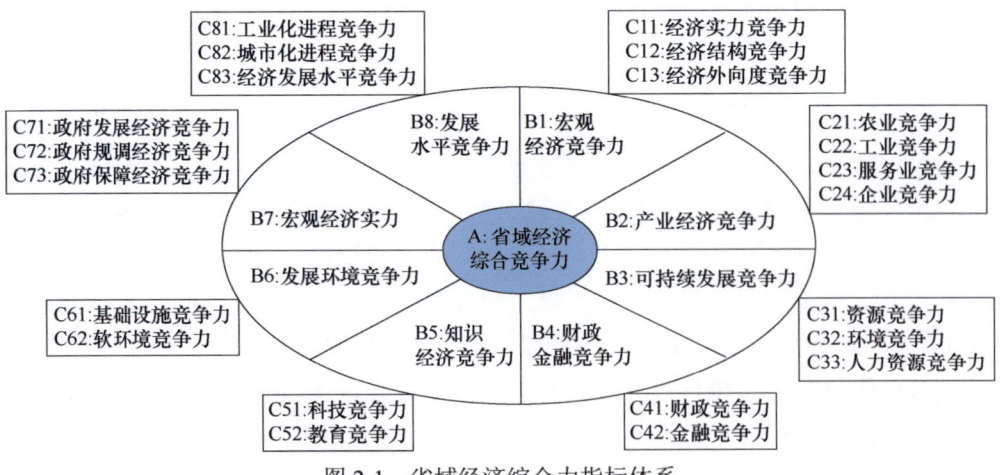

图 2-1　省域经济综合力指标体系

2.3 竞争力评价模型

2.3.1 理论基础

2.3.1.1 旅游区位论

区位论是从空间或地域方面定量研究社会经济现象的理论。旅游区位这个术语，是在区位论引入旅游学后才开始使用的，是传统区位论在旅游学科中的应用，是旅游地学的重要方法论之一。它增加和强调了区位与有关旅游现象的相互联系，并赋予各种旅游要素以区位概念。传统的观点将旅游区位单纯地看成是旅游景点的空间位置，并没有认识到它在旅游开发中的重要性。而实际上，旅游区位是一个外延广泛的概念，可以看成是一个旅游点对其周围客源地的吸引和影响，或一个客源地对其周围旅游点的选择性与相对偏好。牛亚菲（1988）从两个层面定义了旅游区位，认为旅游区位是旅游地与客源地及各旅游地之间的位置关系（连接程度和等级层次）。对旅游区位的相关研究也是分别从供给和需求、微观和宏观这两个层面展开的。孙根年（2001）提出旅游区位应该看成是旅游景点与其客源地相互作用中的相关位置、可达性及相对意义，认为区位开发就是在不同时空尺度内开发和优化影响旅游业发展的地域因素。由于旅游产业的外延比较广，旅游区位扩展到旅游产业视角，学者们也是针对旅游产业的部分构成分析其区位指向。但是，由于旅游活动与农业活动、工业活动有很大的区别，如旅游业的资源是分散的，大多数情况下是不可移动的，这决定了旅游活动只可能在具有旅游资源的地方进行。在传统区位中，工业资源与工业产品是可以自由运输的，且运输费用的变化直接影响到工业区位。此外，在传统的市场区位中，假定发生市场竞争的两个企业是同质的，而旅游资源具有异质性。因此，典型的区位理论是否适用于旅游区位研究就值得推敲。基于此，王瑛和王铮（2000）分析了传统的农业区位论和工业区位论在旅游业中的适用性问题，认为一成不变地运用传统的区位理论来解释旅游业区位是不行的，在某种程度上旅游业的区位可以用消费者行为加以解释，并将经济学中消费者行为理论中的一个重要变量——边际效用，引入旅游区位研究中。

在实际中，旅游区位论一般从旅游市场的供求平衡关系出发，通过对实际的旅游区位因素的分析评价，选择合理的布局类型，实施有效的布局措施，实现旅游市场的供给量与需求量的平衡，进而使旅游业取得最佳的经济、社会和环境三大综合效益。利用区位概念进行旅游布局分析，是许多地理学家习惯使用的观察角度。区位论在区域旅游研究中主要应用于确定旅游空间组织层次和规划层次、制定旅游发展战略、寻求区位优势、利用集聚效应、开展旅游线路设计和场所选择等。

2.3.1.2 旅游地生命周期理论

旅游地的生命周期，是一种客观存在的现象。旅游经济的发展带动了地区经济的发展，但旅游地本身的发展又受客观生命周期的局限。旅游地生命周期理论（tourism area life cycle，TALC）是描述旅游地演化的重要理论之一。该理论最早由德国学者 Christaller 提出，但真正在旅游研究中得到广泛关注的是加拿大地理学家巴特勒（R.W.Butler）提出的 S 形旅游地生命周期演化模型。该模型指出旅游地生命周期一般经历探索阶段、参与阶段、发展阶段、巩固阶段、停滞阶段、衰退阶段或复苏阶段。旅游地的生命周期始于一小部分具有冒险精神、不喜欢商业化旅游地的旅游者的"早期探险"（exploration）。在"参与"（involvement）阶段，由于当地人们积极参与向消费者提供休闲设施及随后的广告宣传，旅游者数量进一步增加。在"发展"（development）阶段，旅游者数量增加更快，而且对旅游经营实施控制的权力也大部分从当地人手中转到外来公司的手中。在"巩固"（consolidation）阶段，尽管旅游者总人数仍在增长，但增长的速度已经放慢。至于"停滞"（stagnation）阶段，旅游者人数已经达到高峰，旅游地本身也不再让旅游者感到是一个特别时髦的去处了。而到了"衰退"（decline）阶段，因旅游者被新的度假地吸引，致使这一行将衰亡的旅游地只有依赖短距离的一日旅游者和周末旅游者的造访来维持其生计。自 Butler 系统提出 TALC 理论后，学者们将该理论运用到不同类型的旅游地中检验，如城市旅游地、世界自然遗产、沙漠旅游地等，并形成了旅游地生命周期理论的阶段。

对于旅游地生命周期这一理论模型，西方学者一直在做实证性的探索。尽管他们不同程度上都发现了实际情况与这个理论模型之间存在的差异，但他们的研究成果都支持这一理论的一般观点。实际上，旅游地生命周期曲线的具体形状虽然因旅游地自身的发展速度、可进入性、政府政策及竞争状况等因素的差异而各有变异，但每个旅游地都难免要经过"早期探险"、"地方参与"、"发展"、"巩固"、"停滞"和"衰退"这样几个阶段。能够满足一切时代的旅游者的口味的度假地实际上是不存在的。然而，从经营的角度而言，没有一个旅游度假地的经营者不期望他所开发经营的度假地能在为他提供利润的前提下尽可能长久地生存下去。尽管"永生"是不可能的，但也有理由相信，在弄清了影响旅游度假地寿命长短的因素并进而做出明智决策之后，"长寿"的目标是不难达到的。

在实践中，将旅游地生命周期理论应用于城市旅游目的地研究，能够为城市旅游的长期繁荣提供宏观指引，有助于旅游地政府部门制定合理的产业政策，也有助于旅游投资者做出正确的决策。在理论上，旅游地生命周期理论为研究旅游地演化过程、预测旅游地的发展及指导旅游地的市场营销和规划提供了理论框架。由此可见，旅游地生命周期理论的实际应用将是旅游理论应用于产业实践的很有意义的研究领域。

2.3.1.3 "核心-边缘"理论

"核心-边缘"理论是一种关于城市空间相互作用和扩散的理论，以核心和边缘作为基本的结构要素，核心区是社会地域组织的一个次系统，能产生和吸引大量的革新；边缘区是另一个次系统，与核心区相互依存，其发展方向主要取决于核心区。核心区与边缘区共同组成一个完整的空间系统。

"核心-边缘"理论是 1966 年弗里德曼（J.R.Frideman）在他的学术著作《区域发展政策》（Regional Development Policy）一书中正式提出的。弗里德曼对发展中国家的空间发展规划进行了长期的研究，利用熊彼特的创新思想建立了空间极化理论，他认为，发展可以看作是一种由基本创新群最终汇成大规模创新系统的不连续积累过程，而迅速发展的大城市系统，通常具备有利于创新活动的条件，创新也往往是从大城市向外围地区进行扩散的。这些革新从核心向外扩散，影响边缘区的经济活动、社会文化结构、权力组织和聚落类型。基于此，他提出了一整套有关空间发展规划的理论体系，即核心-边缘理论，现已成为发展中国家研究空间经济的主要分析工具。该理论试图解释一个区域如何由互不关联、孤立发展，变成彼此联系、发展不平衡，又由极不平衡发展变为相互关联的平衡发展的区域系统。

该理论强调区域经济增长的同时，必然伴随经济空间结构的改变。随着社会经济的发展，经济空间结构的变化可划分为如下 4 个阶段。一是前工业化阶段：生产力水平低下，经济结构以农业为主，工业产值比例小于 10%，各地经济发展水平差异较小。城镇发展速度慢，各自呈独立的中心状态。区际之间经济联系不紧密，城镇的产生和发展速度慢，城镇等级系统不完整。二是工业化初期阶段：城市开始形成，工业产值在经济中的比例在 10%～25%，核心区域与边缘区域经济增长速度差异扩大。区域内外的资源要素由经济梯度较低的边缘区流向梯度较高的核心区。核心区域经济实力增大，必然导致政治力量集中，使核心区域与边缘区域发展不平衡进一步扩大。三是工业化成熟阶段：快速工业化阶段，工业产值在经济中的比例在 25%～50%。核心区发展很快，核心区域与边缘区域之间存在不平衡关系。在工业化成熟期，核心区的资源要素开始回流到边缘区，边缘区工业产业群开始集聚。四是空间相对均衡阶段：后工业化阶段，出现资金、技术、信息等从核心区域向边缘区域流动加强。整个区域成为一个功能上相互联系的城镇体系，形成大规模城市化区域，开始了有关联的平衡发展。

这个模式经过了高度的提炼概括而显得很简单。但实际上，一个国家有多个核心和由依赖关系类型决定的边缘网络。核心和边缘间的控制依赖关系是模式的基础，是内部（空间的）发展变化的根源。由于在边缘区可出现城市型聚落，在核心区也会有农村型聚落，因此，边缘区也可能变成城市化地区，不过并没有改变其对核心区的依赖地位。核心-边缘理论对经济发展与空间结构的变化具有较高的解释价值，对区域规划师具有较大的吸引力，所以该理论建立以后，许许多多的城市规划师、区域规划师和区域经济学者都力图把该理论运用到实践中去。现在来看，在处理如下几个关系方面有一定的实际价值：①城市与乡村的关系；②国内发达地区与落后地区的关系；③发达国家与发展中国家的关系。

2.3.1.4 可持续发展理论

可持续发展理论（sustainable development theory）是指既满足当代人的需要，又不对后代人满足其需要的能力构成危害的发展，以公平性、持续性、共同性为三大基本原则，最终目的是达到共同、协调、公平、高效、多维的发展。该理论的形成经历了相当长的历史过程。20世纪50~60年代，人们在经济增长、城市化、人口、资源等所形成的环境压力下，对"增长＝发展"的模式产生怀疑并展开论述。1962年，美国女生物学家蕾切尔·卡森（Rachel Carson）发表了一部引起很大轰动的环境科普著作《寂静的春天》，作者描绘了一幅农药污染所导致的可怕景象，惊呼人们将会失去"春光明媚的春天"，在世界范围内引发了人类关于发展观念的争论。十年后，两位美国著名学者芭芭拉·沃德（Barbara Ward）和勒内·杜博斯（Rene Dubos）享誉世界的《只有一个地球》问世，把人类生存与环境的认识指向一个新境界，即可持续发展的境界。同年，一个非正式国际著名学术团体罗马俱乐部发表了有名的研究报告《增长的极限》，明确提出"持续增长"和"合理的持久的均衡发展"的概念。1987年，以挪威首相布伦特兰为主席的联合国世界环境与发展委员会发表了一份报告《我们共同的未来》，正式提出可持续发展概念，并以此为主题对人类共同关心的环境与发展问题进行了全面论述。该概念受到世界各国政府组织和舆论的极大重视，在1992年联合国环境与发展大会上得到与会者共识与承认。至此，可持续发展理论基本定型。

可持续发展理论主要有公平性、持续性、共同性三个基本原则。所谓公平是指机会选择的平等性。可持续发展的公平性原则包括两个方面：一方面是本代人的公平即代内之间的横向公平；另一方面是指代际公平性，即世代之间的纵向公平性。可持续发展要满足当代所有人的基本需求，给他们机会以满足他们要求过美好生活的愿望。可持续发展不仅要实现当代人之间的公平，而且也要实现当代人与未来各代人之间的公平，因为人类赖以生存与发展的自然资源是有限的。从伦理上讲，未来各代人应与当代人有同样的权力来提出他们对资源与环境的需求。可持续发展要求当代人在考虑自己的需求与消费的同时，也要对未来各代人的需求与消费负起历史的责任，因为与后代人相比，当代人在资源开发和利用方面处于一种无竞争的主宰地位。各代人之间的公平要求任何一代都不能处于支配的地位，即各代人都应有同样选择的机会空间。

持续性是指生态系统受到某种干扰时能保持其生产力的能力。资源环境是人类生存与发展的基础和条件，资源的持续利用和生态系统的可持续性是保持人类社会可持续发展的首要条件。这就要求人们根据可持续性的条件调整自己的生活方式，在生态可能的范围内确定自己的消耗标准，要合理开发、合理利用自然资源，使再生性资源能保持其再生产能力，非再生性资源不至于过度消耗并能得到替代资源的补充，环境自净能力能得以维持。可持续发展的可持续性原则从某一个侧面反映了可持续发展的公平性原则。

可持续发展关系到全球的发展。要实现可持续发展的总目标，必须争取全球共同的配合行动，这是由地球整体性和相互依存性决定的。因此，致力于达成既尊重各方的利益，又保护全球环境与发展体系的国际协定至关重要。正如《我们共同的未来》中所提到的"今天我们最紧迫的任务也许是要说服各国，认识回到多边主义的必要性""进一步发展共同的认识和共同的责任感，是这个分裂的世界十分需要的"，即实现可持续发展就是人类要共同促进自身之间、自身与自然之间的协调，是人类共同的道义和责任。对于旅游发展而言，也同样如此。坚持可持续发展，既是旅游产业自身发展的要求，也是应负的道义和责任。

此外，可持续发展理论包括经济学、生态学等众多领域的基础理论和核心理论，将这些理论应用于旅游业中，有利于促进旅游业的发展。

（1）基础理论

1) 经济学理论。一是增长的极限理论。该理论是德内拉·梅多斯在其《增长的极限》一文中提出的有关可持续发展的理论，基本要点是运用系统动力学的方法，将支配世界系统的物质关系、经济关系和社会关系进行综合，提出了人口不断增长、消费日益提高，而资源则不断减少、污染日益严重，制约了生产的增长；虽然科技不断进步能起到促进生产的作用，但这种作用是有一定限度的，因此生产的增长是有限的。二是知识经济理论。该理论认为经济发展的主要驱动力是知识和信息技术，知识经济将是未来人类可持续发展的基础。

2) 生态学理论。所谓可持续发展的生态学理论是指根据生态系统的可持续性要求，人类的经济社会发展要遵循生态学三个定律：一是高效原理，即能源的高效利用和废弃物的循环再生产；二是和谐原理，即系统中各个组成部分之间的和睦共生，协同进化；三是自我调节原理，即协同的演化着眼于其内部各组织的自我调节功能的完善和持续性，而非外部的控制或结构的单纯增长。

3）人口承载力理论。所谓人口承载力理论是指地球系统的资源与环境，由于自身自组织与自我恢复能力存在一个阈值，在特定技术水平和发展阶段下对人口的承载能力是有限的。人口数量及特定数量人口的社会经济活动对地球系统的影响必须控制在这个限度之内，否则，就会影响或危及人类的持续生存与发展。

4）人地系统理论。所谓人地系统理论，是指人类社会是地球系统的一个组成部分，是生物圈的重要组成，是地球系统的主要子系统。它是由地球系统产生的，同时又与地球系统的各个子系统之间存在相互联系、相互制约、相互影响的密切关系。人类社会的一切活动，包括经济活动，都受到地球系统的气候（大气圈）、水文与海洋（水圈）、土地与矿产资源（岩石圈）及生物资源（生物圈）的影响，地球系统是人类赖以生存和社会经济可持续发展的物质基础和必要条件；而人类的社会活动和经济活动，又直接或间接影响了大气圈（大气污染、温室效应、臭氧洞）、岩石圈（矿产资源枯竭、沙漠化、土壤退化）及生物圈（森林减少、物种灭绝）的状态。人地系统理论是地球系统科学理论的核心，是陆地系统科学理论的重要组成部分，是可持续发展的理论基础。

（2）核心理论

可持续发展的核心理论，尚处于探索和形成之中。目前已具雏形的流派大致可分为以下四种。

1）资源永续利用理论。资源永续利用理论流派的认识论基础在于：认为人类社会能否可持续发展取决于人类社会赖以生存发展的自然资源是否可以被永远地使用下去。基于这一认识，该流派致力于探讨使自然资源得到永续利用的理论和方法。

2）外部性理论。外部性理论流派的认识论基础在于：认为环境日益恶化和人类社会出现不可持续发展现象和趋势的根源，是人类迄今为止一直把自然（资源和环境）视为可以免费享用的"公共物品"，不承认自然资源具有经济学意义上的价值，并在经济生活中把自然的投入排除在经济核算体系之外。基于这一认识，该流派致力于从经济学的角度探讨把自然资源纳入经济核算体系的理论与方法。

3）财富代际公平分配理论。财富代际公平分配理论流派的认识论基础在于：认为人类社会出现不可持续发展现象和趋势的根源是当代人过多地占有和使用了本应属于后代人的财富，特别是自然财富。基于这一认识，该流派致力于探讨财富（包括自然财富）在代际之间能够得到公平分配的理论和方法。

4）三种生产理论。三种生产理论流派的认识论基础在于：人类社会可持续发展的物质基础在于人类社会和自然环境组成的世界系统中物质的流动是否通畅并构成良性循环。他们把人与自然组成的世界系统的物质运动分为三大"生产"活动，即人的生产、物资生产和环境生产，致力于探讨三大生产活动之间和谐运行的理论与方法。

2.3.2 参考模型

2.3.2.1 波特钻石模型

波特钻石模型（Michael Porter diamond model）又称为波特菱形理论、钻石理论及国家竞争优势理论。当时，有关国与国之间从事贸易的利弊分析和国际贸易理论学说发展已有400多年历史，理论学说也分流多派。从16～17世纪时鼓励出口、限制进口的"重商主义理论"，到亚当·斯密和大卫·李嘉图倡导自由贸易的国际贸易"绝对优势理论"和"比较优势理论"，到20世纪初期强调国家资源优势的"Heckscher-Ohlin理论"，到60年代中期雷蒙·弗农提出的"产品成长阶段理论（又称为产业生命周期理论）"，再到70年代出现的着眼于有限市场、规模经济和捷足先登者优势的"新贸易理论"等，无不试图在前人的理论基础上，面对飞速发展变化的世界经济与贸易格局，提出更完善、更贴近现实的国际贸易理论。1990年，哈佛商学院著名的战略管理学家迈克尔·波特出版了他的《国家竞争优势》一书，书中提出的"国家竞争优势理论（也称为波特菱形理论）"，用于分析一个国家如何形成整体优势，而在国际上具有较强竞争力。迈克尔·波特进行国家竞争优势理论研究的目的非常直接和清楚：他希望确定在国际经济和贸易竞争中，为什么有的国家成功，而有的国家却失败。如同在他之前的新贸易理论学者们一样，波特认为现有的国际贸易理论存在一定的缺陷，即问题的关键是应当揭示为何一个国家在某个特定行业能够获得国际性的成功并进而取得垄断性的行业地位。例如，为何日本在汽车工业经营得如此出色？为何瑞士在精密仪器设备和化学药品生产和出口领域独领风骚？为何德国和美国在化学工业领域占尽优势？从国家资源角度论述国际经济贸易的Heckscher-Ohlin理论无法圆满回答这些问题，比较优势理论也只能给出部分的解释。按照比较优势理论，瑞士在精密仪器设备、化学药品生产和出口领域独领风骚，是由于它在这些行业最有效地运用了它拥有的资源。这固然正确，但依然无法解释为何瑞士能够在该行业比英国、德国或西班牙有更高的生产力。波特等的研究试图揭开这个谜。《国家竞争优势》一书及其理论便是他与同事对遍布十个国家的100个行业进行研究后的成果。

波特的钻石模型——一种理解国家或地区全球竞争地位的全新方法，已经成为国际商业思维中不可或缺的一部分。波特的"集群"（即相互联系的企业、供应商、相关产业和特定地区的组织机构组成的群体）观点，已经成为企业和政府思考经济、评估地区的竞争优势和制定公共政策的一种新方式。波特的理论已经指导了新西兰和其他地方国家竞争力的重新评估。他的观点和亲身参与的研究形成了一些国家和地区的战略，如荷兰、葡萄牙、哥斯达黎加和印度等国家及中国台湾，美国的马萨诸塞州、加利福尼亚州和巴克斯县等地区。上百种集群战略已经在全球遍地开花了。在激烈的全球竞争时代，这种开拓性的研究已经成为衡量未来所有工作必需的标准。

波特指出，推进国家、企业或者地区走向国际化竞争的动力很重要。这种动力可能来自国际需求的拉力，也可能来自本地竞争者的压力或市场的推力。创造与持续产业竞争优势的最大关联因素是国内市场强有力的竞争对手。这一点与许多传统的观念相矛盾，如学术界一般认为国内竞争太激烈，资源过度消耗会妨碍规模经济的建立；最佳的国内市场状态是有 2~3 家企业独大，用规模经济与外商抗衡，并促进内部运作的效率化；还有的观念认为，国际型产业并不需要国内市场的对手。波特指出，一个国家的竞争力集中体现在其产业在国际市场中的竞争表现，而一国的特定产业是否具有竞争优势取决于国内 4 个关键因素，即生产要素状况、市场需求状况、相关与辅助产业发展水平及企业的策略、结构及竞争对手。除了上述 4 个主要影响因素以外，政府的行为及机遇因素也具有重要的影响，这六大要素构成了著名的钻石模型（图 2-2）。波特钻石模型已经成为企业和政府思考经济、评估地区的竞争优势及制定公共政策的一种新方式。

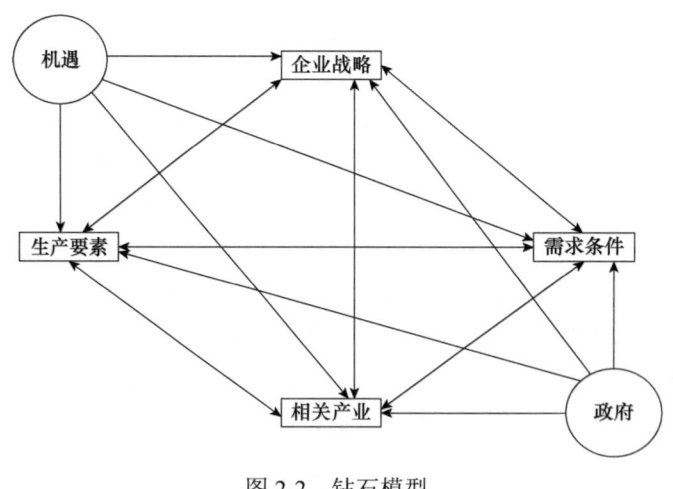

图 2-2　钻石模型

2.3.2.2　IMD 竞争力模型

瑞士洛桑国际管理发展学院（IMD）发表的《国际竞争力报告》，为各国之间进行横向竞争力比较提供了可供参考的框架。该分析报告所依据的竞争力模型（图 2-3）认为，区域竞争力就是一国或一公司在世界市场上均衡地生产出比其竞争对手更多的财富的能力，区域竞争力可以分解为八大方面，即企业管理、经济实力、科学技术、国民素质、政府作用、国际化度、基础设施和金融环境。核心是企业竞争力，关键是可持续发展。这几方面构成的区域竞争力是在本地化与全球化、吸引力与扩张力、资产与过程、和谐与冒险 4 种环境中形成的。IMD 竞争力模型从国家竞争力与企业竞争力的相互关系出发，认为国家竞争力的核心在于国内企业创造增加值的能力，即企业竞争力；而企业是否具有竞争力，则从国家对企业营运能力的有利或不利影响来分析。IMD 区域竞争力模型从国家这一研究对象出发，选择了八大因素予以评价，八大因素取决于 4 种因素的组合关系。

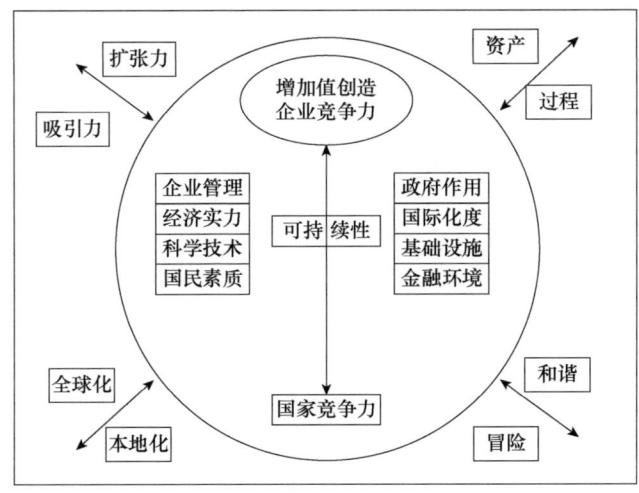

图 2-3　IMD 区域竞争力模型

2.3.2.3　旅游目的地可持续竞争力模型

国外近年专门针对旅游目的地的可持续竞争力评价的模式主要是 Ritchie 和 Crouch（2003）的"目的地可持续竞争型"。Ritchie 在波特钻石模型的基础上提出了旅游目的地可持续发展的竞争力模型，如图 2-4 所示。

2.3.2.4　旅游目的地竞争力综合模型

Dwyer 和 Kim（2003）总结前人的研究成果，提出"旅游目的地竞争力综合模型"（图 2-5）。

2.3.2.5　旅游目的地竞争力五因素模型

国内较早运用定量分析方法研究旅游竞争力的是万绪才等（2001）提出的"区

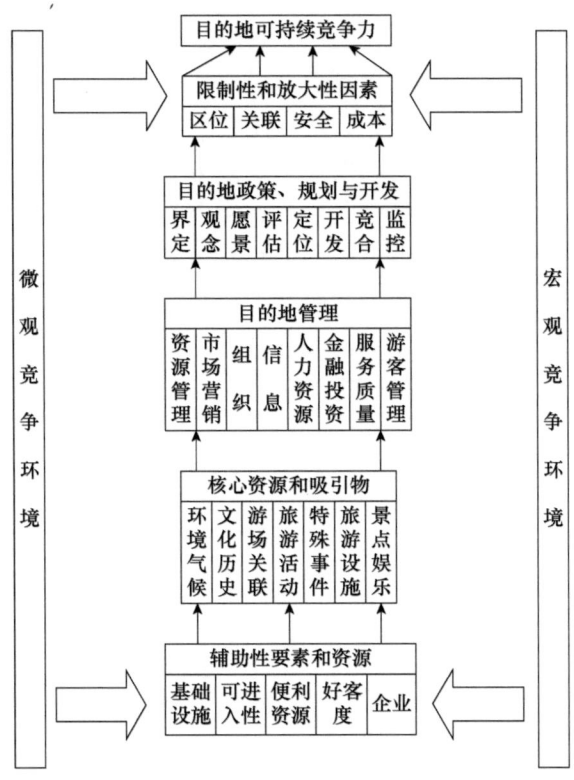

图 2-4 旅游目的地可持续发展的竞争力模型

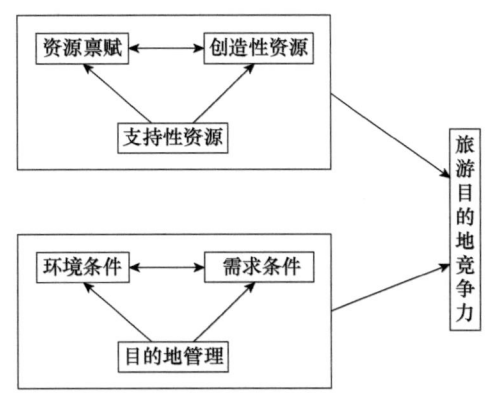

图 2-5 旅游目的地竞争力综合模型

域旅游业国际竞争力评价指标层次结构模型",该模型主要由旅游资源与产品条件、社会经济条件及其他条件三个方面构建而成。此外,苏伟忠等(2003)从城市旅游业竞争业绩、城市旅游竞争潜力、城市旅游环境支持力和城市旅游综合竞争力 4 个角度对城市旅游竞争力进行了评价。宿倩(2004)的博士论文采用定性与定量分析相结合的方法,从环境、资源、核心三个方面的因素出发构建了城市旅游产业竞争力指标体系,以期发展和完善产业竞争力在城市旅游领域的应用理论体系。张争胜和周永章(2005)运用主成分分析法和系统聚类法从旅游发展规模、外出旅游能力、旅游组织能力、接待能力 4 个方面分析了广东省 21 个地级市的旅游竞争力。该模型更多的是对当前旅游发展业绩的评测,缺乏可持续竞争的刻画。周常春和保继刚(2005)以广东肇庆市为例对城市旅游竞争力进行研究，把城市旅游竞争力的影响因素分为绝对和相对因素，绝对因素包括区位、形象和政策，相对因素包括景区景点质量、交通、住宿、购物、餐饮和娱乐。张梦（2006）从果、因二维度分析区域旅游业竞争力的强弱，从反映竞争结果的外显竞争力和反映竞争力强弱原因的内在竞争力两个方面构建起区域旅游业竞争力的经济分析模型。丁蕾等（2006）从硬竞争力和软竞争力两方面出发，构建了涉及环境、人才、经济、设施、业绩、制度和开放共 7 个方面竞争力的城市旅游竞争力评价指标体系。易丽蓉和李传昭（2007）基于国外有关旅游目的地竞争力模型的研究成果，提出了"旅游目的地竞争力五因素模型"（图 2-6），通过实证研究对该模型进行了检验。

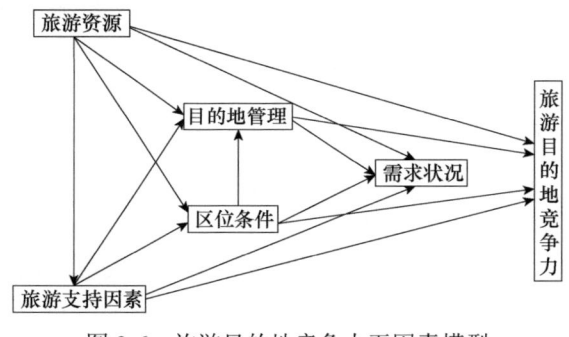

图 2-6　旅游目的地竞争力五因素模型

2.3.3　县域旅游竞争力关键因素分析

将与县域旅游竞争力模型有紧密联系的关键因素提炼出来，这些关键因素对县域旅游经济的发展具有举足轻重的作用，九大因素之间相互作用共同影响县域旅游经济的发展。

2.3.3.1　旅游资源——核心吸引力

（1）旅游资源概念及内涵

旅游资源是指特定地理环境（自然环境和社会环境）中，能够激发人们的旅游动机并产生旅游活动的各种因素的综合。它是旅游活动的客体，是满足旅游者旅游愿望的客观存在物，同时也是一个国家或地区发展旅游业所必须凭借的基础条件。要使潜在的旅游资源转化成为现实的旅游资源或使其旅游吸引力得到有效的发挥，一般都需要对其进行适当的开发利用，使其成为能够为旅游者提供满意经历的旅游对象物。

（2）旅游资源分类及特性

旅游资源与其他资源一样，是旅游业发展的物质基础。旅游资源主要包括以乡村旅游资源和生态旅游资源为主的自然旅游资源、以人文历史旅游资源和节日旅游资源为主的人文旅游资源、以遗产旅游资源和景区旅游资源为主的自然人文旅游资源三大类。同时，由于受旅游业、旅游活动、地理环境和人们的审美观差异等因素的影响，旅游资源具有许多区别于其他资源的基本特性，主要包括对旅游者的吸引性、区域性、多样性、综合性、永续性和不可再生性等。它往往很大程度上是历史或天然的原因形成的，在一定时间内不可复制，是当地开展旅游活动的基础条件，它由资源类型、资源空间分布、资源特色与垄断度几个要素构成，是评价旅游核心竞争力的重要指标。

（3）旅游资源对县域旅游竞争力的影响

1）旅游资源是县域旅游竞争力的物质基础。旅游资源是旅游发展的重要基础，要及时对县域旅游资源条件进行系统评价，根据各县（市、区）自身旅游资源的特点，准确定位，制订科学的总体规划，变潜在的旅游资源优势为现实的优势，才能推动县域旅游更快更好地发展。旅游资源条件是指资源的类型、结构、质量和数量等，它反映了旅游产品的生产价值和生产成本，是旅游资源开发和旅游产品生产的基础和前提，也是确保旅游开发成功的必要条件。许多学者对旅游资源评价的指标体系做了大量研究。李少游和张瑾（2009）在前人研究的基础上，构建了资源吸引力、相关支持产业竞争力、县域旅游业管理竞争力、区位条件、旅游发展与市场占有力多层次评价体系，其中县域旅游竞争力中的资源吸引力分为垄断度、品位度、知名度和丰度4个指标；田晓辉和张河清（2009）构建了县域旅游资源定量评价指标体系，对旅游资源从资源价值、资源影响力、景点规模和开发条件4个方面进行评价。

2）旅游资源是旅游活动的客体，是县域旅游竞争力发展的重要条件。一项旅游资源的价值很大程度上由其本身固有质量即自身特色来决定。只有拥有较高品位、高质量的旅游资源，其旅游产品开发和设计、旅游营销和宣传等活动才能顺利开展，旅游需求和旅游收入才能实现，旅游业也才能成功发展。为充分利用旅游资源，同时合理分享旅游客流和发挥基础设施效益，我国县域旅游往往依托自身资源实行集群开发模式，在集群开发过程中实施极品带动或错位发展的战略。极品带动是指在县域众多旅游资源中，对少数极品资源进行开发并将其打造成吸引客源的核心，以此来吸引旅游者前往县（市、区），使县（市、区）之间能够进一步共享客源；错位发展则是根据县域旅游资源间的差异将其进行错位整合，做到相互拖动、相互影响，使冷点热点共同升温，增强旅游竞争力，促进县域旅游发展。

3）旅游资源是县域旅游竞争力转化为经济效益的前提。旅游经济活动的基本内容就是旅游资源通过设计和开发利用形成旅游产品，以各种方式进行宣传和促销吸引旅游者消费并获取经济效益的过程。一般而言，人们往往倾向于资源丰富、质优、著名和稀缺的景观。旅游资源是旅游吸引力形成的基础，是旅游产品设计与开发的重要一环。对于县域旅游业来说，旅游资源往往是开展旅游活动及获取旅游收入最重要的依托。即使县（市、区）内有优美的自然资源或独特的人文资源，但如果县（市、区）的经济条件普遍较差，交通通达度不高，旅游基础设施和配套设施尚未完善，服务水平参差不齐，其旅游市场规模和旅游收入等的提升仍然会受到阻碍。

4）旅游资源是县域旅游品牌和形象的载体。旅游品牌是旅游者对旅游的综合认知，是旅游产品的象征性标识，能促进旅游地在社会、经济和环境等不同层面的提升。旅游形象是旅游者对某一旅游区域的总体认识与评价，它是吸引游客的关键所在。旅游形象的塑造具有举足轻重的作用，个性鲜明、亲切感人的旅游地形象是形成庞大旅游市场的源泉，并可以在旅游市场上形成较长时间的垄断地位。一个区域只有形成统一而鲜明的特色旅游形象，才能有效地提高自己的美誉度和知名度，使其更具市场竞争力。旅游品牌和旅游形象是县域旅游竞争力的重要体现。

旅游资源因其特定的社会历史背景或自然地质条件而具有不可再生性，所以县域旅游资源中独特的自然和人文资源在一定时期内也具有一定程度的垄断性和不可复制性。同时，与其他大多数资源不同，旅游资源具有永续性，可以被重复利用。旅游者进行旅游活动过后能够享有独特的旅游经历与回忆，但资源本身并未减少。因此，针对县域旅游资源的不可复制性和永续性，县（市、区）应对其旅游资源进行系统评价，挖掘旅游资源优势和特色，利用差异性打造独特的旅游品牌和形象，让旅游资源成为当地旅游品牌或形象的代言，提高县域旅游综合竞争力。

2.3.3.2 旅游区位和交通——可达性

（1）旅游区位和交通概念及内涵

1）旅游区位。区位主要是指某事物占有的场所，但也含有位置、布局、分布、位置关系等方面的意义。旅游活动的开展，离不开自然和社会经济两大要素的相互作用，因此要探究旅游活动形成和发展的规律，首先要分析区位条件。旅游区位即一定区域范围内与旅游项目所在地域相关并通过空间得以表现的各种要素，它对旅游地的发展方向起着非常重要的指引作用。旅游区位包括资源区位、客源区位和交通区位，它反映县（市、区）在发展旅游业方面客观存在的有利条件，有利于地方进行全局与局部、局部与局部之间关系的协调。

游客出游频率随距离增加递减，目的地与客源地之间的距离越远，游客的出游频率就会越低。虽然近年来我国基础设施网络正在不断完善，旅游区位对旅游者出游行为的限制也不断减少，但区位条件对中远距离旅游市场的影响仍然不可忽视。旅游区位不仅决定了旅游者与旅游目的地之间的物理距离，而且还进一步影响了二者之间的心理距离。近距离的旅游目的地，无论从时间上，还是体力上和费用上，都比远距离的旅游目的地占有优势。

2）旅游交通。旅游交通是旅游业发展的基础，作为旅游业的重要组成部分，它对旅游业的发展起着重要的作用。旅游交通是指为旅游者由客源地到目的地的往返，以及在旅游目的地各处旅游活动而提供的交通设施及服务。旅游交通是旅游活动的必要组成要素，是旅游景区景点兴起和发展的关键，是影响旅游者对旅游目的地选择的重要因素，旅游交通设施和服务已成为吸引游客的重要资源。旅游交通是旅游业三大支柱之一，包含航空、铁路、公路、水路、新型交通（高铁、轻轨、地铁）等形式。旅游交通的核心内涵是：因旅游需求而伴随着旅游全过程的交通线路、工具、设施及服务的总和，其可以分为外部交通和内部交通。

外部旅游交通是指旅游者在从旅游客源地到旅游景区所依托的中心城市及由旅游中心城市到旅游景区这段旅游过程中所使用的交通设施和享受的相关服务。外部交通的通达度是旅游者进行旅游决策的重要考虑因素之一。内部旅游交通具体是指旅游景区（点）内部的交通设施、服务和线路。我国的内部旅游交通长期以来状况不佳，这是缺乏科学规划造成的。许多景区内的旅游交通建设容易趋向两个极端：一是忽视景区内交通建设，景区内交通建设停滞，游客私自破坏景区；二是未经过科学论证便对景区进行改造，没有充分考虑景区内的生态环境和原始风貌，在景区内修建宽广的公路或修建索道、电梯等交通设施，导致景区的生态环境和原始风貌被严重破坏。

（2）区位交通对县域旅游竞争力的影响

1）落后的区位交通是县域旅游竞争力提升的瓶颈。县域旅游竞争力的大小与旅游资源吸引力的大小不一定是呈正比例的关系，而是在很大程度上取决于其区位条件的优劣。旅游资源质量一般的县（市、区），会因为处于交通枢纽位置而拥有先天性的旅游业发展优势；旅游资源质量优异的地区也会因为受限于交通通达性而鲜有游客前往。

县（市、区）区位交通设施建设不完善往往会影响到地方县域旅游的发展。我国很多县（市、区）旅游资源丰度高，历史文化底蕴深厚，但较差的区位交通条件导致旅游进入性差、旅游成本高，阻挡了游客前往县（市、区）旅游的步伐，县（市、区）无法发挥旅游资源优势，阻碍了县域旅游业的进一步发展。另外，旅游资源存在不足的县（市、区），凭借良好区位交通条件却能很好地发展旅游业。

2）区位和交通是提升县域旅游竞争力的重要动力。旅游者的活动遵循"通过最小活动量获得最大接触机会"的规律，这决定了区位交通对县域旅游市场的开发和结构变化等具有显著影响。国内许多学者对旅游交通进行了综合研究，保继刚和楚义芳（1999）认为，现代旅游交通的特点之一就是高质量，这也决定了部分旅游竞争能力的强弱。另外，区位交通作用于经济环境，并进一步影响县域旅游竞争力的形成与演变。区位交通主要通过影响生产要素的流动而作用于县（市、区）旅游竞争力。区位交通条件愈加优越，旅游生产要素就能得到更好的流动，县域旅游就能更快更好地发展。再者，区位交通的优越性意味着开放性，开放性又意味着先进性。开放的区位通过开拓新市场，为县域旅游竞争力的提高注入动力与活力。

2.3.3.3 旅游环境——全域旅游

（1）旅游环境概念及内涵

从以旅游者为中心的角度出发，旅游环境是旅游活动得以存在、进行和发展的各种旅游目的地与依托地的自然、社会、人文等外部条件的总和，它包括社会政治环境、自然生态环境、旅游气氛环境和旅游资源本身；从以旅游资源为中心的角度出发，旅游环境是指围绕在旅游资源周围的其他自然生态、人文社会各种因素的总和。关于旅游环境的定义，国内外不同学者根据不同的研究目的对其进行了界定，但其共同点是：自然条件、社会经济文化条件、旅游资源是旅游环境不可或缺的要素。

（2）旅游环境的分类

1）自然环境。旅游自然环境是指旅游目的地和依托地的各种自然因素的总和，是旅游区地貌、空气、水体和动植物等生态因子组成的自然环境综合体。变化万千、差异悬殊的自然环境是旅游活动的基础环境，对当地旅游业生存、发展起着至关重要的承载作用。旅游自然环境不仅决定旅游目的地的分布，对旅游区的可进入性、交通路线、网络等有重要影响，而且在对旅游客体的形成、特色、分布等都有决定作用。

2）经济环境。旅游经济环境包括区域总体经济发展水平、居民收入水平、经济开发程度、金融产业发展状况等，其主要体现在区域旅游的基础服务设施和旅游公共设施的供给上。基础服务设施包括区域旅游交通工具、接待设施、娱乐设施、旅游购物设施等；旅游公共设施是间接为旅游提供服务的设施，包括交通设施、能源供给系统、通信系统、废物处理系统及其他相关设施等。区域总体经济发展水平是进行区域旅游开发和激发人们旅游动机的基础及重要因素之一，随着经济的发展，人们可自由支配的金钱和闲暇时间变多了，同时又因为人们受教育水平提高了，因科研考察、商务谈判、健身疗养等不同目的而有了外出旅游的动机。

3）社会文化环境。旅游社会文化环境是指旅游目的地和依托地的社会物质、精神条件的总和，包括区域内的社会安定程度、社会整体文化氛围、地方风俗等，是区域旅游发展不可缺少的支撑因素。旅游社会文化环境的发展和演替，受自然规律、经济规律及社会规律的支配和制约，是人类精神文明和物质文明发展的标志，同时随着人类文明的演进而不断地丰富和发展。

除此之外，旅游环境还包括政策环境、技术环境、氛围环境等。政策环境为旅游业的发展提供政策、资金支持等，如建设完善旅游法律法规、落实带薪休假制度、维护良好的旅游市场秩序等。技术环境主要通过旅游产业各个技术因素，在旅游产业价值创造过程起放大作用，如通过细胞技术或基因技术，对濒危动植物种形成有效保护，从而保持了旅游动植物环境的吸引力。通过综合应用高新技术创造出新的旅游资源和产品，使一些原来不具备旅游吸引力的资源成为新的旅游吸引物或提升它们的吸引力，如主题公园和游乐场的各种高科技模拟技术和游乐设施。氛围环境是指由当地的自然环境，以及反映当地历史、地方或民族气息的环境烘托出来的气氛特征，通过营造适宜的旅游气氛，能使旅游者获得良好的旅游感受。

（3）旅游环境对县域旅游竞争力的影响

旅游环境是县域旅游的重要吸引物。旅游环境中各种自然生态、人文社会因素都可作为旅游吸引物，旅游环境对旅游客体的形成、特色、分布等都有决定作用，如我国西北地区的干旱自然环境，形成了沙漠、戈壁、雅丹地貌等自然旅游景观，以及与之相对应的人文景观，如坎儿井、绿洲农业等；青藏地区高寒的自然环境，形成了高山、雪原、冰川、湿冷植被和高寒动物等；内蒙古在干旱、半干旱的自然环境条件下，形成了典型的草原和牧场风光。旅游的发展建立在良好的旅游环境基础上，但我国县域旅游环境堪忧，主要原因是旅游开发与生态环境保护之间的矛盾，旅游发展进程中对环境产生的负面影响不断加剧：一是旅游生态环境退化严重。许多旅游风景区、自然保护区的生态环境均出现不同程度的环境退化问题：水体污染、水土流失加重，植被覆盖量下降，动植物有效保护范围不断缩小等。二是缺乏有效的环境保护措施。目前，很多地区基本上没有采取有效的环保措施，县域旅游的建设开发既缺乏科学指导，又缺乏合理监督。另外旅游者与旅游从业人员的环保意识不强，不文明现象层出不穷，导致稀有的旅游生态环境受到不同程度破坏。三是旅游环境保护管理和规划滞后。许多旅游景点在规划时期欠缺环保设施的配套开发，而环境保护管理又没有及时跟上，从而导致严重的旅游污染问题。因此，要提高我国县域旅游竞争力，首先要加强旅游环境保护工作，树立防重于治新观念，避免"先污染、后治理"情况，对旅游吸引物实行分级管理、分级保护，提高其对旅游者的吸引力。

旅游环境是县域旅游竞争力的外部保障。从经济学角度来看，环境是经济实体可以依托的外部条件的总和。环境竞争力是对这种外部条件相对优势的综合评价，它反映经济实体与其所处环境之间的协调程度，协调程度越高，竞争力越强，反之越低。因此，县域旅游环境竞争力评价的实质就是对县域旅游业与其发展环境协调程度的评价。其基本涵义为，在自由和公正的市场条件下，在一定范围内，旅游业与环境之间的协调程度越高，其相对优势越明显，而这种优势有助于该地区旅游产业比其他地区竞争对手产出更多的财富，其具体反应在旅游收入和乘数效应上。

旅游环境管理是提升县域旅游竞争力的重要举措。旅游环境是旅游发展的依托体，环境质量对旅游者选择目的地有重大影响，因此旅游目的地相关部门必须进行目的地环境质量管理，并把这种管理纳入重大事务管理体系中。Mihalič（2000）认为有效的环境影响管理与环境质量管理有助于旅游目的地竞争力的提升，并建议通过旅游环境行为准则、自身拟订的环境品牌或标识、国际知名生态标识与生态质量标识的特许方案等进行旅游环境管理。Huybers 和 Bennett（2002）认为，环境管理对旅游目的地竞争力的影响主要体现在两个方面：一是增加旅游企业的经营成本；二是提高旅游者对旅游目的地的需求水平，但环境管理所带来的新增旅游需求的价值足以弥补由此引发的成本。因此，要提高县域旅游竞争力，必须做好旅游环境质量管理。

2.3.3.4 旅游需求——市场

(1) 旅游需求概念及内涵

旅游需求是人们为了满足旅行游览、休闲度假等需要所引发的对一定量旅游产品的需求。国内所引用的旅游需求的定义主要有三种：张辉（2001）认为旅游需求是"旅游者在某一时期内和一定条件下，愿意而且能够购买的旅游服务数量"；谢彦君（1999）提出旅游需求是"一定时期内核心旅游产品的各种可能价格和在这些价格水平上，潜在旅游者愿意并能购买的数量关系"；保继刚等（1993）认为"在一定时期内，一定价格上，旅游者愿意而且能够购买的旅游产品的数量，即旅游者对某一旅游目的地所需求的数量"。可见，旅游需求的定义都是从经济学角度出发的"价格与数量"的关系。

要产生旅游需求，首要条件是人们有意愿出游，希望通过旅游活动来实现对自身欲望的满足。但是，只有当人们自身具备支付某种产品或服务的能力的时候，人们的需要才会转化为有效需求。

(2) 旅游需求的特征

1) 季节性。旅游需求具有很强的季节性，各县（市、区）的旅游需求分布集中度季节差异明显，分为淡季、平季和旺季。第一，从旅游客源地来看，不同县（市、区）的社会风俗和休假制度不同，闲暇时间也不同；第二，从旅游资源来看，由于一年四季气候不同,部分的自然景观或人文景观会呈现出季节性差异。

2)异地性和消费时限性。为满足旅游需求,旅游者需要到旅游目的地进行消费,因而旅游消费特点之一就是异地性及消费时限性。由于地理位置等因素的影响,游客旅游需求空间分布也有所不同。同时,旅游者大多数闲暇时间和出游时间多集中于传统节日、法定假期及公司带薪假期等,因此旅游消费具有时限性。

3)敏感性。旅游目的地政治社会条件和旅游客源地经济环境的改变是触发旅游需求敏感的重要因素。根据马斯洛需求层次理论,安全需要仅次于生理需要,当旅游目的地发生社会动荡或与客源地关系紧张时,旅游者出于安全的考虑,会延后甚至放弃旅游计划。因此,旅游目的地稳定的政治社会环境是旅游需求保持稳定的保证。此外,旅游需求一般会随着个人收入、旅游商品价格的变化而波动。旅游客源地经济发展水平等因素是影响旅游需求的重要因素,经济发展水平高,人口越多的县(市、区)旅游需求总量较大,旅游需求越分散;反之旅游需求总量较小,旅游需求越集中。

4)多样性和复杂性。个体需求共同组成了旅游市场需求,个体旅游者在国籍、年龄、性别、职业、社会地位、消费习惯、旅游经历、旅游偏好等方面均不相同,即使是出于同一种旅游动机,个体需求在旅游地选择、旅游方式、旅游时间、旅游类型等方面也不尽相同。旅游需求的多样性和复杂性要求提供者必须进行市场细分,根据市场需求特点和自身条件生产提供适合游客需要的旅游产品。

(3)旅游需求影响因素

旅游业的发展是提高国民经济的重要方向之一,要发展旅游业必须以需求预测为依据,再结合实际情况制定相应的政策,才能实现可持续发展。而旅游需求影响因素研究是旅游需求预测的核心内容之一。根据我国实际情况,影响我国旅游需求的因素分为三类,即客源地因素(A类)、旅游目的地因素(B类)、媒介因素(C类)(图2-7)。

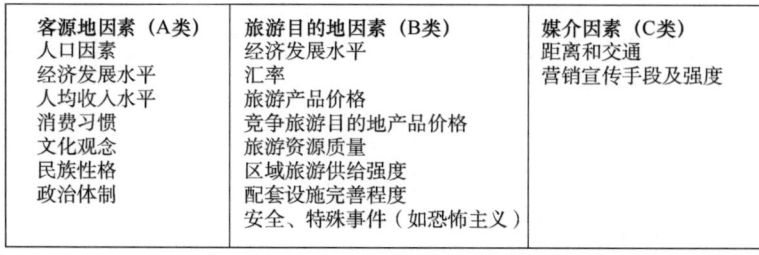

图2-7 影响我国旅游需求的因素

(4)旅游需求对县域旅游竞争力的影响

旅游需求规模影响县域旅游竞争力的提高。旅游需求规模的大小会直接或间接地对竞争主体产生影响。若旅游需求规模过小且处于较低水平，相对而言旅游市场竞争主体可进入性就降低了，旅游企业缺乏竞争意识和创新动力，旅游竞争力难以提高。只有当旅游需求规模达到一定程度后，竞争主体充分认识到旅游市场的需求并在其中找到自身定位，才会积极主动地参与竞争，县域旅游整体竞争力才得以提升。

社会经济发展带动了国民物质生活水平不断提升，人们对生活品质的追求也愈加向往，旅游逐渐成为人们热衷的产业之一，旅游市场需求正不断扩大，同时更多的竞争主体也逐渐进入行业中来，各竞争主体在激烈的竞争中不断自我提高与完善，推动旅游产业的创新、发展与进步，最终实现整体县域旅游竞争力的提高。

旅游需求多样化促进县域旅游竞争力的提升。当县域旅游需求呈现多样化的趋势时，旅游企业就拥有了不断创新的动力，为新型旅游产品和服务的产生奠定基础。相反，如果旅游需求单一，旅游企业将面临创新乏力的局面，无法起到提升县域旅游竞争力的作用。同时，旅游需求水平的提高有利于县域旅游竞争力的提高。一些学者根据波特的竞争优势理论对需求因素的解释，认为老练、挑剔的旅游者是影响地方旅游能否获得竞争优势的关键。因为挑剔的旅游者会促使当地旅游企业在产品质量、品牌和服务方面不断提高标准。为了满足旅游者的多样化需求，地方会积极挖掘现有资源，因地制宜开发各种形式的旅游项目或旅游活动，设计类型多样的旅游产品，努力优化旅游产业结构，提高县域旅游竞争力。指向旅游目的地的挑剔性旅游市场一旦形成就会促进地方旅游创新，从而有利于县域旅游所在地方的发展。

2.3.3.5 政府制度——服务形象

（1）政府制度相关概念及内涵

"制度"是一个宽泛的概念，一般是指在特定社会范围内统一的、调节人与人之间社会关系的一系列习惯、道德、法律、戒律、规章等的总和，由社会认可的非正式约束、国家规定的正式约束和实施机制三个部分构成。政府制度是指政府在某一时期所实施的管理制度，它的特征就是通过非货币的政治强制力的方式来决定资源的配置和收入的分配，其在旅游中发挥着调控、管理、监督和服务等重要作用。同时，政府制度对提升县域旅游竞争力起到优化旅游资源配置、拓宽旅游投资渠道和保障基础设施建设等积极作用。

（2）政府制度在旅游中的作用

1）调控。政府的宏观调控是指政府作为市场经济的主体，通过行政手段与经济手段（主要是财政手段），实现以经济主体为主导、经济主体与经济客体的对称关系为核心、经济结构平衡与经济可持续发展的经济行为。政府制度对旅游业的可持续发展起着重要的调控作用，由于旅游资源具有明显的公共性，其开发过程中存在一系列外部效应，如果完全靠市场这只"看不见的手"来配置资源，将会导致资源浪费、市场失灵。因此，政府对旅游的宏观调控必不可少。

2）管理。旅游产业具有较强的依附性，需要政府制度的支持、引导和管理。同时，由于旅游市场不能自发实现社会效益最大化，政府必须充当其"社会人"的角色。因此，我国许多地方发展旅游普遍选择"政府主导型"战略，由政府对旅游业各项活动进行管理和规范。

3）监督。由于市场调节存在自发性、盲目性和滞后性等弱点，以及我国旅游相关法律法规还有待完善，不少旅游企业在利益驱动下，往往容易出现一些破坏公共资源、非正当竞争或损害旅游者利益等行为。这就需要充分发挥政府的监督作用，对其进行约束。政府对旅游业的监督是一个庞大的系统工程，需要政府行政管理部门的共同参与和相互配合。

4）服务。政府制度的一个重要作用是为旅游业的发展提供相关服务。其作用主要体现在：①招商引资。经济水平较落后的地区往往缺乏足够的资金支持来发展旅游，需要政府制度的引导来吸引前期投资，并通过政策制度提供优惠，保证"谁投资，谁受益"原则的落实。②建设基础设施。交通、邮政、水电和排污等旅游基础设施具有明显的公共属性，不符合资本运行的客观规律，其建设只能靠政府制度的引导和规划才能实现。③保障旅游环境。旅游环境是旅游竞争力评估的主要因素之一。而政府制度通过制定和实施相关制度、措施，保护旅游地的生态人文环境，是营造良好旅游环境的重要保障。④调动社会组织的积极性。政府可以通过颁布相关政策充分调动旅游行业中的社会组织，鼓励和扶持社会组织承担一部分职能，如旅游资源信息咨询、旅游资源开发审定和旅游资源开发举报等，充分发挥第三方的服务、沟通、公证和监督作用。

（3）政府制度对县域旅游竞争力的积极影响

1）优化旅游资源配置。政府制度在县域旅游资源配置中发挥着宏观调控和统筹协调的作用。政府可以通过一系列配套措施全方位整合旅游产业资源，优化产业结构，不断释放旅游产业改革创新红利，优化资源配置。例如，立足县域旅游资源开发乡村旅游项目，有效推进旅游与农业、林业、文化、体育、交通、养生等多产业融合发展，结合市场需求开发独、特、优旅游商品，优化旅游产品供给，丰富旅游业态。

2）拓宽旅游投资渠道。科学的政府制度有利于县域开拓新的旅游投资渠道，提升旅游投资层次。例如，引导社会资本以租赁、承包、联营、合股等多种形式投资开发县域旅游项目，鼓励开发性旅游企业和实体创办，并积极调动群众参与到旅游发展中来，实现全民共建共享共管的旅游产业发展新局面。

3）保障基础设施建设。交通、水电和排污等旅游基础设施具有明显的公共属性，不符合资本运行的客观规律，其建设只能靠政府引导和规划。县级城镇属于经济相对落后的地区，基础设施建设相对滞后，这在一定程度上成为困扰县域旅游发展的瓶颈。因此，县域政府应当加快推进旅游基础设施建设，为当地旅游活动的开展提供基础保障。

2.3.3.6 经济条件——支撑

（1）经济条件相关概念及内涵

经济是指社会生产关系的总和，即人们在物质资料生产过程中结成的，与一定的社会生产力相适应的生产关系的总和或社会经济制度，是政治、法律、哲学、宗教、文学、艺术等上层建筑赖以建立起来的基础。

经济条件是旅游发展的重要支撑，其影响人们的收入水平、基础设施建设、旅游投资能力、开发规模和方向、旅游接待能力和水平等。经济的发展能够促进人们收入水平和生活水平的提高，人们有更充足的休闲时间和经费去支配，在满足了基本的物质生活需求后更加追求精神满足，从而激发了旅游出行动机。另外，经济的发展、财富的增加，促进了原有旅游景区的升级改造，推动了新的旅游景区的开发和创造，涌现了一批新兴的旅游业态，有力地助推旅游产业科学、可持续发展。

（2）旅游经济条件的衡量指标

衡量旅游经济条件的指标主要包括旅游投资、旅游供给、旅游需求、旅游盈亏和旅游人力5个方面。旅游投资涉及政府的旅游投入资金及其与第一、第二产业投入资金的变化率和旅游企业税收等，它反映政府和企业的旅游投资、创税能力现状和潜力；旅游供给涉及食、宿、行、游、购、娱六要素在内的旅游资源、旅游设施和旅游服务等，它反映旅游目的地的旅游供给能力现状和潜力；旅游需求涉及区域内开展旅游活动的国内、港澳台、海外旅游者人数和客源地数目及人均停留天数、人均消费等，它反映旅游需求的层次结构和辐射能力；旅游盈亏涉及人均旅游收入及其与旅游相关经济指标的变化率等，它反映旅游经济盈亏水平；旅游人力涉及旅游教育和旅游从业人员的专业素质和数量等，它反映旅游人才的教育现状、储备能力和发展潜力。

（3）经济条件对县域旅游竞争力的影响

经济条件是县域旅游竞争力的基本保障。经济发达地区往往拥有发展旅游业的资金优势，其经济发展水平对县域旅游竞争力有直接影响，具体表现在以下三个方面：第一，经济条件直接影响地区的基础设施建设、旅游配套设施建设、旅游投资能力、旅游开发规模和方向、旅游接待能力与水平等。如果经济发达,即使旅游资源匮乏,也可以通过丰富的人造景观来弥补。如果经济落后,基础设施差、旅游环境恶劣,即使旅游资源丰富,也难以吸引大量旅游者,旅游效益比较低;同时,经济发展水平是地区旅游项目开发的重要资金保障,投资规模大、市场影响力强、品牌知名度高的旅游项目的推进往往能在区域内形成聚焦效应,引领带动其他相关行业发展,能够在短期内推动县域旅游业步入高速发展的轨道、迅速提升县域旅游竞争力。第二,随着"一带一路"倡议的推进,跨国的大区域旅游线路和发展格局日渐形成,同时,国内区域旅游呈现东部引领,中、西部发展迅速,东北发展势头强劲的趋势。城市大多是不同层次的经济中心,县域的对外经济联系越是广泛而持久,对外的旅游吸引力也就越大。第三,随着县域经济的不断发展,当地居民收入增加,消费水平也将不断提高,消费结构也会发生很大变化,居民在基本的物质生活需求得到满足后将会追求更高的精神文化需求,相应地用于旅游消费的支出将明显增加。因此,优良的经济条件和充分的经济潜力是县域旅游提升其竞争力的基本保障。

经济条件是县域旅游外部环境的决定性因素。县域旅游环境是旅游者在旅游区域所接触和感受到的一切事物和现象,它是影响旅游者行为的各种外部因素之和,旅游环境包括两个部分:外部环境和内部环境。外部环境包括经济条件、政治环境、自然环境、科技水平和社会文化环境等。其中,经济条件是县域旅游外部环境的决定性因素,它包括区域总体经济发展水平、居民收入水平、经济开放程度、金融产业发展状况等。而区域总体经济发展水平是进行县域旅游开发和整合的基础及重要影响因素之一,直接影响县域旅游竞争力。经济发达的地区拥有较强的旅游投资能力,能为其旅游业的发展提供更多的融资机会和良好的投资环境,同时吸引、引导各方资金投入旅游业的发展,故而旅游开发规模较大、旅游接待能力较强、开发方向呈现多元化。相较而言,县域旅游外部环境往往比不上经济发达的中心城市,首要原因是其经济发展水平较为落后,经济总量与经济质量处于劣势,支撑县域旅游发展的经济动力较弱,在县域旅游发展进程中,容易出现诸如旅游资源开发深度不够、基础设施不完善、旅游配套设施欠缺、旅游产品定位不清晰、旅游市场秩序混乱等一系列问题。因此,要营造良好的县域旅游外部环境,首先要转变经济发展方式,切实推进县域经济可持续发展,提升县域经济发展水平。

良好的经济发展水平对县域旅游的发展有辐射带动作用。旅游业是关联度高、综合性极强的朝阳产业,与民航、铁路、公路、商业、食宿等传统产业,国际金融、仓储物流、信息咨询、文化创意、影视娱乐、会展博览等新型现代服务业密切相关。但是由于县域旅游发展起步较晚,以及受县域经济条件限制,与旅游产业密切相关的各项产业,如餐饮、交通、娱乐、通信和房地产等发展缓慢,产业化水平较低,无法有效实现产业聚集对县域旅游的辐射带动作用,县域旅游收入仍主要依赖于门票收入,旅游产业重点仍是景区景点等初级观光旅游产品,相对缺乏高层次的旅游产品,难以实现旅游产业化发展。因此,只有提升县域经济发展水平,推动旅游及其相关产业协同发展、发挥产业间的辐射带动作用,才能提升县域旅游竞争力。

2.3.3.7 信息化水平——大数据

(1) 信息化概念及内涵

信息化是指培养和发展以计算机为主的智能化工具为代表的新生产力,并使之造福于社会的历史过程。旅游信息化是指将信息技术应用于旅游产业,进行跨界融合,推进旅游生产方式、管理模式、营销模式和消费模式的转变,全面提升旅游产业的质量效益和核心竞争力,更好满足游客个性化服务需求。

旅游信息化的内容主要包括旅游企业信息化、旅游电子商务和旅游电子政务。旅游企业信息化主要是指企业内部的信息化,即通过建设信息网络和信息系统,调整和重组企业组织结构和业务模式,提高企业的竞争能力;旅游电子商务是指旅游企业对外部的电子商务活动,旨在利用现代信息技术手段宣传促销旅游目的地、旅游企业和旅游产品,加强旅游市场主体间的信息交流与沟通,提高旅游市场运行效率和服务水平;旅游电子政务是指各级旅游管理机关,通过构建旅游管理网络和业务数据库,建立一个旅游系统内部信息上传下达的渠道和公共信息的发布平台,实现各项旅游管理业务处理和公共信息服务。

(2) 旅游信息化发展的必然性

1) 旅游业是信息密集型产业。旅游业是一个开放的系统,信息是其得以生存和运转的根本前提,它贯穿旅游活动的全过程,信息宣传和引导在旅游功能系统中虽然不能直接创造经济效益,但是作为连接旅游者与旅游目的地的关键环节,对于旅游市场的开发是至关重要的。从旅游景区景点的设计和开发,到旅游产品的目标定位和市场宣传,再到酒店、交通的预订和服务,以及旅游各部门之间的沟通协调,无不需要大量信息的流通和处理。作为信息密集型产业,旅游业对信息和信息技术具有很强的依赖性,信息化是旅游业发展的内在要求和必然趋势。新环境下旅游业的竞争,实质上是旅游信息化程度的竞争。

2) 旅游信息化具有深厚的网民基础。据中国互联网络信息中心(2019)统计,截至 2019 年 6 月,我国网民规模达 8.54 亿,较 2018 年年底增长 2598 万,互联网普及率达 61.2%,较 2018 年年底提升 1.6 个百分点;我国手机网民规模达 8.47 亿,较 2018 年年底增长 2984 万,网民使用手机上网的比例达 99.1%,较 2018 年年底提升 0.5 个百分点[①]，庞大的网民团体为旅游信息化提供了深厚的发展基础和巨大的发展空间。

3）旅游信息化能优化旅游市场环境。旅游信息化以信息技术和信息为核心，它能提供畅通的旅游信息网络和优质的旅游信息服务，满足政府、旅游企业和旅游者的咨询、决策需求；改变旅游的运作方式，电子商务已经成为信息时代旅游交易的新方式；以多种表达形式推广宣传旅游目的地形象，超越时空限制成为连接旅游者与目的地的关键环节；增强旅游经济的灵活性与有效性，为旅游市场创造良好的信息环境。

（3）旅游信息化对县域旅游竞争力的影响

1）旅游信息化影响旅游者对目的地的选择。对旅游者决策过程的研究表明，旅游者对目的地的选择往往是在不确定条件下进行的。芬兰学者 A·Jhaahti 的研究结果部分地证明了旅游者对目的地的选择，依赖于对该区域的认知水平。而旅游者对旅游目的地的认知水平，很大程度上取决于旅游信息化水平。特别是在高度竞争环境中，旅游者对旅游目的地的选择，往往受其所掌握的旅游信息影响。越来越多的旅游者利用互联网搜集旅游信息、规划旅游行程和分享旅游体验，县域信息网络的功能、信息质量、信息结构、传播速度及信息的可信度，都会影响旅游者对目的地的选择。因此，县域需要建立完善的综合信息系统，尽可能地提供一站式综合化的旅游产品。

2）旅游信息化是传递县域旅游品牌和形象的重要手段。随着信息时代的到来，知识、科技成为影响县域旅游竞争力大小的关键因素。Buhalis（2000）认为可以通过互联网技术来提高旅游目的地知名度、降低经营成本及加强当地合作，从而提高旅游目的地的竞争力。刘明广（2010）认为，旅游信息化的目的是整合区域旅游的各种要素，从而使目的地旅游产业在国内及国际旅游市场上形成一种整体的竞争优势，其突出功能是对旅游目的地进行整体形象的塑造和宣传。我国县域旅游目的地往往是经济欠发达地区，没有足够的资金及渠道推广其旅游品牌和形象，知名度和美誉度较低，而旅游信息化能为县域旅游的发展提供网上宣传和促销的平台，并促使区内各旅游企业和旅游机构形成动态的网络化系统，为旅游媒体、旅游企业和旅游消费者提供相关服务。

2.3.3.8 旅游企业——活力

（1）旅游企业相关概念及内涵

一般认为，旅游企业是利用旅游资源和旅游设施，为旅游者提供观赏性和愉

---

① http://www.cac.gov.cn/2019-08/30/c_1124939590.htm

悦性的产品与经历,从事相关旅游经营活动的营利性的、相对独立的经济实体。根据旅游企业对旅游者提供服务项目的不同,可以将其分为从事招揽、联系、接待、安排旅游者进行旅游活动的旅行社,为旅游者提供住宿、饮食和其他服务的酒店(饭店),为旅游者提供交通运输服务的交通运输企业,在景区景点或其他地方向旅游者提供旅游商品的旅游商店等。根据从事旅游产品经营的产业链划分,又可分为直接旅游企业和间接旅游企业。直接旅游企业是指依赖于旅游者的存在而生存的企业,其典型代表是旅游景点、旅行社、交通运输企业和住宿企业。间接旅游企业是指为旅游者提供商品和服务,但主要供应对象为非旅游者的企业,如餐馆和游览娱乐企业等。各类旅游企业在同一个平台上竞争、合作、转型、兼并、融资,降低旅游交易成本,提升旅游价值链的效率与旅游资源的利用效率。

(2)旅游企业的特性

旅游企业的生产和消费具有同一性。旅游产品的生产、交换和消费在时间和空间上具有同一性,只有当旅游者消费这些服务时,服务才构成产品。该特性使旅游企业的发展在很大程度上受制于旅游需求和旅游消费。具体表现为,旅游需求和旅游消费决定了旅游企业的类型和规模,但旅游消费属弹性较大的消费,许多因素都会影响旅游消费的数量和质量;旅游企业的资源利用效率也随着旅游需求季节性的变化而发生周期性的波动,在旅游旺季,旅游企业生产能力有限,往往不能满足急剧增长的旅游需求,而在旅游淡季,通常又有较多的旅游资源、旅游配套设施闲置。

旅游企业的生产和消费具有互补性和替代性。旅游活动是集吃、住、行、游、购、娱于一体的综合性消费活动,使得构成旅游消费对象的各个部分具有互补性质,一项旅游消费的实现必然伴随着众多其他旅游消费项目的产生,因此,要求相关旅游企业之间互相配合,加强合作,以提高县域旅游竞争力;旅游消费的替代性是指旅游消费对象每一构成部分之间的相互替代的性质。例如,某旅游者选择了乘坐飞机前往旅游目的地,就不会乘坐火车或轮船,若入住了度假旅馆,一般就不会再入住其他旅馆。由此可见,旅游消费的替代性是十分明显的,旅游者在选定某种成分以后,势必舍弃其他成分,因而这种替代性加剧了旅游企业之间的竞争。

(3)旅游企业对县域旅游竞争力的影响

旅游企业是县域旅游竞争的微观主体,是实现县域旅游发展目标的核心力量,是县域旅游经济效益的主要实现者。Enright 和 Newton(2005)较早地意识到旅游企业的重要性,他们研究了旅游吸引物和企业相关因素的重要性和相对竞争力,认为旅游企业相关因素比旅游吸引物更重要。

旅游企业竞争力是县域旅游竞争力的基础。县域旅游竞争力的核心是旅游产业的竞争力,其中旅游企业起着中心作用,旅游产业竞争力主要是通过旅游企业整体竞争力来体现的。旅游企业的竞争力主要是看其能否提供比竞争对手更有竞争力的产品并获得比竞争对手更丰厚的利润,即各个旅游企业劳动生产力的竞争。旅游企业的竞争力如何必将决定着旅游产业竞争力。旅游企业的规模、发展战略、目标、经营策略、自我积累和发展机制等对县域旅游竞争力的形成无疑起着更为积极、主动的作用,尤其是旅游企业间的竞争是否合理、公平、有序,大、中、小旅游企业之间的分工与合作,竞争机制是否有效等都对县域旅游竞争力的形成有着重要的影响。

2.3.3.9 旅游人才——关键

(1) 旅游人才概念及内涵

发展是第一要务,人才是第一资源。21世纪知识经济时代带来了新的社会经济模式,同时也带来了新的社会生活模式和旅游消费模式,旅游业迅猛发展的同时对旅游人才的需求急剧膨胀,它呼唤新的旅游经营人才和专业人员教育培训机制,以满足知识经济时代知识密集型旅游管理模式和人们更具个性化、多元化和可变性的消费服务要求。

狭义上,旅游人才是指市场经济条件下,具有旅游市场经济意识、旅游知识和技能,有旅游经营管理能力,能进行创造性劳动的各类旅游从业人员的总称,主要包括酒店、旅行社和景点景区服务及管理人员。广义上,旅游人才不仅仅是旅游专业人才,还包括旅游业相关行业人才,因为旅游业是关联度高、综合性极强的朝阳产业,需要多方面的人才为之服务。旅游人才数量多少和质量高低对县域旅游竞争力有着重要影响。

(2) 旅游人才的特征

1) 服务意识强。根据旅游业的一切以客户为中心的特征,在价值取向上要求旅游人才以为他人提供服务为根本,并把为他人提供优质的服务作为使命与责任。优质的服务是旅游企业在竞争中取胜的关键,良好的服务意识是创造优质服务的前提和基础。旅游人才的服务意识是旅游从业人员综合素质的体现,也是旅游竞争力的重要因素。

2) 专业素养高。旅游业是涉及众多传统行业和社会部门的综合性产业,旅游从业人员除了具备本专业的基本知识和技能之外,还要求对人文地理、艺术宗教、民俗文化、建筑摄影等知识有所涉猎,成为知识广博的杂家。在能力要求上,重点包括语言表达、领导决策、组织协调、业务开拓、应变应急及人际交往等实践能力。

3) 竞争国际化。在旅游国际化背景下,我国旅游目的地纷纷以成为国际化旅游目的地为发展方向,旅游目的地的国际化进程又对旅游专业人才的国际化提出了更高的要求。另外,外资旅游企业在中国市场迅速扩张,致使我国旅游业尤其是酒店、旅行社、旅游景区等在管理体制与方式上发生了深刻变化。同时,国际间人才流动变得频繁,国际旅游人才纷纷涌入中国,我国本土旅游人才面临着受过良好专业教育的国际旅游人才的竞争,旅游人才的竞争从区域性竞争发展到国际性竞争。

(3) 旅游人才对县域旅游竞争力的影响

1) 旅游人才数量的增加能提高县域旅游产出水平。在所有资源中,劳动力资源是唯一一个决定其他资源利用效率的资源,劳动力资源的素质和数量决定了其他资源发挥作用的大小。旅游人才作为旅游生产的一个要素,对旅游竞争力的影响首先表现在对经济增长的影响上。在其他旅游生产要素充足时,劳动力数量越多,在同等生产技术条件下,所生产的旅游产品数量就越多。目前,我国县域旅游呈大众化趋势,加速发展的同时急需大量旅游专业人才,然而,我国旅游人才市场的需求与供给现状不容乐观。人才缺口持续加剧,尤其是中高层的旅游管理人才严重缺乏,已成为抑制我国县域旅游业发展的重要瓶颈之一。要提高县域旅游竞争力,必须解决旅游人才市场供需矛盾,增加旅游人才数量。

2) 旅游人才质量的改进能提高县域旅游劳动生产率。旅游人才质量是一个综合概念,包括人才的身体素质、思想观念、文化水平、科学素养和技术能力等。县域旅游能否更快更好发展与是否拥有高质量人才密切相关。高质量旅游人才可以优化传统的旅游产业结构和引进发展新模式,转变区域旅游的空间结构和价值取向,更重要的是能够克服传统惯性,引导建立新型的适应市场需要的现代思维模式。旅游人才素质越高,其引进、消化和吸收先进生产与管理技术的能力就会越强,对资源的配置和利用就会更合理,企业的生产成本就越低,资源利用效率就越高,从而促进县域旅游劳动生产率的提高。

2.4 竞争力评价指标体系

2.4.1 竞争力构成要素

旅游业涉及要素的多样性,导致影响县域旅游竞争力的要素也是复杂多样的,需要全方位、多层次地分析把握。在中国城市经济学会组织的"中国城市旅游竞争力评价"项目中,就曾经在借鉴国内外竞争力研究的多个成熟理论和成功案例的基础上,构建了由环境友好力、资源产品吸引力、市场影响力、管理竞争力 4 个一级指标、16 个二级指标、130 多个三级指标构成的指标体系。可见旅游竞争力影响因素的复杂和繁多。

旅游业竞争力涉及的面相当广，它涵盖的指标数量极其复杂和庞大。从理论上看，旅游业竞争力测度指标体系固然越全面越好，但由于受到定量研究方法及公开统计数据的限制，往往只能够有针对性地筛选一些具有代表性的指标。故此，在借鉴各种理论的基础上，对广西县域旅游竞争力评价，首先就要构建一套综合、简明、准确并且易操作的指标体系。本报告提出县域旅游综合竞争力的构成要素主要有要素竞争力、业绩竞争力、管理竞争力、发展竞争力和新媒体评价等。

2.4.1.1 要素竞争力是基础

县域的旅游资源、旅游接待能力及交通和区位条件等要素，共同构成了县域旅游业发展的平台和根基。

2.4.1.2 业绩竞争力是表现

业绩竞争绩效是县域旅游竞争力的外部表现，是县域旅游业基于自身的竞争优势和资源优势，在过去和现在市场竞争中的结果和地位，是当前县域旅游竞争力的直接显现。

2.4.1.3 管理竞争力是核心

政府对旅游业的支持力度与重视程度、游客满意度指数、旅游人才与培训、景区动态管理等要素，是县域旅游竞争的主战场。

2.4.1.4 发展竞争力是潜力

旅游消费及旅游人数的增长率、旅游发展规划的科学性、旅游行业及信息化管理及旅游营销社会治安状况等要素，决定了县域旅游发展的潜力。

2.4.1.5 新媒体评价是映射

互联网大数据时代下，万物皆是媒体，媒介传播在旅游业中发挥出越来越重要的作用。新媒体评价选取百度指数、UGC（用户创造内容）、PGC（专业生产内容）3个指标，使得评价指标更具客观性。

根据县域旅游竞争力的特征、评价的一般原理和实际资料的可得性，建立广西县域旅游综合竞争力评价指标体系。

2.4.2 广西县域旅游综合竞争力评价指标体系

2018～2019年广西县域旅游综合竞争力 A＝（B1，B2，B3，B4，B5），其

中 B1，B2，B3，B4 和 B5 分别为 5 个一级评价指标——要素竞争力、业绩竞争力、管理竞争力、发展竞争力、新媒体评价，包括 22 个二级指标，数量众多的三级指标和观察点，详见表 2-1。

表 2-1 广西县域旅游综合竞争力评价指标体系

	一级指标	二级指标
广西县域旅游综合竞争力评价指标体系 A	要素竞争力（B1）（权重 20%）	4A 级以上景区数量（含世界遗产）（C11）
		旅行社数量（C12）
		星级饭店数量（C13）
		住宿接待能力（C14）
		交通和区位条件（C15）
	业绩竞争力（B2）（权重 20%）	旅游总消费（C21）
		年旅游接待人次（C22）
		人均旅游消费（C23）
		第三产业值增长率（C24）
	管理竞争力（B3）（权重 20%）	文旅融合重视程度（C31）
		全域旅游重视程度（C32）
		游客满意度指数（C33）
		旅游人才与培训（C34）
		景区动态管理（C35）
	发展竞争力（B4）（权重 20%）	旅游消费增长率（C41）
		旅游人数增长率（C42）
		旅游发展规划（C43）
		旅游信息化管理（C44）
		旅游营销管理（C45）
	新媒体评价（B5）（权重 20%）	百度指数（C51）
		用户创造内容（UGC）（C52）
		专业生产内容（PGC）（C53）

2.4.3 广西县域旅游创新发展能力评价指标体系

2018~2019 年广西县域旅游创新发展指标体系 A＝（B1，B2，B3，B4，B5），其中 B1，B2，B3，B4 和 B5 分别为 5 个一级评价指标——市场效应、管理创新、发展创新、新媒体应用、专家评价，包括 21 个二级指标，数量众多的三级指标和观察点，详见表 2-2。

表 2-2　广西县域旅游创新发展能力评价指标体系

一级指标	二级指标
市场效应（B1） （权重 25%）	旅游总收入（C11） 年旅游接待人次（C12） 人均旅游消费（C13） 旅游特色节庆（数）（C14） 各大旅行社组团频次（C15）
管理创新（B2） （权重 25%）	政府对旅游投入增幅（C21） 社会资本旅游投资增幅（C22） 环境保护与改善（C23） 旅游人才与培训（C24） 景区动态管理（C25）
发展创新（B3） （权重 25%）	旅游收入占 GDP 比例（C31） 旅游发展规划（C32） 旅游公共服务设施改善（C33） 旅游信息化平台建设（C34） 旅游营销创新（C35）
新媒体应用（B4） （权重 20%）	百度指数（C41） 旅游微博（C42） 旅游微信（C43） 旅游攻略游记（C44） 其他自媒体（C45）
专家评价（B5） （权重 5%）	德尔菲法测定值（C51）

（表格最左侧合并列："广西县域旅游创新发展能力指数 A"）

2.5　数据采集

广西县域旅游竞争力评价研究报告选取广西 48 个县（市、区）作为研究对象，各级评价指标的数据一方面来源于各县（市、区）及广西旅游科学研究所提供的一手数据资料，另一方面来源于从各县（市、区）文化和旅游局官方网站、统计局、大数据分析平台、第三方旅游网站等，数据采集来自多渠道，并且经过整理或经计算获得。利用"互联网＋"、大数据平台采集数据，数据更真实地反映旅游者的需求和旅游市场发展的趋势。尤其是新媒体和自媒体的运用，数据更具丰富性和多样性。

广西县域旅游竞争力评价研究涉及各级指标的数据，主要来源于以下途径。

2.5.1　文化和旅游厅官方网站

C11（4A 级以上景区数量（含世界遗产））、C12（旅行社数量）等数据来源于广西文化和旅游厅旅游名录。

2.5.2 各县（市、区）旅游统计数据

C14（住宿接待能力）、C21（旅游总消费）、C22（年旅游接待人次）、C23（人均旅游消费）、C24（第三产业值增长率）、C41（旅游消费增长率）、C42（旅游人数增长率）等指标的数据来源于各县（市、区）旅游部门2017年及2018年的统计数据，由研究者线上或线下实地调研收集获得。部分指标在部分年份缺失，根据前后年份的数值及增长率推测。

2.5.3 各县（市、区）《国民经济和社会发展统计公报》

C31（文旅融合重视程度）、C32（全域旅游重视程度）、C34（旅游人才与培训）、C35（景区动态管理）、C44（旅游信息化管理）、C45（旅游营销管理）等指标的数据来源于各县（市、区）编制的2017年及2018年《国民经济和社会发展统计公报》。

2.5.4 各县（市、区）编制的《旅游业发展规划》

C43（旅游发展规划）指标的数据来源于各县（市、区）编制的相关《旅游业发展规划》。

2.5.5 广西旅游科学研究所

广西旅游科学研究所是桂林旅游学院举办的科研机构，创办于2001年，2007年9月由广西壮族自治区人民政府授牌，是集区域旅游发展规划、旅游项目策划、乡村旅游开发、旅游景区开发设计、旅游企业管理咨询、旅游工艺品开发设计、行业及地方旅游标准制定、旅游人才培训于一体的专业性旅游研究单位。C33（游客满意度指数）及部分较难获取的旅游统计指标数据来源于广西旅游科学研究所。

2.5.6 第三方网站

C52（UGC）、C53（PGC）的数据来源于第三方网站。UGC指标的数据根据网民关于景区（点）的评价进行均值化处理获得。PGC指标的数据根据网民关于县（市、区）旅游话题的讨论活跃程度进行量化处理获得。

2.5.7 百度大数据分析平台

网络数据挖掘是利用手动或爬虫软件等技术手段对互联网相关数据进行挖掘分析的一种研究方法。报告基于百度指数的数据平台，搜索数据，并利用 Excel

等数理工具进行整理、汇总、统计和归纳。C51（百度指数）指标的数据来源于以百度海量网民搜索数据为基础的百度大数据分析平台，该平台是当前大数据时代最重要的统计分析平台之一。

2.5.8 专家评价

邀请旅游专家对县（市、区）旅游各指标进行打分和评价。专家评价的准确程度，主要取决于专家的阅历经验及知识的广度和深度。要求参加评价的专家对评价的系统具有较高的学术水平和丰富的实践经验，在定量和定性分析的基础上，以打分等方式做出定量评价，其结果具有数理统计特性。

2.6 评价方法

从旅游竞争力的评价方法来看，应用较多的定量评价方法主要是层次分析法、因子分析法、聚类分析法等。本报告采用因子分析法对广西县域旅游竞争力进行评价，并采用聚类分析法对评价结果进行分析。应用 Excel、SPSS 统计分析软件，GIS 软件进行空间分析，采用内容分析法借助 NVIVO 分析软件对广西县域旅游竞争力进行定量评价分析，并进一步对分析结果进行聚类分析。

2.6.1 因子分析法

2.6.1.1 因子分析法的基本思想

因子分析法是将多个变量 $x_1, x_2, \cdots, x_p$（随机变量，即显在变量）综合为少数个因子 $F_1, F_2, \cdots, F_m$（不可观测的潜在变量），以再现指标与因子之间的相关关系的一种统计方法。其基本思想是：根据相关性大小对变量进行分组，使得同组内的变量之间的相关性较高，不同组的变量之间的相关性较低。每组变量代表一个基本结构，因子分析中将其称为公共因子，它们可以反映问题的一个方面，或者说一个维度。通过几个公共因子的方差贡献率作为权重来构造综合评价函数，能够简化众多原始变量及有效处理指标间的重复信息，所以其评价结果具有很强的客观合理性。

2.6.1.2 因子分析法的基本步骤

1）将原始数据 X_{ij}，标准化为 Z_{ij}，以消除指标量纲和数量级的影响。
2）计算标准化指标的相关系数矩阵 R。
3）用雅可比方法求 R 的特征根 λ_j（由大到小排序）相应的特征向量。

$$\zeta=(\zeta_{i1}, \zeta_{i2}, \cdots, \zeta_{ip})'$$

4）确定公共因子数 m。选择特征根≥1 的个数 m 为公共因子数，或者根据累计方差贡献率≥85%的准则确定 m。

5）计算初始因子载荷矩阵 $A=(a_{ij})$。其中，
$$a_{ij}=\sqrt{\lambda_i}\zeta_{ij}(i=1, 2, \cdots, p; j=1, 2, \cdots, m)$$

这一步实际是求解因子模型 $Z=AF$
$$Z=(z_1, z_2, \cdots, z_p)', \quad F=(f_1, f_2, \cdots, f_m)'$$

6）解释公共因子的实际含义。由因子模型矩阵得到的初始因子载荷矩阵，如果因子负荷的大小相差不大，求得的因子变量含义不明显，对因子的解释可能有困难，实用价值也不大，所以为了能更清楚地将因子与变量的关系显现，一般采用因子旋转。常用的方法是方差最大正交旋转，这种方法以因子载荷矩阵中各因子载荷值的总方差达到最大作为因子载荷矩阵的准则，即使因子载荷矩阵的元素的绝对值按列尽可能向两极分化，少数元素索取尽量大的值，而其他元素尽量接近零，同时也包含着按行向两极分化。旋转的结果使得每个公共因子代表较为明显的经济含义，便于进一步地解释分析。

7）计算因子得分。因子是原始变量某类性质的抽象表示，其数值无法观测，但在实际的统计分析中，我们希望用具体数值来描述主因子作为一个综合指标在个体水平上的差异，就需要利用公共因子和原始变量的关系，估计出不同公共因子的得分。计算方法是：首先计算相关系数矩阵 R 的逆矩阵 R^{-1}，再根据 $F=A'R^{-1}X$ 估计出各被评价对象的因子得分，其中，$F=(f_1, f_2, \cdots, f_m)'$。

8）计算综合得分。综合得分由每个主因子的得分加权求和而得，其中权重由各个主因子的贡献率在累计贡献率中所占的比例确定，即

$$T=\sum_{i=1}^{m}w_i f_i$$

式中，$w_i=\lambda_i / \sum_{i=1}^{m}\lambda_i$ 为第 i 个公共因子的权数；f_i 为第 i 个公共因子的得分。

2.6.2 聚类分析法

聚类分析的职能是建立一种分类方法，它将一批样本或变量，按照它们在性质上的亲疏程度进行分类。凡是具有数值特征的变量和样本都可以采用系统聚类法。该方法首先把每个样本各看成一类，然后根据样本间距离和类间距离的定义，逐步合并类，减少类的数目，达到聚类分析的目标。其分类步骤如下：

首先，聚类前对数据进行变换处理。聚类分析处理的开始是各样本自成一类

（n 个样本则一共有 n 类），计算各样本间的距离，并将距离最近的两个样本并成一类。

其次，选择并计算类与类之间的距离，并将距离最近的两个类合并，如果类的个数大于 1，则继续并类，直至所有样本都被归为一类为止。

最后，绘制系统聚类谱系图，按不同的分类标准或不同的分类原则，得出不同的分类结果。

2.6.3 GIS 技术

地理信息系统（geographic information system，GIS），是获取、存储、编辑、处理、分析和显示地理数据的空间信息系统，其核心是用计算机处理和分析地理信息。基于 GIS 的广西县域旅游竞争力的分析，对各县域 TM 影像进行几何校正、配准、数据融合、影响增强等处理，运用 ENVI 软件，采用进行监督分类，建立解译标志，获取土地利用现状分类，运用 Fragstat 4.2 软件可计算格局指数，并利用 Web GIS 技术查询检索，并有针对性地进行专题制图的输出，建立三维模型，实现县域旅游的可视化。

2.6.4 内容分析法

（1）内涵

内容分析法是一种主要以各种文献为研究对象的研究方法。早期的内容分析法源于社会科学借用自然科学研究的方法，进行历史文献内容的量化分析。第二次世界大战后，新闻传播学、政治学、图书馆学、社会学等领域的专家学者与军事情报机构一起对内容分析方法进行了多学科研究，使其应用范围拓展。在"互联网＋"背景下，基于如此庞大的大数据，小数据的形式表达更为重要，内容分析法在分析大数据时能达到很好的效果。例如，旅游新媒体的指数，网民、旅游者所关心的并不是庞大的微博、微信监测数据，而是与自己的喜好、特长、职业切身有联系的旅游攻略、旅游交通、旅游景点等事物。大数据的核心围绕的是人，围绕各种社会现象和媒体事件，而小数据是对大数据的总结和提升。把大数据的东西返璞归真做回小数据，正是内容分析法对大数据的进一步挖掘与分析。

（2）分析工具

利用 Rost wordparser 中文词频分析软件，分析互联网平台上涉及旅游的相关数据，分析论文、微博、博客、论坛、网页、书籍、聊天记录、电子邮件、本地文本类格式文件、数据库中各类文本字段，支持分词、字频统计、词频统计、聚类、分类、情感分析（含简单和复杂）、共现分析、同被引分析、依存分析、语义网络、社会网络、共现矩阵等分析方法。

（3）量化处理

做好评判记录把旅游大数据（如旅游评论、旅游攻略、图片等）转化为数据形式。评判记录是根据已确定的分析维度（类目）和分析单位对样本中的信息做分类记录，登记每一个分析单位中分析维度（类目）是否存在和出现的频率。要做好评判记录工作，需要注意以下几个方面：

第一，按照分析维度（类目）用量化方式记录研究对象在各分析维度（类目）的量化数据（如有、无、数字形式、百分比）。

第二，采用事先设计好的易于统计分析的评判记录表记录。先把每一分析维度的情况逐一登记下来，然后再做出总计。

第三，相同分析维度的评判必须有两个以上的评判员分别做出记录，以便进行信度检验。评判记录的结果必须是数字形式。

第四，在根据类目出现频数进行判断记录时，不要忽略基数。

第3章 2018～2019年广西县域旅游竞争力评价及解读

本报告立足广西48个县（市、区）级地域旅游发展的实际情况，经过2018～2019年的考察调研和客观的数据分析，通过定量研究与定性分析相结合的方法总结出能真实、科学地反映旅游发展程度的综合竞争力评价体系和旅游创新发展能力评价体系，形成客观、科学的研究报告。

3.1 广西2018～2019年县域旅游竞争力评价

3.1.1 要素竞争力评价

要素竞争力是基础。要素竞争力是旅游目的地发展旅游的根基，为发展全域旅游提供必要的保障，县域的旅游资源、接待能力及旅游从业人数等要素，共同构成了县域旅游业发展的平台和根基。要素竞争力具体包括4A级以上景区数量、旅行社数量、星级饭店数量、住宿接待能力、交通和区位条件5个指标。2018～2019年广西县域旅游要素竞争力前10排名如表3-1所示，其中阳朔县位居第一。

表3-1　2018～2019年广西县域旅游要素竞争力前10排名

县（市、区）	4A级以上景区数量（含世界遗产）/个（C11）	旅行社数量/家（C12）	星级饭店数量/家（C13）	住宿接待能力（C14）	交通和区位条件（C15）	得分
阳朔县	4	10	252	99 720	95	4.392 08
青秀区	5	84	123	39 360	95	3.431 04
海城区	3	54	154	5 760	85	1.982 57
涠洲岛	2	2	94	56 880	73	1.217 73
秀峰区	3	55	9	12 540	84	0.878 17
兴宁区	4	19	31	12 600	93	0.778 34
城中区	5	15	26	6 240	85	0.446 19
龙胜县	1	2	54	27 360	84	0.415 99
三江县	4	5	9	9 180	93	0.273 25
大新县	6	2	15	9 360	75	0.232 62

3.1.2 业绩竞争力评价

业绩竞争力是表现。业绩竞争力是县域旅游竞争力的外部表现，是过去和现在市场竞争中的地位体现，是县域旅游业基于自身的竞争优势和资源优势。业绩竞争力具体包括旅游总消费、年旅游接待人次、人均旅游消费、第三产业值增长率 4 个指标。2018～2019 年广西县域旅游业绩竞争力前 10 排名如表 3-2 所示，其中青秀区位居第一。

表 3-2　2018～2019 年广西县域旅游业绩竞争力前 10 排名

县（市、区）	旅游总消费/亿元（C21）	年旅游接待人次/万人（C22）	人均旅游消费/元（C23）	第三产业值增长率/%（C24）	得分
青秀区	415.00	4 118.59	1 007.63	4.60	4.518 56
海城区	283.55	2 074.31	1 366.95	10.10	2.447 37
兴宁区	240.70	2 013.00	1 195.73	5.20	1.962 47
阳朔县	242.32	1 751.95	1 383.14	11.10	1.948 01
钦南区	168.20	1 684.00	998.81	53.18	1.092 60
玉州区	128.00	930.00	1 376.34	64.51	0.603 38
东兴市	104.75	1 140.30	918.62	7.90	0.562 71
荔浦市	105.75	741.23	1 426.68	47.70	0.348 20
秀峰区	111.80	858.13	1 302.83	7.30	0.341 48
龙胜县	105.08	860.03	1 221.82	56.20	0.258 27

3.1.3 管理竞争力评价

管理竞争力是核心。管理竞争力主要体现在政府对全域旅游的重视和推进程度，其为县域旅游竞争的核心，可以说管理竞争力是县域旅游竞争的主战场。管理竞争力具体包括文旅融合重视程度、全域旅游重视程度、游客满意度指数、旅游人才与培训、景区动态管理 5 个指标。2018～2019 年广西县域旅游管理竞争力前 10 排名如表 3-3 所示，其中阳朔县位居第一。

表 3-3　2018～2019 年广西县域旅游管理竞争力前 10 排名

县（市、区）	文旅融合重视程度（C31）	全域旅游重视程度（C32）	游客满意度指数/分（C33）	旅游人才与培训（C34）	景区动态管理（C35）	得分
阳朔县	90	96	82.29	92	90	1.686 59
恭城县	95	96	83.69	85	95	1.649 72
容县	92	96	81.92	87	90	1.493 39

续表

县（市、区）	文旅融合重视程度（C31）	全域旅游重视程度（C32）	游客满意度指数/分（C33）	旅游人才与培训（C34）	景区动态管理（C35）	得分
荔浦市	95	80	83.08	92	91	1.467 55
金秀县	92	95	83.51	90	93	1.463 40
巴马县	90	85	80.13	88	94	1.381 15
龙胜县	88	85	83.09	95	85	1.360 57
雁山区	89	91	83.20	88	90	1.316 22
资源县	89	83	80.58	91	92	1.123 37
兴安县	88	90	82.31	88	88	1.093 35

3.1.4 发展竞争力评价

发展竞争力是潜力。发展竞争力涵盖旅游对当地经济和就业的综合贡献，也是全域旅游示范区检验的一大标准。发展竞争力具体包括旅游消费增长率、旅游人数增长率、旅游发展规划、旅游信息化管理、旅游营销管理 5 个指标。2018～2019 年广西县域旅游发展竞争力前 10 排名如表 3-4 所示，其中资源县位居第一。

表 3-4　2018～2019 年广西县域旅游发展竞争力前 10 排名

县（市、区）	旅游消费增长率/% （C41）	旅游人数增长率/% （C42）	旅游发展规划（C43）	旅游信息化管理（C44）	旅游营销管理（C45）	得分
资源县	78.37	69.08	85	90	88	1.941 23
马山县	52.70	57.32	95	88	90	1.816 01
秀峰区	72.50	80.31	88	85	86	1.793 21
金秀县	36.96	29.90	93	95	92	1.702 69
邕宁区	30.68	25.10	89	92	85	1.566 19
阳朔县	33.70	27.50	95	92	96	1.520 14
融水县	46.00	35.00	93	95	92	1.413 34
城中区	40.00	38.00	93	92	90	1.357 60
容县	29.20	21.40	85	87	95	1.209 33
雁山区	32.60	22.70	92	90	92	0.912 68

3.1.5 新媒体评价

新媒体评价是映射。互联网的发展为旅游发展提供了海量的数据，新媒体评价则是映射县域旅游品牌影响力的镜子，客观反映各县（市、区）域发展全域旅游的成效。新媒体评价具体包括百度指数、UGC、PGC 3 个指标。2018～2019 年广西县域旅游新媒体评价前 10 排名如表 3-5 所示，其中涠洲岛位居第一。

表 3-5　2018～2019 年广西县域旅游新媒体评价前 10 排名

县（市、区）	百度指数（C51）	UGC（C52）	PGC（C53）	得分
涠洲岛	8 384	1708	773.80	4.192 18
靖西市	6 216	156	4164.20	3.157 74
阳朔县	7 898	542	939.00	1.966 17
东兴市	6 384	202	193.10	0.973 45
大新县	6 384	102	15.10	0.526 41
龙胜县	5 724	235	131.60	0.431 82
金秀县	5 822	32	477.60	0.421 65
兴安县	5 865	147	129.20	0.284 71
上林县	5 542	31	90.60	0.226 33
荔浦市	5 765	19	90.20	0.191 54

3.1.6　综合竞争力评价

综合竞争力是在要素竞争力、业绩竞争力、管理竞争力、发展竞争力、新媒体竞争力的评价基础上，进一步对广西县域旅游竞争力进行的综合性评价。从表 3-6 来看，广西县域旅游综合竞争力前 10 位的县域是阳朔县、青秀区、涠洲岛、靖西市、秀峰区、金秀县、龙胜县、资源县、城中区和兴安县。

表 3-6　2018～2019 年广西县域旅游综合竞争力排名

县（市、区）	综合竞争力得分	排名	县（市、区）	综合竞争力得分	排名
阳朔县	2.302 60	1	大新县	0.374 30	11
青秀区	1.896 40	2	容县	0.370 14	12
涠洲岛	1.095 93	3	雁山区	0.365 63	13
靖西市	0.778 56	4	融水县	0.290 74	14
秀峰区	0.627 92	5	恭城县	0.244 06	15
金秀县	0.570 60	6	邕宁区	0.207 60	16
龙胜县	0.488 42	7	兴宁区	0.125 63	17
资源县	0.442 85	8	三江县	0.116 78	18
城中区	0.441 63	9	东兴市	0.111 32	19
兴安县	0.387 87	10	巴马县	0.106 43	20

续表

县（市、区）	综合竞争力得分	排名	县（市、区）	综合竞争力得分	排名
蒙山县	0.075 15	21	桂平市	−0.385 71	35
海城区	0.073 50	22	合浦县	−0.434 30	36
马山县	0.018 24	23	玉州区	−0.478 61	37
荔浦市	−0.050 96	24	宁明县	−0.479 96	38
北流市	−0.063 95	25	港北区	−0.573 34	39
上林县	−0.121 75	26	平果县	−0.607 27	40
鹿寨县	−0.183 07	27	凤山县	−0.607 88	41
灵川县	−0.226 79	28	南丹县	−0.626 70	42
钦南区	−0.243 99	29	乐业县	−0.647 19	43
宜州区	−0.261 93	30	凌云县	−0.655 12	44
龙州县	−0.264 65	31	合山市	−0.739 34	45
昭平县	−0.271 75	32	武宣县	−0.898 43	46
凭祥市	−0.279 00	33	永福县	−0.962 45	47
平南县	−0.329 59	34	忻城县	−1.118 54	48

3.1.7 旅游创新发展能力指数评价

旅游创新发展能力是在要素竞争力、业绩竞争力、管理竞争力、发展竞争力、新媒体竞争力的评价基础上，进一步对广西县域旅游竞争力进行的综合性评价。从表3-7来看，广西县域旅游创新发展能力前10位的县域是大新县、容县、雁山区、融水县、恭城县、邕宁区、兴宁区、三江县、东兴市、巴马县。

表3-7 2018～2019年广西县域旅游创新发展能力指数前10排名

县（市、区）	旅游创新发展指数得分	排名	县（市、区）	旅游创新发展指数得分	排名
大新县	0.374 30	1	邕宁区	0.207 60	6
容县	0.370 14	2	兴宁区	0.125 63	7
雁山区	0.365 63	3	三江县	0.116 78	8
融水县	0.290 74	4	东兴市	0.111 32	9
恭城县	0.244 06	5	巴马县	0.106 43	10

3.2 解读广西县域旅游综合竞争力"十强县"

全域旅游示范区标准与广西县（市、区）级地域报告的分析框架不谋而合，全域旅游示范区创建的基本验收标准包括体制机制、政策保障、公共服务、供给体系、秩序与安全、资源与环境、品牌影响和创新示范 8 个方面,而 8 个方面的验收标准,则分别从地方政府重视和推进程度、旅游业发展情况、旅游产品特色、公共服务体系、要素配套、环境保护及旅游安全、文明和游客满意情况等方面提出了相应的要求。

广西 2018～2019 年县域旅游综合竞争力评价指标提出县域旅游竞争力的构成要素主要由要素竞争力、业绩竞争力、管理竞争力、发展竞争力和新媒体评价等组成。其中,要素竞争力是旅游目的地发展旅游的根基,为发展全域旅游提供必要的保障;业绩竞争力是县域旅游竞争力的外部表现,是过去和现在市场竞争中的地位体现;管理竞争力主要体现在政府对全域旅游的重视和推进程度,其为县域旅游竞争的核心;发展竞争力涵盖旅游对当地经济和就业的综合贡献,也是全域旅游示范区检验的一大标准;新媒体评价则是映射县域旅游品牌影响力的镜子,客观反映各县(市、区)域发展全域旅游的成效。2018～2019 年广西县域旅游竞争力评价根据当前互联网大数据背景,引入百度指数、UGC 和 PGC 共同构成指标体系,使得评价指标更具科学性和客观性。

本报告立足广西 48 个县(市、区)级地域旅游发展的实际情况,经过一年的考察调研和客观的数据分析,通过定量研究与定性分析相结合的方法总结出能真实、科学地反映旅游发展程度的综合竞争力评价体系和旅游创新发展能力评价体系,形成客观、科学的研究报告。尝试为广西县(市、区)级地域的全域旅游发展提供数据参考。

广西 2018～2019 年县域"旅游综合竞争力十强县(市、区)"分别为阳朔县、青秀区、涠洲岛(县级管理体制)、靖西市、秀峰区、金秀县、龙胜县、资源县、城中区和兴安县(表 3-8、表 3-9)。

表 3-8 2018～2019 年广西县域旅游竞争力十强县(市、区)综合排名

县(市、区)	综合竞争力得分	排名	县(市、区)	综合竞争力得分	排名
阳朔县	2.302 60	1	金秀县	0.570 60	6
青秀区	1.896 40	2	龙胜县	0.488 42	7
涠洲岛	1.095 93	3	资源县	0.442 85	8
靖西市	0.778 56	4	城中区	0.441 63	9
秀峰区	0.627 92	5	兴安县	0.387 87	10

表 3-9 2018～2019 年广西县域旅游竞争力十强县(市、区)定量评价得分表

序号	县(市、区)	要素竞争力	业绩竞争力	管理竞争力	发展竞争力	新媒体评价	得分
1	阳朔县	4.392 08	1.948 01	1.686 59	1.520 14	1.966 17	2.302 60
2	青秀区	3.431 04	4.518 56	0.814 35	0.659 05	0.059 03	1.896 40

续表

序号	县（市、区）	要素竞争力	业绩竞争力	管理竞争力	发展竞争力	新媒体评价	得分
3	涠洲岛	1.217 73	−0.460 94	0.191 98	0.338 70	4.192 18	1.095 93
4	靖西市	0.037 26	−0.111 61	0.489 86	0.319 52	3.157 74	0.778 56
5	秀峰区	0.878 17	0.341 48	0.187 18	1.793 21	−0.060 46	0.627 92
6	金秀县	−0.549 85	−0.184 91	1.463 40	1.702 69	0.421 65	0.570 60
7	龙胜县	0.415 99	0.258 27	1.360 57	−0.024 55	0.431 82	0.488 42
8	资源县	−0.482 04	−0.406 19	1.123 37	1.941 23	0.037 87	0.442 85
9	城中区	0.446 19	−0.028 25	0.521 00	1.357 60	−0.088 38	0.441 63
10	兴安县	0.164 34	−0.006 63	1.093 35	0.403 58	0.284 71	0.387 87

3.2.1　旅游综合竞争力第一名——阳朔县

阳朔县旅游综合竞争力评价指标体系中要素竞争力分值最高，在参与排名的县（市、区）中排名第一，分值远远高于其他县（市、区），占据绝对优势。新媒体评价与业绩竞争力分值较为接近，管理竞争力和发展竞争力分值也不相上下，总体处于中上游水平。"桂林山水甲天下，阳朔山水甲桂林"，作为桂林乃至全国的热门旅行目的地之一，每年都有数以千万计的游客来到阳朔县，阳朔县也成为了中国山水旅游的一张名片。近年来，阳朔县以创建"国家全域旅游示范区"为主线，以"画里山水·栖居阳朔县"为主题，推动旅游业生态化、集约化、品牌化、国际化发展，全力打造世界级旅游胜地（图3-1）。

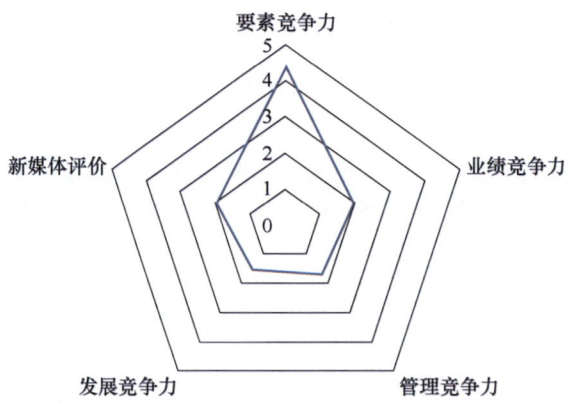

图3-1　2018～2019年阳朔县旅游综合竞争力分析

1）要素竞争力：4A级以上景区数量、旅行社数量、星级饭店数量、住宿接待能力、交通和区位条件。阳朔县以漓江、西街、遇龙河等知名旅游品牌为龙头，以绿道慢游系统为串联，整合县内的景区、古村落，形成了"一景区一精品、一村落一主题、一通道一风景"的特色化发展格局。截至2018年12月，阳朔县4A级以上景区数量共4家，主要以桂林世外桃源景区、图腾古道-聚龙潭景区、蝴蝶泉景区和阳朔县西街景区为代表。作为全国最热门的旅游目的地之一，阳朔县旅行社及星级饭店数量较多，全县大大小小民宿有1500多家，在国内外影响力较大的有墨兰山舍、秘密花园、霁云上院等60多家精品民宿，悦榕庄、阿丽拉、铂尔曼等10多家国际品牌酒店的入驻，使得阳朔县成为广西国际知名品牌酒店入驻最多的县份。同时，交通区位条件良好，总体来说，要素竞争力处于较高水平。

2）业绩竞争力：旅游总消费、年旅游接待人次、人均旅游消费、第三产业值增长率。2018年，阳朔县旅游总消费达到242.32亿元，在所有县（市、区）内排名前列，年旅游接待游客1751.95万人次，人均旅游消费1383.14元，总体消费水平处于上游，第三产业值增长率为11.10%，旅游业在其中发挥了重要的作用。

3）管理竞争力：文旅融合重视程度、全域旅游重视程度、游客满意度指数、景区动态管理、旅游人才与培训。近年来，阳朔县委、县政府高度重视文旅融合及全域旅游，积极探索"全民共建共享共管共治"的旅游综合管理发展机制，打造了一批集村民议事、教育培训、便民服务、旅游咨询等方面功能和作用的高标准党群综合服务中心，同时积极探索实施"1+4+N"综合管理模式，形成以旅委为主的综合协调机构，整合旅游警察、旅游巡回法院、旅游食药监、旅游工商质监的职能，成立了阳朔县旅游投诉综合受理中心，助力阳朔县构建产业融合、城乡一体的全域旅游发展格局。

4）发展竞争力：旅游消费增长率、旅游人数增长率、旅游发展规划、旅游信息化管理、旅游营销管理。2018年，阳朔县旅游消费增长率和旅游人数增长率分别为33.70%和27.50%，旅游业在阳朔县县域经济发展中的作用越来越突出，正逐步成为县域核心支柱产业。此外，阳朔县积极编制全域旅游发展规划，并将其纳入《阳朔县国民经济和社会发展第十三个五年规划纲要》，出台全域旅游实施意见等，设立旅游发展专项资金，定期召开全域旅游发展大会，形成旅游联席会议机制，推动规划和政策落地。

5）新媒体评价：百度指数、PGC和UGC。近年来，"互联网+"在全国各地落实，阳朔县主动抢抓互联网发展机遇，促进扶持旅游产业发展。阳朔县打造了全县智慧旅游中心、杨堤绿道智慧旅游中心、互联网旅游集散中心、共享汽车服务中心等，形成了新型游客服务中心体系。旅游大数据显示，阳朔县积极联合桂林出行网、百度、携程、乐途、去哪儿网，为游客提供网上咨询、订票服务，形成统一的旅游公共服务平台，真正实现"一部手机游阳朔"。

3.2.2　旅游综合竞争力第二名——青秀区

青秀区旅游竞争力评价指标中业绩竞争力的数值最高，其次是要素竞争力，发展竞争力和管理竞争力的数值较为接近，但新媒体评价的指标值不占优。在全域旅游的背景下，以荣登"2018 最美中国榜"为契机，着力推进花雨湖生态休闲旅游区、广西郊野运动公园、横龙观光景区、金花小镇、定西村加踏坡、田野牧歌休闲农牧园等项目提档升级，重点打造各片区特色旅游路线，故业绩竞争力有较大的优势（图3-2）。

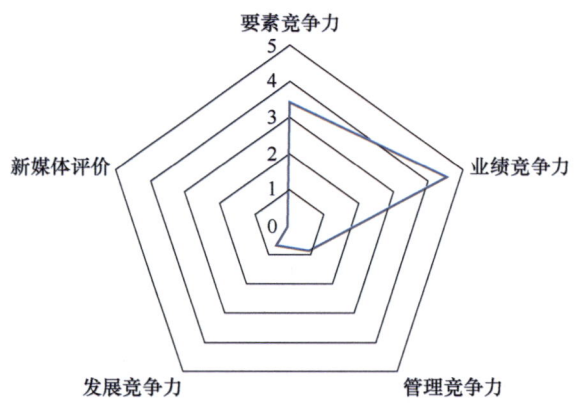

图 3-2　2018～2019 年青秀区旅游综合竞争力分析

1）要素竞争力：4A 级以上景区数量、旅行社数量、星级饭店数量、住宿接待能力、交通和区位条件。截至 2019 年 6 月，青秀区 3A 级以上景区数量共 9 个。其中，以南宁市唯一的国家 5A 级景区南宁青秀山风景名胜旅游区、国家 4A 级景区南宁市民歌湖景区、广西科学技术馆、广西民族博物馆为代表。旅游景点结构有待调整和丰富，具有特色的客栈和民宿较少，但交通区位条件良好，青秀区作为南宁市核心城区，住宿接待能力较强，拥有星级酒店数量遥遥领先，教育发达，是南宁市商务、会展旅游接待的首选，在旅游市场上的竞争力较强。

2）业绩竞争力：旅游总消费、年旅游接待人次、人均旅游消费、第三产业值增长率。2018 年，青秀区旅游收入高达 415 亿元，总收入值在十强县内排名前列，年旅游接待旅客约 4118.59 万人次，吸引人均旅游消费 1007.63 元左右，人均旅游消费排名比较靠前，第三产业值增长率为 4.60%。

3）管理竞争力：文旅融合重视程度、全域旅游重视程度、游客满意度指数、旅游人才与培训、景区动态管理。青秀区积极出台扶持政策，全力支持各大景区进行升级改造，多措并举构建全域旅游大格局，并加快推进高速、高铁、干线与旅游融合发展，建立互联互通的旅游大数据中心和资源共享、便利快捷的旅游电子商务系统。高度重视支持旅游发展,在实行 5A 级景区动态管理机制时,提升改造青秀山景区,实行实时监控,动态管理。抢抓创建"国家全域旅游示范区"的机遇,深刻认识发展全域旅游的重要意义,改善投资环境,吸引旅游投资。以开展广西休闲农业和乡村旅游示范点、星级乡村旅游区和星级农家乐创建工作为抓手,大力推进"以农促旅、以旅兴农"乡村旅游发展。指导田野牧歌休闲农牧园、金花小镇、古岳非遗文化村、花雨湖生态休闲旅游区等景区,建设与提升旅游接待中心、旅游厕所、旅游标识系统、亭廊等旅游休憩设施与汽车旅游营地等旅游基础配套设施。

4)发展竞争力:旅游消费增长率、旅游人数增长率、旅游发展规划、旅游信息化管理、旅游营销管理。青秀区入选第一批广西自治区级全域旅游示范区创建单位,其旅游消费增长率和旅游人数增长率分别为 20.20%和 11.70%,说明旅游业在青秀区经济发展当中正逐步占据重要位置。规划以开展全域旅游示范创建工作为抓手,全面打造青秀区全域旅游品牌,深入推动乡村旅游发展,推进"旅游+"特色化、精品化、品牌化建设,助推青秀区旅游经济发展。

5)新媒体评价:百度指数、UGC、PGC。旅游大数据显示,青秀山景区在旅游者心目中评价较高,知名度高、旅游口碑好,深受国内外游客喜爱;百度指数在前十名中变化不大,百度搜索结果有所下降,应引起管理者注意。而旅游者评价游记攻略数量在十强内不高,旅游发展应更多关注旅游者的需求与感受。

3.2.3 旅游综合竞争力第三名——涠洲岛(县级管理体制)

涠洲岛的旅游竞争力指标中,管理竞争力、业绩竞争力和发展竞争力指标数值相当,指标数值最低的是业绩竞争力。新媒体评价在十强内居于首位(图 3-3)。

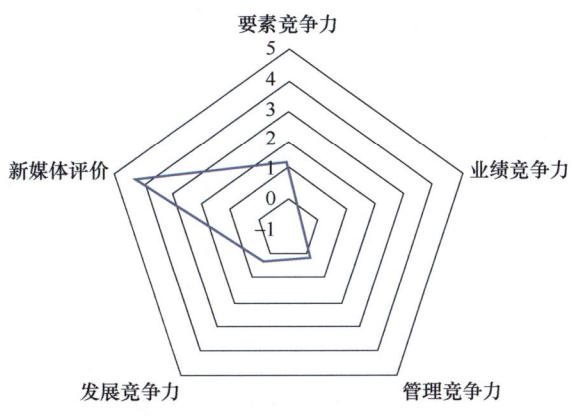

图 3-3　2018~2019 年涠洲岛旅游综合竞争力分析

1)要素竞争力:4A 级以上景区数量、旅行社数量、星级饭店数量、住宿接待能力、交通和区位条件。涠洲岛 3A 级以上景区 6 个,以国家 4A 级景区北海涠洲岛国家地质公园鳄鱼山景区和涠洲岛圣堂景区为代表，涠洲岛是我国地质年龄最轻的火山，也是广西最大的海岛，火山地貌景观全国罕见，素有南海"蓬莱岛"的美誉。住宿接待能力在前十名中排名较为靠前，实施传统风貌建筑保护发展鼓励办法，鼓励用传统珊瑚石民居改造成旅游民宿，拥有较多极具特色的客栈和民宿。

2）业绩竞争力：旅游总消费、年旅游接待人次、人均旅游消费、第三产业值增长率。2018年，涠洲岛旅游收入44.42亿元，旅游总消费值在十强县内排名靠后。年旅游接待旅客约330.59万人次，人均旅游消费1343元左右，第三产业值增长率11.70%，正在稳步增长。

3）管理竞争力：文旅融合重视程度、全域旅游重视程度、游客满意度指数、旅游人才与培训、景区动态管理。涠洲岛市政府支持力度逐渐加强，确立了将旅游业作为第三产业的龙头产业来抓，并对旅游资源进行了整体的规划、包装和保护，着力打造以休闲度假为核心，建设集海洋文化、休闲运动、海岛养生、南珠文化、时尚生活、主题娱乐、海岛度假等功能于一体的旅游目的地，打造"国内一流、国际知名"的休闲旅游度假海岛。注重将旅游和文化相结合，相继挖掘和开发一批新的人文资源景观，旅游投资与环境保护改善。在"最后一公里"问题方面，涠洲岛修通全长13.5km的环岛路，串联起岛上所有乡村路网，从根本上提升了海岛道路品质，尤其是三号路、北岸生态休闲路等风景道，集交通和旅游观光于一体，成为岛上的亮丽风景线。涠洲岛旅游在旅游人才培训方面较为重视，吸引社会资本参与旅游建设，全面提升县域旅游服务水平，并入选广西特色旅游名县。

4）发展竞争力：旅游消费增长率、旅游人数增长率、旅游发展规划、旅游信息化管理、旅游营销管理。其旅游消费增长率和旅游人数增长率分别为53.79%和47.63%，说明旅游业在涠洲岛经济发展中发展迅猛。旅游发展规划的编制和落地完成度较好，全力打造"旅游岛"向"生态岛"再到主客共享"欢乐岛"转变的可持续发展路径。但是在旅游营销管理方面，旅游特色节庆举办较缺乏，影响其业绩竞争力，建议管理者深挖"咸水歌""老杨公"等民俗文化，投入发展更多真正与当地文化相结合的节庆活动。

5）新媒体评价：百度指数、UGC、PGC。涠洲岛围绕"全域旅游＋特色文化"的发展思路，加快文化融城步伐，大力宣传推广"水火交融，情定涠洲"的文化品牌。通过新的宣传渠道和方法，邀请网络知名旅游产品运营商同程网到景区考察调研，洽谈合作。另一线上著名旅游产品运营商携程网，抢先推出涠洲岛旅游目的地网页，详细介绍涠洲岛的旅游资源，充分利用互联网科技推广涠洲岛旅游，知名度不断提升，值得其他县域及景区借鉴学习，但仍有进步的空间。旅游者评价的游记攻略较多,岛上生态环境与消费性价比还有待提升。

3.2.4　旅游综合竞争力第四名——靖西市

靖西市入选首批国家全域旅游示范区创建名单,旅游竞争力指标中新媒体评价指标数值达到最高,其次是管理竞争力和发展竞争力,业绩竞争力指标数值较低,新媒体评价指标在十强内处于第二位(图3-4)。

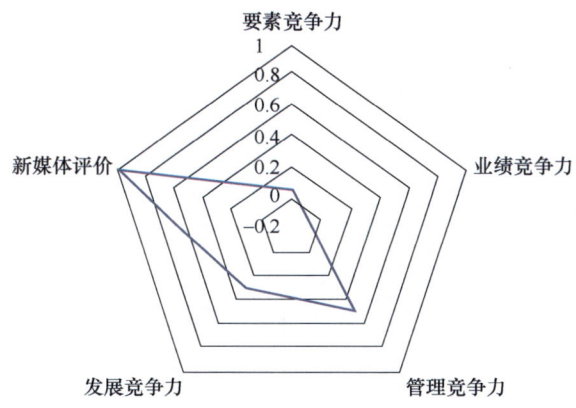

图3-4　2018~2019年靖西市旅游综合竞争力分析

1)要素竞争力:4A级以上景区数量、旅行社数量、星级饭店数量、住宿接待能力、交通和区位条件。靖西市有"山水似桂林,气候胜昆明"的美誉,积极对民居和生态旅游资源进行升级开发。至2019年6月,4A级以上景区数量增加至4个,旅游景点结构有待调整和丰富,住宿接待条件一般,具有特色的客栈和民宿较少,但交通区位条件良好。

2)业绩竞争力:旅游总消费、年旅游接待人次、人均旅游消费、第三产业值增长率。靖西市具备良好的区位交通,素有"山水边城、锦绣壮乡"之美誉。2018年,靖西市旅游总收入达81.6亿元,年旅游接待旅客约751.40万人次,人均旅游消费1085元左右,靖西市旅客的人均消费高,说明目的地旅游产品具有较高的质量,在旅游市场上的竞争力较强,逐步实现由门票经济向产业经济的转变。今后靖西市旅游还需完善旅游六要素,加大旅游供给侧改革,丰富旅游产品开发和旅游商品设计。

3)管理竞争力:文旅融合重视程度、全域旅游重视程度、游客满意度指数、旅游人才与培训、景区动态管理。靖西市入选广西特色旅游名县离不开政府对文旅融合、全域旅游和人才发展的高度支持,吸引旅游投资较多,邀请专家做旅游培训讲座,提高旅游从业人员素质,并继续保持管理竞争优势。

4)发展竞争力:旅游消费增长率、旅游人数增长率、旅游发展规划、旅游信息化管理、旅游营销管理。其旅游消费增长率和旅游人数增长率分别为33.20%和26.60%，说明旅游业绩在靖西市经济发展当中正稳步增长。同时，靖西市积极推进国有旅游景区体制改革，增强国有景区发展能力，旅游发展规划的编制和实施进展良好。

5）新媒体评价：百度指数、UGC、PGC。新媒体评价是靖西市旅游竞争力评价指标中数值最高的，有关靖西市旅游的新媒体旅游营销及旅游者评价中所占分量较大。评价指数较高，百度指数关注度较高，百度搜索结果排名前列。靖西市旅游注重运用新媒体营销及引导旅游者利用自媒体对靖西市旅游进行宣传。围绕"一厅三园一带一天堂"六大板块建设，致力打造中国特色边关山水文化体验和休闲养生旅游目的地。

3.2.5 旅游综合竞争力第五名——秀峰区

秀峰区旅游竞争力指标中，指标数值最突出的是发展竞争力，其次是要素竞争力和业绩竞争力，管理竞争力和新媒体评价的指标数值较低。新媒体评价在十强内排名第十位（图3-5）。

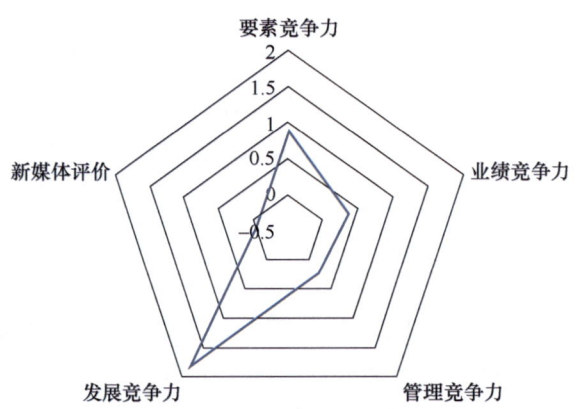

图3-5　2018~2019年秀峰区旅游综合竞争力分析

1）要素竞争力：4A级以上景区数量、旅行社数量、星级饭店数量、住宿接待能力、交通和区位条件。秀峰区旅游4A级以上景区增加至3个；住宿接待能力较强，具有特色的民宿较多，尤其是象鼻山周边所打造的特色民宿，具有吸引力；该区境内有国道321穿过，临近桂林西站和桂林北站，随着高速路段的完善，交通区位要素改善，加上临近桂林市的区位优势条件，吸引了许多从省内外其他城市到秀峰区旅游的游客，故其发展竞争力较为突出。

2）业绩竞争力：旅游总消费、年旅游接待人次、人均旅游消费、第三产业值增长率。2018年秀峰区旅游总收入111.8亿元，年旅游接待旅客突破800万人次，人均旅游消费达 1302.83 元，旅游地产品品质有待提升，在旅游市场上的竞争力还不够高。

3）管理竞争力：文旅融合重视程度、全域旅游重视程度、游客满意度指数、旅游人才与培训、景区动态管理。秀峰区政府对全域旅游支持程度还有待提升，政府对全域旅游、文旅融合重视程度较高，在旅游人才与培训及景区动态管理上都有较大的投入力度，说明秀峰区注重旅游服务质量，使得其管理竞争力较好。但游客满意度较低，应加以重视并付诸行动，提高游客满意度。

4）发展竞争力：旅游消费增长率、旅游人数增长率、旅游发展规划、旅游信息化管理、旅游营销管理。2018 年，秀峰区的旅游消费增长率 7.30%，旅游人数增长率为 80.31%，旅游发展规划、信息化管理、营销管理三个方面都较为完善，发展竞争力较强。

5）新媒体评价：百度指数、UGC、PGC。2018 年，秀峰区的百度指数、UGC 指数两个指标均较低，在广西处于中等地位，但 PGC 指数较低，整体说明秀峰区的新媒体曝光度还有待提高，市场影响力不强，尚处于初级阶段，需加大新媒体宣传力度。

3.2.6 旅游综合竞争力第六名——金秀县

在旅游竞争力评价指标中，金秀县竞争力指数最高的是发展竞争力，其次是管理竞争力，新媒体评价指数较高，在前十名中排名第四，业绩竞争力和要素竞争力指数较低（图 3-6）。

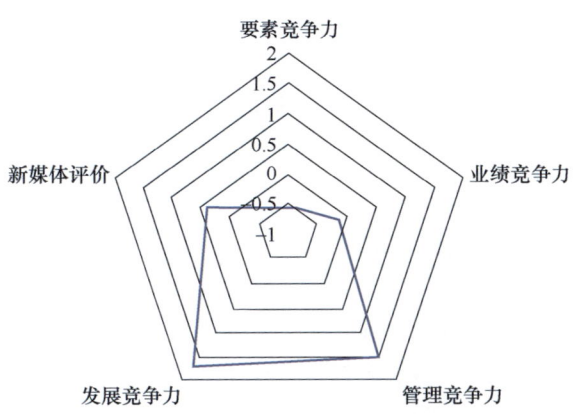

图 3-6　2018～2019 年金秀县旅游综合竞争力分析

1）要素竞争力：4A 级以上景区数量、旅行社数量、星级饭店数量、住宿接待能力、交通和区位条件。金秀县 4A 级以上的数量新增至 5 个，数量较多。但 5A 级景区数量较少，应加强培养 5A 级景区，形成梯度。交通区位条件较差，应积极改善交通状况。同时，具有特色的客栈和民宿较少。在全域旅游的发展背景下应逐步提升旅游住宿接待能力。

2）业绩竞争力：旅游总消费、年旅游接待人次、人均旅游消费、第三产业值增长率。2018年，金秀县旅游总收入47.95亿元，年旅游接待旅客557.43万人次，旅游人均消费较低为860元左右，说明金秀县旅游产品质量有待提升，金秀县旅游商品、特色旅游农产品开发设计尚待探索。旅行社数量仅6家，在市场上的旅游竞争力较弱。

3）管理竞争力：文旅融合重视程度、全域旅游重视程度、游客满意度指数、旅游人才与培训、景区动态管理。金秀县在旅游发展过程中，政府对旅游支持度较高，区域内部的旅游产品和业态不断创新升级，文旅不断融合。同时，以全域旅游为契机，全力推动新农村建设与乡村旅游、加大旅游基础设施和升级改造旅游景区等举措。此外，政府注重环境保护与改善，牢固树立"绿水青山就是金山银山"的发展理念，逐步改善旅游投资环境，旅游人才与培训逐步受到重视。并且，游客满意度较高，说明旅游服务质量有所提升，在一定程度上提升了管理竞争力。

4）发展竞争力：旅游消费增长率、旅游人数增长率、旅游发展规划、旅游信息化管理、旅游营销管理。2018年，金秀县的旅游消费增长率为18.90%，旅游人数增长率为29.90%，旅游发展规划竞争力较高，信息化管理建设较好，旅游营销管理效果较好。

5）新媒体评价：百度指数、UGC、PGC。从大数据的评价中可知，金秀县旅游住宿接待能力一般，尤其是具有特色的客栈、民宿数量较少。金秀县应利用新媒体营销特色的旅游节庆活动，充分挖掘当地丰富的旅游资源，利用媒体评价提升空间，对全域旅游品牌进行整合宣传推广，进一步扩大宣传力度，提升金秀县旅游品牌知名度，用旅游项目带动区域经济发展，促进全域旅游大发展、大提升、大跨越。

3.2.7 旅游综合竞争力第七名——龙胜县

龙胜县旅游竞争力指标中管理竞争力指标数值最高，新媒体评价和要素竞争力评价的指标指数相当，指标数值最低的是业绩竞争力和发展竞争力。发展竞争力在十强内排名靠后（图3-7）。

1）要素竞争力：4A级以上景区数量、旅行社数量、星级饭店数量、住宿接待能力、交通区位和条件。2018年龙胜县4A级以上景区仅有1个，影响了要素竞争力。旅游住宿接待能力较强，交通区位和条件指标排名处于中间位置。整体来看，景区数量与旅游住宿接待能力不相符，未来要加大力度培育4A级景区。

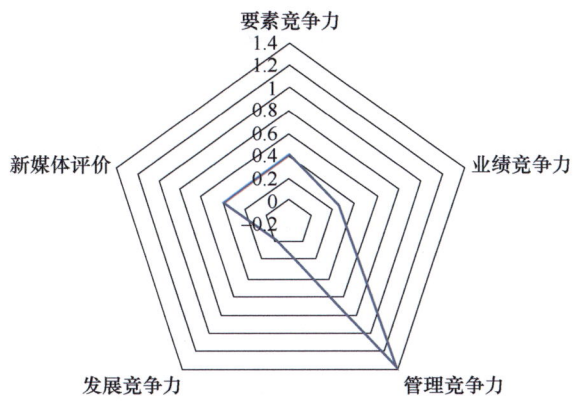

图 3-7　2018～2019 年龙胜县旅游综合竞争力分析

2）业绩竞争力：旅游总消费、年旅游接待人次、人均旅游消费、第三产业值增长率。2018 年，龙胜县旅游总消费 105.08 亿元，年旅游接待人次为 860.03 万人，人均旅游消费 1221.82 元。第三产业值增长率较高为 56.20%，在十强中排名较前，旅游产品在旅游市场上的竞争力一般，旅游商品、特色旅游产品、特色旅游线路亟需丰富，往后可结合所在地的龙脊梯田开展特色旅游活动，扩大全域旅游品牌影响力。

3）管理竞争力：文旅融合重视程度、全域旅游重视程度、游客满意度指数、旅游人才与培训、景区动态管理。龙胜县政府对全域旅游发展的支持度较高，区域内部的旅游产品和业态不断创新升级，文旅不断融合升级，比较注重旅游人才培训和景区的动态管理，游客满意度较高，但旅游服务质量还有上升的空间，这些都在一定程度上提升了其管理竞争力。

4）发展竞争力：旅游消费增长率、旅游人数增长率、旅游发展规划、旅游信息化管理、旅游营销管理。2018 年，龙胜县的旅游消费增长率达 26.02%，旅游人数增长率为 10.63%，旅游发展规划、信息化管理、营销管理三个方面都较为完善，但旅游信息化管理有待提高。

5）新媒体评价：百度指数、UGC、PGC。2018 年，龙胜县的百度指数、PGC 指数、UGC 指数三个指标均较高，尤其是 UGC 指数排名全省第二，仅次于涠洲岛，但差距较大，上升空间比较大。整体来看，龙胜县的旅游的网络关注度有待提高，市场影响力不强，需加大龙胜县的媒体宣传力度。龙胜县旅游可充分利用各种新媒体来宣传全域旅游概念，借助各类活动，如摄影、航拍、快闪等活动抓住用户眼球，用实际的优质服务获取更好的全域旅游市场口碑，提高游客满意度。

3.2.8　旅游综合竞争力第八名——资源县

资源县旅游竞争力指标中发展竞争力、管理竞争力指数比较高，其次是新媒体评价，要素竞争力指数较低。其中，发展竞争力在十强县内排名第一，管理竞争力排名第九（图3-8）。

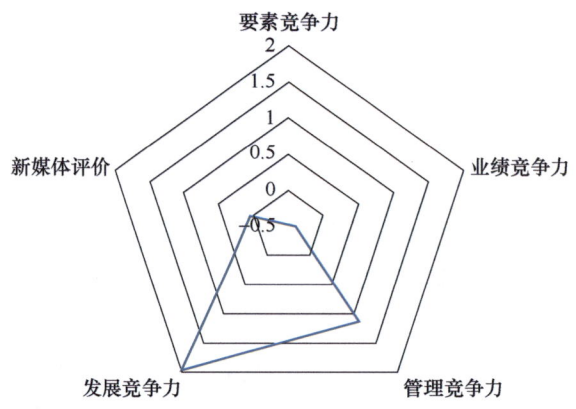

图 3-8　2018～2019 年资源县旅游综合竞争力分析

1）要素竞争力：4A 级以上景区数量、旅行社数量、星级饭店数量、住宿接待能力、交通和区位条件。2018 年，资源县 4A 级以上景区数量（含世界遗产）3个，数量不多，景区结构不合理。旅游住宿接待能力不高，具有特色的客栈和民宿较少，建议制订旅游行业人才教育培训的中长期规划，指导实施导游行业人员教育培训、职业资格标准、等级标准、导游证年审等工作，确保旅游行业管理工作的顺利开展，提升旅游服务质量。交通区位条件有待完善，影响其要素竞争力。

2）业绩竞争力：旅游总消费、年旅游接待人次、人均旅游消费、第三产业值增长率。2018 年，资源县旅游总消费 59.83 亿元，年旅游接待人次为 540.44 万人，人均旅游消费 1107.06 元。第三产业值增长率偏低 15.90%，在旅游市场上竞争率较低。

3）管理竞争力：文旅融合重视程度、全域旅游重视程度、游客满意度指数、旅游人才与培训、景区动态管理。随着文旅融合的不断发展，全域旅游产品和业态不断创新升级，资源县政府对旅游支持度较高，游客满意度较高，旅游人才培训指标部分做得较好，景区动态管理指标较高。

4）发展竞争力：旅游消费增长率、旅游人数增长率、旅游发展规划、旅游信息化管理、旅游营销管理。2018 年，资源县的旅游消费增长率为 78.37%，旅游人数增长率为 69.08%，旅游发展规划竞争力较高，信息化管理建设较好，旅游营销管理可进一步加强。

5）新媒体评价：百度指数、UGC、PGC。2018 年，资源县百度指数、PGC 指数均较低，说明在宣传方面还有待加强。UGC 指数较高，说明在携程网等网站上宣传力度较大，起到了一定的效果。

3.2.9 旅游综合竞争力第九名——城中区

城中区旅游竞争力指标中发展竞争力的数值最高，其次是管理竞争力及要素竞争力。业绩竞争力及新媒体评价的指标数值较低。其中，要素竞争力在十强县中排名第七，发展竞争力排名第八，新媒体评价排名靠后（图3-9）。

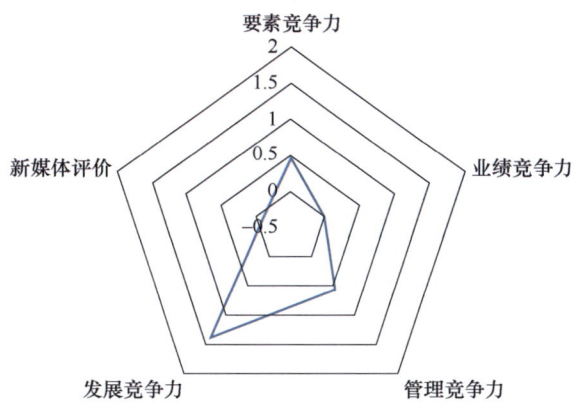

图 3-9　2018～2019 年城中区旅游综合竞争力分析

1）要素竞争力：4A 级以上景区数量、旅行社数量、星级饭店数量、住宿接待能力、交通和区位条件。2018 年，城中区 4A 级以上景区数量（含世界遗产）5个，数量在广西各地区中排名较前，旅行社现有 15 家，星级饭店 26 家，旅游住宿接待能力较好，可推进特色客栈和民宿的建成，促进当地住宿业的进一步发展。交通和区位条件良好，有利于旅游业的发展。

2）业绩竞争力：旅游总消费、年旅游接待人次、人均旅游消费、第三产业值增长率。2018 年，城中区旅游总消费 85 亿元，年旅游接待人次为 698 万人，人均旅游消费 1217.77 元。第三产业值增长率偏低 10.60%，在十强县中排名靠后，旅游产品在旅游市场上的竞争力一般，旅游商品、特色旅游产品、特色旅游线路尚待探索。

3）管理竞争力：文旅融合重视程度、全域旅游重视程度、游客满意度指数、旅游人才与培训、景区动态管理。政府对全域旅游、文旅融合重视程度较高，在旅游人才与培训及景区动态管理上都有较大的投入力度，说明城中区注重旅游服务质量，使得其管理竞争力较好。但游客满意度指数居中，可继续改进，做好旅游服务的提高及完善措施。

4）发展竞争力：旅游消费增长率、旅游人数增长率、旅游发展规划、旅游信息化管理、旅游营销管理。2018 年，城中区的旅游消费增长率 40%，旅游人数增长率为 38%，旅游发展规划、信息化管理、营销管理三个方面都较为完善，竞争力较高。

5）新媒体评价：百度指数、UGC、PGC。2018年，城中区的百度指数、PGC指数、UGC指数三个指标均较低，说明在各大网络平台上的信息发布建设并不完善，旅游者发布游记攻略不多，城中区旅游的网络关注度有待提高，市场影响力不强，尚处于初级阶段，需加大新媒体宣传力度。

3.2.10 旅游综合竞争力第十名——兴安县

兴安县旅游竞争力指标中最突出的是管理竞争力，其次是发展竞争力和新媒体评价，业绩竞争力指标最差。其中，管理竞争力排名第五，新媒体评价排名第七（图3-10）。

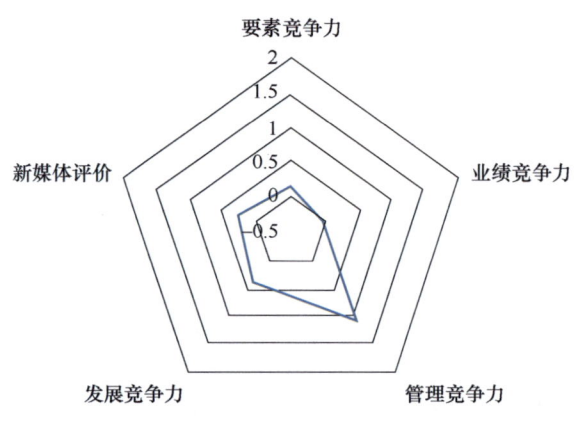

图3-10　2018~2019年兴安县旅游综合竞争力分析

1）要素竞争力：4A级以上景区数量、旅行社数量、星级饭店数量、住宿接待能力、交通和区位条件。2018年，兴安县4A级以上景区数量（含世界遗产）4个，数量居中。旅行社数量较少有2家，星级饭店数量为12，旅游住宿接待能力不高，建议制定积极的政策促进酒店业及旅行社行业的发展，提升旅游配套设施。交通区位条件较好，为开展旅游业提供了硬件基础。

2）业绩竞争力：旅游总消费、年旅游接待人次、人均旅游消费、第三产业值增长率。2018年，兴安县旅游总消费89.49亿元，年旅游接待人次为797.89万人，人均旅游消费1121.58元，旅游业尚有很大发展空间。第三产业值增长率偏低为13.20%，在旅游市场上竞争率较低。

3）管理竞争力：文旅融合重视程度、全域旅游重视程度、游客满意度指数、旅游人才与培训、景区动态管理。兴安县政府对旅游支持度较高，区域内部的旅游产品和业态不断创新升级，文旅不断融合，注重旅游人才培训和景区的动态管理，游客满意度较高，说明旅游服务质量有所提升，在一定程度上提升了管理竞争力。

4）发展竞争力：旅游消费增长率、旅游人数增长率、旅游发展规划、旅游信息化管理、旅游营销管理。2018 年，兴安县的旅游消费增长率最高为 18.9%，旅游人数增长率为 14.8%，旅游发展规划竞争力较高，信息化管理建设较好，旅游营销管理效果较好。

5）新媒体评价：百度指数、UGC、PGC。2018 年，兴安县百度指数、PGC 指数均较低，说明在宣传方面还有待加强。UGC 指数居中，因此应进一步扩大宣传力度，提升兴安县旅游品牌知名度，用旅游项目带动区域经济发展，促进全域旅游大发展、大提升、大跨越。

第4章 广西县域旅游发展的总体评价与建议

4.1 广西县域旅游发展的探索与实践

4.1.1 "双创双促"成效显著,形成广西模式

近年来,广西以高质量发展为目标,以融合发展为主线,以县域为突破口,一手抓特色旅游名县创建,一手抓全域旅游示范区创建,深化全域旅游示范区和广西特色旅游名县"双创"工作,实施"双创双促"品牌工程,深入推动县域旅游转型升级。在探索与实践中,初步形成广西模式。通过挖掘特色、提升旅游品牌价值、推进旅游产业融合发展,不断打响县域旅游品牌,形成广西全域旅游发展新格局。广西开启了一个全社会广泛参与、全行业集体动员,共建、共管、共享良性循环的全域旅游发展新阶段。

广西双创双促工作取得显著成效。据《2019年广西县域旅游经济分析报告》显示,广西58个"双创"单位接待国内外游客5.51亿人次,同比增长26.26%,实现旅游总消费6420.33亿元,同比增长32.86%;另外,广西58个"双创"单位的国内游客人数、国内旅游消费、旅游总人数及旅游总消费占111个县(市、区)的比例均大于60%,"双创"单位已成为县域旅游高速发展的"新势力",在广西县域旅游发展中发挥主体作用(表4-1)。

表4-1 广西2019年旅游主要指标数据

项目	国内外旅游接待总人数/亿人次	同比增长/%	旅游总消费/亿元	同比增长/%
广西58个"双创"单位	5.51	26.26	6420.33	32.86
广西壮族自治区	8.76	28.20	102 41.44	34.40

注:数据来源于http://www.gx.xinhuanet.com/travel/2020-02/21/c_1125607460.htm

2019年,除了阳朔和金秀晋升国家首批全域旅游示范区外,北海市成为广西首个广西全域旅游示范市,还诞生了6个(县级)广西全域旅游示范区和5个广西特色旅游名县。广西还新评定国家5A级景区1家,国家4A级景区40家,广西4A级景区数量达到254家(表4-2)。

表 4-2　广西国家全域旅游示范区和特色旅游名县名录

县域	国家全域旅游示范区	广西特色旅游名县（市、区）
名称	桂林市阳朔县、来宾市金秀瑶族自治县	阳朔县、兴安县、东兴市、龙胜各族自治县、金秀瑶族自治县、凭祥市、上林县、钦州市钦南区、容县、大新县、巴马瑶族自治县、三江侗族自治县、宜州区、贵港市桂平市、贺州市昭平县、桂林市荔浦市、北海市涠洲岛旅游区、百色市靖西市、柳州市融水苗族自治县、梧州市蒙山县、龙州县、合浦县、资源县、桂林市雁山区、北流市、马山县、乐业县、灵川县、恭城瑶族自治县、南宁市邕宁区、鹿寨县、凌云县
数量/个	2	32

注：名录统计时间截至 2020 年 1 月 1 日。

4.1.2　文旅融合绽放光彩，释放强大动能

文化是旅游的灵魂，旅游是文化的载体。在文旅融合的实践中，广西立足山水文化、民族文化、红色文化、海洋文化、长寿文化、边关文化等文化资源优势，坚持"宜融则融，能融尽融，以文促旅，以旅彰文"工作思路，推动文化和旅游在资源、产业、市场、对外开放等领域深度融合，呈现出"1＋1＞2"的良好态势。

唤醒历史文化。在广西这片土地上留存着 9 个历史名镇、29 个历史名村。作为国务院首批命名的历史文化名城，广西孕育出了大量的文物珍宝，见证了历史的辉煌。桂林对散珠碎玉式的历史文化资源进行抢救、保护和开发，引进实施融创万达文化旅游城、宋城演艺、地中海俱乐部、益田西街等一大批辐射面广、带动力强、引领产业走向的高端文旅融合项目，将历史文化与旅游发展有机融合，开创了桂林文旅融合发展新局面。

彰显红色文化。广西深入挖掘红色文化，推进红色文化和旅游深度融合发展，成果丰硕。2019 年是百色起义 90 周年，为展示百色起义所蕴含的历史意义、缅怀革命先烈的丰功伟绩，百色市以创建国家 5A 级景区为抓手，高起点规划、高标准建设、高质量推进百色起义纪念园升级发展，累计投入资金 3.5 亿元，建成综合服务区、景观提升、景区环路、星级厕所等重点工程，终荣升为国家 5A 级旅游景区。2019 年，该园所在的右江区旅游人数和旅游消费节节攀升，同比分别增长 34.67%和 35.8%[①]。

强化民俗元素。2016 年，三江侗族自治县获评为广西特色旅游名县。2017 年，三江县旅游总人数达 789.42 万人次，同比增长 18%，旅游社会总收入达 56.62 亿元，同比增长 32.8%；2018 年，全县旅游总人数达 901.21 万人次，同比增长 14%，旅游社会总收入达 74.17 亿元，同比增长 31%；2019 年，全县旅游总人数达 1000.55 万人次，同比增长 11%，旅游社会总收入达 80.59 亿元，同比增长

---

① https://baijiahao.baidu.com/s?id=1660026626966509541

8.66%[①]。三江县利用深厚的民族文化资源优势，大力推进旅游业创新融合发展，打造生态观光、民俗文化、休闲度假、农耕体验、康体养生等多种类型的乡村旅游，通过"旅游+"的发展模式，打造特色建筑、特色县城、特色街区、特色活动、特色商品、特色美食等特色文化，形成富有侗族特色的"三江旅游品牌"。

4.1.3 旅游扶贫典型样本，村民共享红利

县域旅游是一个平台产业，"兴一业，旺百业"，交通、水、电、通信、医疗都会因为旅游发展而被带动起来。广西通过加大旅游扶贫资金支持，完善各县基础设施建设，改善了当地的生活条件，提升了村民的幸福感。靖西市通过加大对鹅泉村的开发建设，开展村部念安屯民居立面与河岸风貌改造、巷道硬化、青石板道路铺设等一系列惠民工程，新建登山步道、入口区游客服务中心、生态停车场，修缮荷花步道、改造浮桥，实施绿化美化等景观提升工程，促进旅游发展并为贫困村民带来增收新希望。昭平县马圣村以茶旅融合为突破口，将茶产业往观光休闲农业方向延伸，融茶业种植、加工、旅游、服务和文化产业为一体，通过茶旅融合，马圣村已解决周边千余名农民就业问题；大新县通过实施"农民变员工、农民变老板、土产变特产、民房变客房"的"四变"工程，截至2019年直接吸纳贫困户335户就业，惠及贫困人口1352人；三江县通过特色旅游业的强劲发展，2019年实现8381户贫困户共36709贫困人口脱贫摘帽，贫困发生率下降到了1.99%；马山县通过发展旅游产业，实现2019年全县有35个贫困村脱贫摘帽、2.33万名贫困人口脱贫，贫困发生率从2016年年初的20.22%下降至2019年年末的1%以下；上林县推出"四扶一共享促五变"的旅游扶贫模式，助万名贫困户脱贫；龙胜各族自治县依托旅游产业带动超过40%的贫困人口成功脱贫；凌云县推出的"文化+旅游+扶贫"模式为全县脱贫摘帽提供强大助力；桂北红色旅游联合体增加当地就业岗位，加快促进贫困户脱贫[②]。

"志智双扶"。发展县域旅游让欠发达地区的人口素质得到迅速提升。旅游是一种移动的文化碰撞，碰撞的结果往往是欠发达更多地向发达靠拢，本地居民看到了不一样的世界，思想变得更加开放和饱满。例如，阳朔的"月亮妈妈"只有小学三年级的文化程度，由于和外来游客的频繁接触学会了11种外语的日常对话，从而打开了看世界的另一扇窗户。政府通过资金投入，建设和改造贫困县、村公共文化服务中心、综合文化站、文化馆、图书馆、博物馆等，并扶持非物质文化遗产代表性项目建设生产性保护示范基地、示范户和传统工艺工作站，鼓励开发非遗产品，引导"三农"开展艺术创意生产，强化乡村旅游人才培训、为贫

---

① https://www.sohu.com/a/396891825_807021
② http://travel.ce.cn/gdtj/202001/08/t20200108_7155154.shtml

困地区旅游村屯提供旅游产业指导等多种形式,让贫困人口参与旅游发展、分享旅游经济红利,依托旅游开发实现精准扶贫。

4.1.4 深化供给创新,激活消费需求

文化和旅游消费作为新的消费热点,关乎百姓精神物质需求满足,关乎经济高质量发展。广西针对文化和旅游消费发展趋势,深化供给创新,不断改善消费环境、挖掘消费潜力、提高有效供给,激活消费需求的同时形成了多元化的新业态。

推动消费热点持续升温。2019年,广西文化旅游经济效益持续增长,全年全区接待国内外游客8.76亿人次,同比增长28.2%,实现旅游总消费10241.44亿元,首次突破万亿元大关,同比增长34.4%;58个"双创"单位旅游总消费,2016年为2712.36亿元,2019年为6420.33亿元,3年增加3707.97亿元,增长率136.71%[①]。为集中展现"双创"工作成果,广西举办了"广西人游广西·2019年广西全域旅游大集市"活动,以"展示+活动+促销"的形式,整合了广西6家旅游行业协会、吸引了247家文旅企业参与,接待了游客约2.7万人次。大集市覆盖范围广、优惠活动多,着力打造"一站式"文化旅游消费大卖场,还汇集推出广西文化旅游系列促销优惠措施132项,带动旅游扶贫特产及旅游线路产品销售,有效激发文化和旅游市场消费潜力[②]。

培育文化旅游消费新热点。广西依托中心城区设施和重点景区,培育夜间观光游憩、文化体验、特色餐饮、时尚购物等夜间旅游经济产业,夜间旅游如火如荼。广西的夜游项目大体可分为三类:一是船游类,以夜游桂林两江四湖、夜游柳江、夜游邕江为代表;二是演出类,如阳朔的"印象·刘三姐""桂林千古情",宁明的"花山",三江的"坐妹"等;三是街巷古镇类,如桂林东西巷、阳朔西街、南宁三街两巷等。还有北海市日益红火的"侨港之夜"、田州古城打造的"桂西旅游夜归地","夜经济"已成为当地经济社会发展的一道新的风景线。

4.1.5 借力品牌优势,提质康养旅游

立足优质康养资源,传承长寿、康养基因。广西秉持"绿水青山就是金山银山"的发展理念,借助"长寿之乡"的品牌优势,大力发展康养旅游。

构建生态康养旅游圈。地处桂中的来宾市,区位优势明显,旅游资源丰富,素有"世界瑶都""壮瑶文化发源地"等美称,被中国气象服务协会授予"中国天然氧吧"称号。来宾市通过整合优势资源,促进市县联动,打造精品线路;秉承绿色发展理念,夯实原生态旅游基础,打造了一批生态旅游景区品牌,初步构建

---

① http://gxcounty.com/news/jjyw/20200110/154193.html
② http://gxcounty.com/news/jjyw/20190908/151118.html

起以环大瑶山为主体的桂中生态康养旅游圈。

立足于优越的资源基础，乐业县一方面实行环保治县、科技富农工程。乐业县是一座山清水秀、人杰地灵的美丽小城市，地处云贵高原东南麓，这里虽是老少偏穷的大山区，但独特的气候、别样的地貌却孕育了得天独厚的神美乐业。想要乐山、乐水、乐业，想要健康、宜居、长寿，就得着眼"山水乐业"，传承并保护"绿色"长寿基因。针对县辖区内的矿产企业、农贸市场、垃圾废池、生态护林等方面进行严格的环保整治，防止重金属、生活垃圾、粪便废水等流入河道或散布地面；防止水源地的生态林遭到恶意砍伐或者火灾侵袭；防止荒漠化、泥石流、洪涝灾害的慢性扩散，通过督查、监测、治理，防患于未然，给乐业穿上绿色的"外衣"、注入新鲜的"血液"。同时，在发展猕猴桃、刺梨、芒果、白凤桃、山茶油、有机水稻等当地特色农产品时，多用有机肥、农家粪，通过天然、环保、绿色的方式生产出有机、健康、香甜的农产品，打造舌尖上的长寿之乡。另一方面着眼"党建乐业"，打造"红色"长寿基因。深度挖掘乐业红七红八军会师革命历史，着力打造会师纪念馆、会师旧址、会师上岗桥等当地红色旅游景点，通过开展传统革命、艰苦朴素、缅怀历史、励志教育，吸引游客到美丽乐业接收红色洗礼，感受当地红色情怀；大力学习、宣传黄文秀同志扶贫先进事迹，铸造扶贫红色长寿基因。通过在新化镇百坭村打造黄文秀第一书记博物馆、展览馆、扶贫文化长廊等相关党员红色教育基地，作为选调生、公务员、扶贫干部、观光游客的学习、励志载体，引导社会见贤思齐现象蔚然成风，强力打造乐业红色旅游精品品牌，打造出美丽乡村最美名片，将产业兴旺、生态宜居、乡风文明、治理有效、生活富裕的五大"基因"植入村屯巷寨，焕发基层组织新活力，培育绿色乐业、长寿农村。

打造优质康养旅游项目，推进多样类型进发。现阶段，大众康养意识渐强，旅游消费也逐渐升级，在这样的发展转型时期，多地都在积极寻找自身优势，发展康养旅游事业，促进经济新升级。广西康养旅游资源丰富，自治区及各个县域都在不断推进康养旅游项目的打造。例如，自治区围绕区域的自然资源禀赋和区位优势，立足长远，高水平地做好森林康养旅游的产业整体规划和系列项目规划，着力打造一批定位国际化、高端化、品质化的广西森林康养旅游品牌。要加强统筹协调，集中力量做好七坡林场"七彩世界森林旅游"项目、高峰林场"花城绿谷"森林康养项目、南宁树木园"中林生态城"等重大项目，不断推动森林康养旅游项目提质增效。河池市南丹县为推进现代特色农业示范区建设工作，自2018年起建设六龙茶山康养旅游小镇项目，在园区现有规划项目的基础上进行升级改造，将建设茶叶加工车间、企业文化展示馆、茶文化展示馆、清雅茶食厨房、茶山观赏区、房车露营区、花海观赏区、山歌对歌区、娱乐拓展区、生态颐养小院、茶文化体验区、民宿体验区等 15 个功能区，进一步提升示范区人文服务设施，提升休闲农业元素、改善示范区基础设施条件。2020 年，大新县依托恩城乡得天独厚的自然山水生态景观环境、独特人文资源条件，推进恩城水乡国际康养旅游度假区项目，规划开发精品酒店、乡村民宿、天然泳池、水上乐园、水上游览设施、花海园林、竹园、桑蚕种养加工基地、农业科普基地、药浴温泉、健康养生社区、露营基地、垂钓基地、公共设施；不夜边城、影视基地、扩展培训基地、体育运动中心、禅院、黑衣壮文化；庄园度假公寓、国际养生中心等一系列观光游览、文化体验、休闲度假及康体养生等有利于恢复、改善和保持旅游者身心健康的产品、服务和综合环境，促使旅游者达到身体康健、精神放松、心灵滋养的目的，从而打造成为服务一流的国际康养旅游度假区、世界山水健康旅游目的地。

4.1.6 节事活动品牌化，助推县域经济

发挥节庆活动品牌效应，助推县域经济发展。拥有着壮、瑶、侗、苗、京、回、彝、水、仫佬、仡佬、毛南 11 个少数民族类型的广西，在长期的历史发展过程中，形成了自己极具特色、丰富多彩的民族节庆活动。这些少数民族节庆活动是民间传统民俗文化的载体，凝聚了广西各少数民族人民的智慧，也反映了各少数民族人民追求理想生活的美好愿望。在旅游发展进程中，广西各县域用好本地文化节庆资源，不断探索和实践文化产业发展的新路子，着力形成以旅游带节庆活动，以节庆活动促旅游，旅游活动与节庆活动交替发展，不断上规模、上台阶的良性循环，真正达到"以节养节、以节生财"的目的，使节庆活动成为发展县域经济助推器。

阳朔县积极打好节庆牌，搭建品牌培育平台。随着阳朔县经济建设的长足发展，阳朔以山水文化和文化产业项目建设为依托，大力发挥节庆活动品牌效应，推动文化产业的不断发展，形成了旅游促文化、文化兴旅游、文化旅游助产业的发展态势，走出一条经济与文化协调发展、文化与产业互动的良性循环的路子，为阳朔旅游强县县域经济可持续发展增添了生机和活力，为旅游文化内涵体现发挥了重要的作用。阳朔县政府审时度势，以全新的观念对现有自然资源重新组合，改变过去主要依靠地缘优势转为依靠文化内涵力量的竞争优势，全面提升旅游强县综合竞争力，确定每年秋季举办阳朔漓江渔火节，着力打造有阳朔浓郁地方特色的人文景观，以满足现代人日益高涨的精神文化需求。从 1999～2010 年阳朔漓江渔火节已经连续举办十二届，每年的内容层出不穷，亮点新颖，一届比一届精彩。良好的社会效益和经济效益形成了强势文化旅游品牌，阳朔漓江渔火节已成为阳朔旅游资源和文化产品的一个大展台。阳朔县每年新春元宵节期间开展的"万盏花灯、万条灯谜、万碗汤圆、万束焰火"闹元宵活动更是把节庆活动推向高潮，参与人员达 5 万多人，形成了万人空巷的热闹场面。此外，阳朔县福利镇"五月

八妈祖节"、兴坪镇"九月十九庙会"、普益乡留公"十月香"、白沙镇"六月二十三"等传统民间节日活动，蕴涵着不同民族、地域间丰富的民俗文化内涵。这些民族文化节日活动在传承本土文化和活跃人民群众精神文化的同时，还打响了地方品牌，展现了阳朔人民绚丽多姿的民族文化风情，吸引了大量的中外游客，提升了阳朔旅游新层次，促进了阳朔经济的发展，成为展现阳朔旅游新形象、推动阳朔旅游精品化、打出阳朔旅游品牌化的一张县域新名片。

来宾市弘扬民族特色文化，打造壮瑶民俗人文之旅。在壮乡忻城，莫土司衙署是全国现存规模最大、保护最完整的土司建筑群。近年来，该市组织开展丰富多彩的民俗节庆活动，每年举办"壮歌瑶韵·畅游来宾""壮乡三月三·八桂嘉年华"等系列主题活动。金秀圣堂山杜鹃花文化旅游节、瑶族盘王节、忻城土司文化节、象州乡贤文化节、武宣金葵花节等，逐渐成为区域旅游节庆活动的品牌。

4.2 广西县域旅游发展的主要问题

4.2.1 基础设施建设需完善，未解决"最后一公里"

旅游基础设施建设是县域旅游发展的基础和保障。广西部分县域旅游基础设施条件较从前有了明显改善，但总体而言广西旅游基础设施仍不够完善，旅游接待能力不足。即使是广西特色旅游名县、创建县也大多属于国家级贫困县，在财力、物力等方面相对落后，经济发展动能不足，旅游发展起步较晚，普遍存在旅游基础设施不完善、旅游接待能力不足的问题，其他县域也或多或少存在此类现象。县城至一些新开发的景区尚未开通旅游公路，许多旅游景点建设刚刚起步，存在路面狭窄、路基状况差等交通问题，多数景区景点联网公路以村级路为主，交通通达度不高，大型旅游客车难以通行。县城作为主要的旅游服务集散基地，旅游设施功能不够齐全，必要的休息、娱乐、餐饮、康养、购物、医疗等配套设施较为缺乏。一些优秀旅游资源深藏大山，虽然有多种交通方式，但存在接驳不合理、不科学、不顺畅的现象，有些生态良好又有着文化底蕴的景区实现旅游目的地"最后一小时"、景区与景区之间"最后一公里"较难，大大制约了县域旅游的发展。

4.2.2 资源特色未充分发挥，产业融合度较低

产业融合发展是充分发挥旅游资源特色的良好途径，不管从微观、中观还是宏观角度出发，产业融合发展都是县域旅游发展的必然选择。广西旅游资源丰富，分布面广，但在县域旅游发展过程中，部分县域存在着旅游资源开发类型相对单

一、旅游产业特色产品缺乏、资源特色未能得到充分发挥、空间发展失衡的问题，产业融合也缺乏动力，旅游综合带动效应较低。例如，马山县全域范围内旅游资源丰富，但旅游资源开发类型单一，景区景点多数集中在西部和东南部片区，空间发展不均衡，截至2019年尚有很多资源没有被开发或开发程度较低，大量的优质旅游资源遭到闲置，资源特色未能得到充分发挥。县域旅游产业内部业态单一，产业外部与其他产业融合度不高，尤其是与农业和健康产业等未能形成联动效应，旅游产业对其他产业的辐射带动作用没能充分发挥。

4.2.3 品牌形象定位不清晰，游客感知混淆

虽然广西拥有丰富的旅游资源，但各县域、各旅游景区的旅游品牌形象不够突出，无法让游客留下深刻印象。部分县域虽有反映整体旅游品牌形象的口号和标志，但表达内容含糊不清或过于简洁粗糙，笼统难记、缺乏个性，难以在市场上形成记忆定位和形象定位，在项目的开发建设、经营管理或市场开拓上容易产生误区，县域旅游规划在旅游产品品牌形象定位上应明确现有产品与市场的对应程度。

例如，灵山县荔枝文化旅游节虽然举办了14年，活动内容较为丰富，但每年的荔枝节活动主题都各不相同，尚未形成统一的节庆名称，初期名为灵山荔枝节、停办几年再次举办后由政府提出改名为灵山国际荔枝节，后又改名为灵山荔枝文化旅游节，LOGO和宣传口号也没有统一，没有一个具有高度差异化、清晰明确、能触动感染游客内心世界的荔枝节品牌形象，灵山的形象较为零散，造成游客感知混淆。

4.2.4 旅游经济发展不均衡，联动作用不明显

广西经济基础相对薄弱，但拥有丰富的旅游资源，旅游经济对区域经济的贡献也较为突出。但从区域空间来看，区内旅游业的发展差异较大。以桂林旅游为代表，广西旅游业在我国旅游发展历史上属于起步较早的区域，经历了我国旅游发展典型的"政治接待型"向"经济产业型"的转变历程，20世纪90年代开始，由于国内旅游市场的推动而迅速拓展，区域旅游经济发展总体推进，在21世纪旅游产业深度和广度取得了全面的进展，逐步成长为全区国民经济中的一个新兴产业和特色产业。但在区域内部，以各地市为区域单元的旅游经济地域空间发展并不平衡，区内各地市旅游经济发展的差距逐渐在拉大，且这一格局仍将在今后一段时间内持续存在，这也在一定程度上会对广西区域旅游竞争力总体水平造成影响。

首先，区域旅游经济是基于区内旅游资源的空间分布和旅游发展基础而发展的，而广西区内各地市经济发展基础、发展水平各不相同，存在着旅游发展基础和资源的差异，从而形成区域空间上旅游产业发展的不平衡。其次，地方经济与

政策对旅游经济的空间差异也产生了较大的影响。地方政府对本地旅游产业的发展扶持力度及经济支撑后劲表明了政府支持旅游发展的立场,政策与经济的支撑对未来旅游发展中的基础设施建设、产业扩张、招商引资等均具有较大的影响,因此地方经济持续快速发展,地方政府重视旅游发展并予以政策扶持会进一步促进地方旅游经济的发展。而各地政府旅游发展意识觉醒各有快慢,以阳朔为核心的北部县域资源丰富,且旅游发展意识觉醒较早,在广西县域旅游中走在前列。另外,由于旅游经济发展中旅游消费是基于旅游者移动的特性,区位与交通可达性与快捷性对旅游接待人次和旅游经济的发展水平也产生了影响。从各地市来看,旅游发展较好的主要是桂林、柳州、南宁、北海等桂北、桂南区域,可以发现这些地市及主要景区主要分布于湘桂铁路沿线等。随着高铁的开通,广西区内旅游发展基础较好的地市基本上都开通了高铁,而百色、崇左等桂西区旅游发展相对落后的区域,在区位和交通上相对落后。因此,当地各个县域的旅游发展或受到交通发展的阻力,或受到限制,产生了区域发展不平衡。

4.2.5 旅游资金投入不够,投融资渠道不畅

尽管广西不断加大对县域旅游发展的资金投入,但整体规模有限,就县域旅游产业专项资金投入占国民经济的比重而言,财政对县域旅游产业的投入还是不足。此外,广西县域旅游也存在着旅游投融资渠道不畅的问题。广西的旅游产业发展是以数量扩张为主的粗放式发展,这种粗放的资金投入方式由于缺乏对旅游产业发展的整体规划、项目开发的可行性分析及资金的监督评价机制的制约,容易造成资金浪费。诚然,财政直接投资是财政促进县域旅游产业发展的最直接方式,但有限的财政资金无法较好地促进县域旅游产业的整体发展,财政资金无法发挥带动企业和社会投资的杠杆效应,就会带来投融资渠道不畅的问题。

4.2.6 旅游市场管理水平不高,缺乏统一规定

广西县域旅游产业的经营管理普遍面临着旅游市场和景区管理水平不高的问题。在旅游市场秩序方面,多数县域的旅游发展仍存在旅行社低价恶性竞争、景区经营者诚信观念缺乏、旅游者投诉率居高不下等一系列问题。这些问题的出现主要是因为广西县域旅游发展中市场监管不到位,在旅游开发中过度重视短期利益而忽视长远利益,相关管理部门对一些行业发展潜规则引起的旅游投诉问题如导游加点、强制购物、价格欺诈等现象难以从根本上进行遏制。在县域景区管理方面,包括部分特色旅游县在内的县域景区管理水平还停留在初级阶段,存在专业管理人才短缺、基层工作人员整体职业素养下滑、景区内智慧旅游应用不足、旅游信息服务水平不高等问题。

4.2.7 旅游高素质人才短缺，职业素养有待提高

县域旅游发展策略提出时间较晚，地方从事旅游产业发展的人才尤其是旅游经营管理人才、市场营销人才和旅游规划人才十分稀缺。此外，从事旅游接待与服务的一线工作人员的职业能力和客户服务能力也普遍有待提升。旅游人才不足、旅游接待人员素质较低等因素严重制约着广西县域旅游的发展。导致广西县域旅游人才短缺、职业素养有待提高的一个很重要的原因就是财政政策对县域旅游人才的培养储备不够。教育投资是一种长期性的无形投资，虽然不能直接创造财富，但从长远来说能助推社会生产力的发展。一直以来，广西对县域旅游人才培养储备工作的财政投入都是不足的，广西县域旅游人才储备总体而言数量偏少、质量偏低。伴随县域旅游产业逐渐向专业化、高端化发展，旅游人才后备力量的缺乏将会对广西县域旅游产业的长足发展产生不利影响。

4.3 发展建议

4.3.1 统筹推进，有效衔接乡村振兴

按照乡村振兴战略确定的目标任务，围绕"产业兴旺、生态宜居、乡风文明、治理有效、生活富裕"的总要求，广西文化和旅游厅要做好顶层设计，统筹推进，将"绿水青山就是金山银山"的发展理念落实到各县基层工作中。立足广西县域特点和发展基础，全面推进乡村振兴，开启广西县域发展新征程。

一是要坚持特色化发展。当前，广西县域经济已由高速增长转向高质量发展阶段。在一些自然环境和人文风貌相似的区域，都必然会面临产品同质化的竞争压力及同一目标客源的重复争夺。未来，县域旅游要想从激烈的市场竞争中脱颖而出，就只能以品质争高低，以特色论输赢。

二是要做好乡村旅游规划。要发展县域旅游，实现乡村振兴，使乡村成为美丽宜居的乡村，使农民过上美好的现代生活，就必须解决乡村规划问题。县一级处在承上启下的关键环节，是发展经济、保障民生、维护稳定的重要基础。因此，广西各县要做好县域乡村振兴规划，统筹合理布局城乡生产、生活、生态空间，切实构筑城乡要素双向流动的体制机制，培育发展动能，实现农业农村高质量发展。

三是要特别做好"延续文脉"和"尊重自然"两篇文章。美丽乡村不仅要生态美，还要人文美，要始终坚持"绿水青山就是金山银山"的发展理念，要体现尊重自然、顺应自然、天人合一的理念，依托广西现有山水脉络等独特风光，让居民望得见山，看得见水，记得住乡愁。要保留村庄原始风貌，慎砍树，不填湖，

少拆房，尽可能在原有村庄形态上改善居民生活条件。

四是要注重产业培育，提升供给和带动双重效应。产业兴，乡村兴。要把握人们对美好生活需要的变化和升级，以"乡村＋""农业＋"、一二三产业融合发展的思路，促进农业转型和乡村旅游产业升级。在开发乡村民俗、乡村美食、乡村特产、农事体验、农家生活等特色产业的基础上，因地制宜积极发展乡村休闲、乡村度假等产业；通过"＋文创""＋电商""＋养生""＋养老""＋体育""＋健康""＋研学""＋文艺"等多方面的融合发展，培育多样化、个性化的广西乡村旅游业态。

4.3.2 抓住机遇，打造粤港澳大湾区"后花园"

粤港澳大湾区是国家建设世界级城市群和参与全球竞争的重要空间载体。习近平总书记在党的十九大报告中指出，要以粤港澳大湾区建设、粤港澳合作、泛珠三角区域合作等为重点，全面推进内地同香港、澳门互利合作。港珠澳大桥、深中通道、广深港高速铁路等重大交通基础设施的建设，将重构区域城市旅游空间格局。随着粤港澳大湾区的开放，广西县域旅游的发展迎来了新的历史机遇。广西背靠大西南、毗邻粤港澳、面向东南亚，是我国唯一与粤港澳大湾区既有省界接壤又有陆海江三种通道相连的西部省份。广西不仅将之作为推进自身发展的重大机遇，还立足独特区位优势发挥桥梁作用，推进大湾区向东盟进一步开放，助力区域融合协作。

得益于独特的区位优势，广西与粤港澳大湾区呈现陆海空全方位互联互通态势。广西梧州市不仅有高铁直通广深（广州、深圳），而且通过西江黄金水道与粤港澳直接相连；全国内河重要港口贵港是西南地区货物通过河运前往珠三角的枢纽港；与广东紧邻的玉林市加强与粤港澳交通对接；桂林是粤港澳大湾区的"后花园"，湘桂、贵广高铁在此交会；北部湾港—香港轮船航线实现"天天班"。在此基础上，广西要牢牢抓住历史机遇，提升县域旅游的质量，融入大湾区，打造粤港澳大湾区的"后花园"，可以从以下几个方面入手。

其一，对接湾区市场，研发精准县域旅游产品。粤港澳大湾区的提速建设，为广西入境旅游发展带来新的历史机遇。新时期广西县域旅游的发展，需要正确识别发展关键，并进行精准的具体部署。针对粤港澳大湾区这一新兴客源城市群，广西各县要把粤港澳区域作为旅游区域合作的重点城市，全面对接融入粤港澳大湾区，研发设计"航空、高铁、轮船"一程多站旅游产品线路、精准营销推介与推动区域开放合作相结合，组织开展县域旅游区域合作交流系列活动。

其二，抓住时代机遇，打造粤港澳大湾区"后花园"。2019年2月18日，《粤港澳大湾区发展规划纲要》正式发布，紧邻粤港澳大湾区的广西，要积极主动地融入大湾区建设，有效利用大湾区建设的溢出效应，抢抓机遇，把握机会，掌握文旅发展的制高点，成为粤港澳大湾区文旅发展的重要补充，实现协同发展。广西壮族自治区文化和旅游厅应该抢抓机遇，全面加强与粤港澳区域文化旅游业界的协调配合，健全完善县域旅游合作长效机制，共同推动资源互补、产品互推、客源互送、信息互享、航线互通、人才互动。未来还要持续主打"桂林山水甲天下"的旅游品牌，持续导入渠道、产业、人流，把广西打造成粤港澳大湾区产业发展、文化交流、旅居康养的"后花园"。

其三，开放"东大门"，发挥梧州"排头兵"作用。在广西与大湾区的衔接中，梧州起到一个排头兵的作用。在这个过程中，广西壮族自治区人民政府要密切关注梧州的发展，更要加强政策扶持和县域旅游发展政策的倾斜。梧州各级各部门要坚定信心、乘势而上、抢抓机遇、敢想敢干，发挥区位优势，前瞻性规划建设现代交通运输体系；要按照"强龙头、补链条、聚集群"产业发展思路，推动重点优势园区改造升级，着力优化营商环境，打造"东融"示范园区，加快引进新业态新经济，助力产业高质量转型发展；要整合政策、项目资源，依托大项目、好政策破解土地、能源等发展难题；要创新实施金融"东融"、人才"东融"等战略性工作，为梧州全面融入粤港澳大湾区提供更坚强的支撑。

4.3.3 全域覆盖，优化县域旅游发展环境

县域旅游的提质发展必须依靠完善的基础设施。针对广西基础设施现状，要加强基础设施的建设，增强整个旅游服务体系的设施支撑，提高旅游者的满意度，提升县域旅游消费价值。

第一，完善旅游交通运输服务体系。加快建设连接旅游景区公路网络，完善公路旅游服务设施，实现道路客运班车、城市公交车和旅游包车可通达所有乡镇和 3A 级以上旅游景区，构建覆盖面广、相互衔接的旅游交通运输网络；积极加密北部湾港通往"一带一路"沿线国家主要港口的航线，有效支撑高端滨海度假旅游的发展；加强区域交通运输与旅游一体化基础设施建设，形成运输与旅游融合发展的新格局，推动广西县域旅游发展迈上新台阶。另外，要提升旅游交通服务水平。完善交通换乘功能，逐步实现公路与铁路、民航的零距离换乘，高铁车站与市区中心、景区景点的交通无缝衔接，让旅客在家门口就能享受到"购票、候车、直达"的一条龙服务；打造交通旅游大数据平台，实现客运站 100%接入平台并联网售票，进一步提升旅游交通服务品质。

第二，完善旅游配套设施。推进县域高铁无轨站旅游集散中心建设项目，构建层次分明、覆盖面广的集散和服务体系；提高如停车场、饭店、农家餐馆和民宿客栈等旅游接待设施的档次；全面实现景区 4G 通信网络和无线网络覆盖；推动"厕所革命"向景区外延伸；不断完善旅游标识网络，为大众旅游特别是自驾车游客提

供全面、准确的交通导向及景区信息服务，满足广大游客对优质旅游的需求。

第三，加强乡村治理体系的建设，改善、优化支撑发展的生态环境，为县域旅游持续发展提供基础保障。

4.3.4 区域联动，促进县域协同发展

区域间发展不平衡是广西目前存在且将长时间存在的问题。为了破解发展不均衡问题，各县必须积极响应国家全域旅游发展号召，打破空间维度，联动区内各县域旅游发展，促进县域间协同发展，构建广西县域大景区。广西县域旅游在大环境的驱动下取得了明显的发展，但部分县因为旅游景点小而多、杂而乱，面临着知名度不高、市场号召力不强的困境。在旅游发展的新时期，要改变传统景区论景区的空间模式，每个县要结合自身旅游资源特点，突破单一景区地域边界，构建县域旅游大景区，打造县域旅游产业链，树立县域旅游大品牌。在县域之间的合作上，可以挖掘来宾、钦州、防城港等旅游发展水平相对较弱地区的县域旅游经济发展潜力，提升桂林、北海、南宁等旅游发展较好城市的县域旅游层次，加强县域间合作，整合区内旅游资源，打造特色产品系列。

全域旅游，是指在一定区域内，以旅游业为优势产业，通过对区域内经济社会资源尤其是旅游资源、相关产业、生态环境、公共服务、体制机制、政策法规、文明素质等进行全方位、系统化地优化提升，实现区域资源有机整合、产业融合发展、社会共建共享，以旅游业带动和促进经济社会协调发展的一种新的区域协调发展理念和模式。全域旅游是应对我国特定时期社会经济现象应运而生的，有其特定的社会经济背景和旅游发展背景，是一个具有本土化和实践性的概念和模式。开展全域旅游工作，有利于促进区域旅游的发展，进一步提升竞争力。因此，广西各县域应积极响应全域旅游战略，借助全域旅游的发展契机，推动区域内部旅游业的发展，扶持旅游相关产业。通过政策扶持和良好的投资环境建设引进竞争力强的旅游企业，鼓励创新旅游产品开发，提升产品开发层次。在全域旅游业持续发展的过程中，旅游业正在不断地优化资源配置，同时对产业整合、生态环境、公共服务、管理制度、政策法规等全方位进行优化升级，对一些资源丰富但排名靠后的县域来讲，可以依托其丰富的旅游资源，对核心旅游产品进行转型升级并加大宣传力度，不断优化产业链来弥补基础设施的薄弱，并在区域整体上实现旅游产品多样化、地域特色化及产品创新升级化发展，最终通过旅游业促进县域经济与社会的协调发展，推动区域旅游竞争实力持续提高。

4.3.5 打造 IP，发展县域特色优势产业

发挥资源优势，推进县域特色优势产业发展。坚持产业立县，按照"强龙头、

补链条、聚集群"的思路,每个县域聚焦发展 2~3 个主导产业或特色产业,打造县域旅游 IP,推动广西县域特色产业转型升级。发展县域特色优势产业,可以从以下几个方面着手:一是以农业供给侧改革为主线,稳定基本农产品生产,调整农业产业结构,强化科技对农业的支撑,打造和培育农产品品牌。要在稳定家庭承包经营、扶持小农户生产的基础上,鼓励支持家庭农场、农业企业和合作社等农村新型经营主体的发展。要规划建设农业产业园区,搭建现代农业发展新载体。二是以推进农业产业化经营为目标,不断延伸产业链条,加强利益的联结,推进商贸工农一体化经营。要加大政策扶持力度,加强小农户与现代农业发展的有机衔接。要大力发展农业产业化联合体,把龙头企业、新型农业经营主体和小农户以分工协作为前提、以规模经营为依托、以利益联结为纽带,建立一体化农业经营组织联盟。三是大力发展企业集群,打造乡村产业发展高地。对能吸收农民就业、促进农民增收的企业,无论是工业企业还是商贸流通企业或专业市场,都要积极支持、鼓励发展,逐步在县域形成小规模大群体或大规模大群体的产业集群。要引导企业向园区或城镇集中,实现农业劳动力就近转移,搭建产业发展新载体,实现工业化和城镇化同步发展。四是结合资源禀赋和文化传承,积极培育农村新业态。要立足农村的生态、文化、休闲、康养等功能发掘,大力发展休闲农业、乡村旅游、康养基地、特色小镇和传统特色产品开发。要加快农村电商的发展,推动农民创新创业,大力发展共享经济。

挖掘县域文化的丰富内涵,加强县域旅游产品上下游产业链的整合。积极开发旅游产品组合,对接消费者观光、休闲、度假、康养、科普、文化体验等多样化需求,通过文旅融合,不断促进传统县域旅游产品升级,加快开发新型县域旅游产品;结合现代农业发展,建设休闲农业精品园区、田园综合体、农业庄园,探索发展休闲农业和乡村旅游新业态;结合县域山地资源、森林资源、水域资源、地热资源等,发展森林观光、山地度假、水域休闲、温泉养生等旅游产品;推进县域旅游和中医药相结合,开发康养旅游产品;依托当地自然和文化资源禀赋发展特色民宿,在文化传承和创意设计上实现提升;开发具有地方特色的服饰、手工艺品、农副土特产品、旅游纪念品等旅游商品。

充分发挥资源优势,做出特色。为此,可实施"一县一特"策略,立足当地旅游资源禀赋和历史文化优势,充分挖掘利用当地的特色资源,围绕游客市场需求,因地制宜开发多样化的乡村旅游产品,打造特色品牌。在"一县一特"工程实施过程中,要特别注重典型带动。推动顶层设计和基层探索良性互动、有机结合,推动各县乡一些好的基层经验,进一步扩大到全区。例如,充分发挥广西长寿之乡众多、民俗民情多样、山水风光美丽等特色优势资源,以特色产业发展为基础,创新推动休闲农业、创意农业、科普农业发展,推进农业与旅游、教育、文化、健康养老等产业深度融合，积极开拓山水田园、农家乐、休闲养生、旅游互补、都市科普、渔乐休闲、节庆休闲等富有广西特色的经营模式，加快发展长寿养生产业、休闲农业、乡村旅游和森林旅游。

强化扶持力度，扶"志"也扶"智"。衡量县域产业发展水平的一个重要标准是，县级领导有没有树立起"经营"产业的思想，会不会培育特色产业。企业要经营产品，政府要"经营"产业。政府"经营"产业，就是要办一家一户、单个企业办不了的事情，应该做到以下几点：一是完善促进产业发展的政策，既要抓上级政策的落实，又要创造性出台本地的扶持政策；二是要善于发挥优势、创造优势、转化优势，把资源优势转化为产业特色和经济优势；三是要加强基础设施建设，完善公共服务平台；四是要加强职业教育，提高劳动者素质，培育新型职业农民；五是完善农村市场体系，加大科技、金融、人才服务力度；六是要打造创新创业平台，培育农村新业态和新动能。

4.3.6 培育精品，升级旅游品牌形象

塑造统一的形象聚合旅游品牌价值。依托广西优质的山水资源和丰富的文化资源塑造一个统一的旅游整体形象来聚合品牌价值，坚守"山水搭台，文化唱戏"，体现自然与人文审美的融合，升级旅游品牌形象，提升品牌辨识度和竞争力；着力打造精品，深化品牌内涵，从追求数量转变到提升品质上来，打造一批高品质的景区景点、叫得响的文艺精品，培育一批具有广西生态特色、地域标识特色和民族产业特色的大品牌。

加强旅游品牌形象宣传。加大传统媒体和新媒体宣传力度，采用统一的广西旅游形象标识（LOGO）及口号，制作旅游宣传片或旅游影像片，推广"秀甲天下，壮美广西"旅游整体形象，提升广西旅游品牌的知名度、美誉度及影响力；创新营销方式，策划开展大规模旅游推介活动，推出一批高水平、有冲击力的主题宣传品；实施精准营销，进一步深耕国内市场，开拓国际市场，提升传统市场，开发新兴市场。

4.3.7 畅通渠道，加大旅游资金投入

加大旅游资金投入。将广西财政中与县域旅游发展相关的财政资金进行整合，扩大县域旅游发展专项资金的规模，同时积极引入社会资本支持县域旅游重点项目建设和产品开发。此外，积极向上级部门争取关于旅游发展的基金或预算等用于支持广西县域旅游产业的发展。

打通投融资渠道。依托广西政府投资引导基金，设立广西县域旅游产业投资子基金，保证资金运转受到有效引导和监督。把旅游资源的所有权和管理权、旅

游项目经营权分别交予不同机构，通过特许经营、转让承包等方式，鼓励民间资本和社会资本参与到旅游资源开发、景区经营管理、基础设施建设等县域旅游项目中来，同时推进商业银行与旅游企业的沟通对接，提高金融机构对旅游企业的授信额度和担保力度，加大信贷资金投入，多措并举确保投融资渠道畅通。

4.3.8 强化监管，提高景区管理水平

加强旅游市场监管。完善县域旅游质量标准体系，兼顾短期利益和长期利益，以交通、旅行社、住宿、购物、餐饮、景区、导游等方面为落脚点，加快建立规范的县域旅游服务标准体系。进一步推进县域旅游综合执法，建立健全旅游投诉处理机制，加大对违法违规行为的惩处力度，严厉打击恶性竞争行为，对县域景区景点各类开展商业活动的人员要加强培训与管理，规范其经营行为，增强其诚信守法意识，确保景区诚信经营，切实维护县域旅游市场的公平正义，提高游客满意度。

提高旅游景区管理水平。招聘优秀管理和服务人才，加强培训，切实提高服务人员的职业能力和素养。加快智慧景区建设，提高旅游信息服务水平，景区内合理设置视频监控、人流监控、位置监控、环境监测等设施以保障游客安全和景区正常管理，尽快实现旅游景区免费 Wi-Fi、智能导游、电子讲解、在线预订、信息推送等全覆盖，不断提升景区现代化管理水平。

4.3.9 注重人才，提升人才的量与质

人才是一个组织甚至整个产业是否有远大发展潜力的重要决定因素，广西县域旅游要长远发展，就要形成研究型人才、管理型人才、创新型人才三级梯队的人才培养层次。并应该做到以下几点。

一是加大资金投入。设立县域旅游人才专项资金，加大对县域旅游人才培养储备工作的财政投入，为旅游人才培养储备提供财力保障，为广西发展县域旅游产业提供人才储备功能。以资金投入为动力源，积极培育本土优秀人才，吸引外来高端人才，促进县域旅游人才队伍整体素质和能力的提升，激励各类人才在广西县域旅游大平台上展才华、显身手。

二是健全人才培养储备机制。相关部门积极牵头组织，联合专业旅游院校建立健全一套适合广西县域旅游产业发展的人才培养储备机制，对旅游从业人员进行专业培训指导，培养从业人员的服务意识，提高旅游从业人员素质，为广西培养储备一批专业的经营管理人才、市场营销人才和旅游规划人才等，促进县域旅游人才队伍整体数量与质量共同提升，为日后广西县域旅游产业专业化、高端化发展提供有力的人才支撑。

第2部分
分报告

第 5 章 全域旅游早谋划——阳朔县

5.1 阳朔县县域旅游发展概况

5.1.1 发展现状

阳朔位于广西壮族自治区桂林市南部,辖阳朔、白沙、福利、兴坪、葡萄、高田 6 个镇和金宝、普益、杨堤 3 个乡,下设社区 15 个、建制村 99 个[①],全县总面积 1428km²,总人口 32.86 万[②]。拥有中国最典型的喀斯特地貌和得天独厚的山水风光,天下闻名的桂林漓江 83km 核心江段有 56km 在阳朔境内。1978 年经国务院批准为全国首批旅游对外开放县后,先后荣获首批国家级风景名胜区、全国旅游标准化示范县、首批中国优秀国际乡村旅游目的地等称号。2018 年接待旅游总人数 1751.95 万人次,旅游总消费 242.32 亿元,分别同比增长 13%、33.7%[③]。

阳朔旅游资源丰富,类型多样,拥有世界上最为完美、最典型、集中而丰富的岩溶地貌。根据旅游资源的相关分类,阳朔具有地理文化景观类、水域风光类、古迹及建筑类、休闲求知类、购物类、特色饮食类六大类型。素有"桂林山水甲天下,阳朔山水甲桂林"之称,是桂林山水的重要组成部分,境内各种奇特山峰 2 万多座,大小河流 16 条,漓江流经县境 56km[④],主要景区由县城景区、高田景区、遇龙河景区、刘三姐水上公园景区、桂阳公路沿线景区、兴坪景区等组成。近年来,新开发的著名景点有莲花洞、碧莲洞、聚龙潭、世外桃源、滨江公园、蝴蝶泉、田家河景区、九马画山漂流、漓江竹筏漂流等。

作为国内最热门旅游目的地之一的阳朔县,近年来以创建"国家全域旅游示范区"为主线,以"画里山水·栖居阳朔"为主题,推动旅游业"生态化、集约化、品牌化、国际化"发展,全力打造世界级旅游胜地。阳朔自古便有"桂林山水甲天下,阳朔山水甲桂林"的美誉,接待过世界各国重要首脑、部长,在国内外均享有盛名。2014 年凭借秀美的山水风光,列居"中国最美丽县"榜首,2016 年又入选第一批"国家全域旅游示范区"(图 5-1)。

---

① http://www.yangshuo.gov.cn/yxys/
② http://www.gzdw.gov.cn/n289/n433/n654/c27745579/content.html
③ https://www.sohu.com/a/296917269_120037140
④ http://www.gxcounty.com/tour/lyzx/20191112/152506.html

图 5-1　阳朔风光

5.1.2　发展优势

5.1.2.1　得天独厚的旅游资源

阳朔是国际旅游界的一颗耀眼明珠。漓江山水绵延 100 多千米,奇山秀水是漓江风光最精粹的部分,唐代著名文学家韩愈形容为"江作青罗带,山如碧玉簪"。漓江风景区是世界上规模最大、风景最美的岩溶山水游览区,千百年来不知多少文人墨客为此陶醉。新版 20 元人民币的背面,就是漓江山水的一段——即将到达兴坪码头的地方。漓江两岸山峰,伟岸挺拔,形态万千。遇龙河是一条美丽的河流,素有"小漓江"之称,尤其是遇龙桥以下,至与金宝河汇合的合山江口约 12km

这一段,群峰叠耸、村庄错落,可以观赏到遇龙桥、犀牛望月、归义城遗址、五指山等风光胜迹。大榕树景区古榕公园,以其天下独有的岩溶地貌和山水田园风光闻名世界,因园内有一棵植于隋代、距今 1400 多年的巨大榕树而得名。韵律优美的稻田,清澈见底的小河,青翠湿润、清新爽人的空气,似一幅品味至上的中国水墨山水画。风靡中国及东南亚地区的电影《刘三姐》很多镜头在此拍摄,刘三姐和阿牛哥在大榕树下抛绣球喜结良缘,使大榕树更充满美丽动人的爱情故事传奇。丰富多彩的民族文化,让人流连忘返。

除了秀丽的自然风光,阳朔还有非常浓厚的文化底蕴。历代文人骚客在这里汇聚,世界上最大的山水实景剧《印象·刘三姐》在这里演出,十多年来经久不衰。世界级的山水,诞生了世界级的创意。在阳朔县城漓江与田家河交汇处,方圆 2km 的漓江水域,是演出的舞台。十二座山峰和广袤的天穹,成为天然的背景。600 多名演员,约 210 人是来自阳朔县周边田家河、木山村、兴坪村等 5 个自然村的渔民[①];根据各个不同的场景选用了壮族、瑶族、苗族等不同的少数民族服装,观众席也由绿色梯田造型构成,用张艺谋本人的话说:"它是一场秀"。它秀的是桂林山水,秀的是民俗风情,也秀出了那种天人合一的境界。自 2004 年 3 月公演至今,《印象·刘三姐》已成为桂林漓江旅游的必推项目。作为文化旅游 IP 的一面旗帜,《印象·刘三姐》开创了大型山水实景演出的先河,成为文化与旅游结合的典范,引发了全国性的实景演出建设热潮。据统计,其每年销售收入 1.8 亿元,年利润近 1 亿元[②],堪称中国"最赚钱"的演出项目。如果说当年的电影《刘三姐》是广西的文化名片,那么《印象·刘三姐》就是广西旅游的活名片(图 5-2)。

除此之外,阳朔还有一个与众不同的地方——这里的外国友人很多。走在铺满青石板的西街,商店、餐馆、酒吧,几乎所有的招牌都是中英文对照,无论店主还是街边小摊的商贩,都能说一口流利的英语。在这里,随处可见三五成群的外国人漫步、聊天、拍照,令人一度产生在国外旅行的错觉。西街的明城墙、碑刻、古寺、古亭、名人故居、纪念馆等,保存皆较完整。整条街道呈弯曲的"S"形,由石板砌成,是阳朔的重要旅游景点之一。20 世纪 60 年代,西街曾一度被改名为"东风路",直到 1982 年,又复名为"西街"。这条街曾被世界旅游指南《孤独星球》推荐,因此每年吸引了超过 10 万国外背包客光顾,每年游客数量则超过 150 万[③]。

[①] http://travel.qianlong.com/2018/0626/2659691.shtml
[②] https://culture.china.com/chinawatch/13000480/20171228/31880434.html
[③] https://www.fliggy.com/content/d-210102973198?ttid=seo.000000585&seoType=origin

图 5-2 《印象·刘三姐》

5.1.2.2 山水美，特色鲜明

"桂林山水甲天下，阳朔山水甲桂林"，阳朔的山水既是中国的代表，也是世界性的 IP。阳朔县在旅游发展中，立足保护，加强规划，全县有 250 多个景点，基本围绕漓江和遇龙河布局，把山水这一特色和底色发挥到了极致。所参观和住宿的酒店，看的旅游项目，基本是推窗见山，出门遇水，依山傍水，融为一体。

5.1.2.3 转型快，业态齐全

阳朔旅游起步于改革开放，成名于山水自然风光。经过 40 多年的发展，吃、住、行、游、购、娱等各要素得到充分的发挥，已经从观光游为主转向观光和度假并重。2018 年接待游客人次比婺源少 620 万，但是综合收入却比婺源多 20 亿元[①]。这从侧面说明阳朔旅游转型快，度假人次多。啤酒鱼作为地方经典美食成为游客必点的招牌菜。阳朔西街的商品从"小而散"走向"大而精"，动感而时尚，是游客夜生活目的地和夜光经济的集散地。旅游与体育深度融合，阳朔与法国户

---

① http://www.gzdw.gov.cn/n289/n433/n654/c27745579/content.html

外运动联盟（UCPA）签订合作协议，每年举办中法国际山地越野赛、国际攀岩公开赛等一批国际性体育赛事，仅攀岩一项运动每年就吸引 30 万人住下来。

5.1.2.4 人气旺，没有淡季

正是因为丰富的业态，留住了度假群体，让阳朔旅游四季兴旺，尤其是晚上非常热闹，一年有 300 万人住下来度假，人数大概是婺源的 3 倍[①]。阳朔有大小民宿 1500 多家，影响较大的精品民宿 60 余家，受益于四季宜游，没有淡季，民宿平均入住率在 50%以上[②]。阳朔的室外演出《印象·刘三姐》和室内演出《桂林千古情》，每天要演几场，几乎场场爆满。其中新建成的千古情演出，7 个月接待游客 270 万人次，实现营业收入 1.15 亿元[③]。

5.1.2.5 定位高，带"国际范"

阳朔旅游的起点高、视野宽，全世界 150 多个国家和地区的 300 余名首脑曾亲临阳朔，并与美国、法国等多个城市建立友好城市关系，悦榕庄、阿丽拉、阿玛瑞这些世界知名品牌落户阳朔。在西街上很多店铺是外国人运营，走在阳朔的景区，外国友人随处可见，2017 年阳朔接待海外游客 223.5 万人次，入境旅游总消费 30.7 亿元[④]。在旅游服务上也是如此，邀请由美国、英国、法国、德国等 16 名外国人组建志愿者服务队，探索出了涉外警务新模式。

5.1.2.6 运作活，全域推进

阳朔全域旅游推进较快，产业围绕旅游调，项目围绕旅游争，工作围绕旅游做，形成了"处处是景、村村旅游"的"阳朔模式"，2019 年与阳朔同时入围首批国家全域旅游示范区验收名单。比如农业，阳朔金桔种植面积 19 万亩（1 亩≈666.7m^2），与阳朔茶叶种植面积相近，通过把"山区变景区，果园变公园"，亩产突破 2 万元，小小金桔做成了全国单品种面积最大、产量最高、品质最优、效益最好的特色产业。全县茶叶种植面积才 1800 亩，集中在七仙峰一地，但通过茶旅融合，将茶叶采摘制作、茶园观光摄影、民宿、特色茶宴等结合起来，做成了一个多元化的茶旅观光休闲项目。另外，政府参与运作的"快旅慢游"交通体系，实现接驳公交场站、公交中心、调度中心、集散中心"一场站三中心"的有机衔接。游客在阳朔县内公交通票一日才 20 元，出行省心省钱。

---

① http://www.gzdw.gov.cn/n289/n433/n654/c27745579/content.html
② http://www.gzdw.gov.cn/n289/n433/n654/c27745579/content.html
③ http://www.gzdw.gov.cn/n289/n433/n654/c27745579/content.html
④ http://www.gzdw.gov.cn/n289/n433/n654/c27745579/content.html

5.2　阳朔县县域旅游的探索与实践

5.2.1　发展历史梳理

近年来，阳朔以创建"广西特色旅游名县""国家全域旅游示范区"为主线，实施"旅游＋"发展战略，推动旅游产业提档升级，加快"景区旅游"向"全域旅游"转变，使之成为了阳朔加快实现"一业兴、百业旺"的助推器。

2012年，阳朔成为广西首个年游客接待量超千万人次的县份，2015年又成为广西首个旅游年收入突破百亿大关的县，其从事休闲农业与乡村旅游业人员达10万多人[①]。

经过多年发展，阳朔县在旅游机制体制创新、旅游公共服务设施、旅游产品业态升级、旅游品牌集聚等方面探索出了一条具有阳朔特色的全域旅游发展之路。

2016年，阳朔成为广西首个年游客接待量超千万人次和首个旅游年收入突破百亿元大关的县。阳朔县连续四年获得"中国最美丽县"第一名，连续两年获得"世界休闲度假最佳旅游目的地"称号，是全区首批"特色旅游名县""广西科学发展十佳县"。经过多年发展，阳朔县在旅游机制体制创新、旅游公共服务设施、旅游产品业态升级、旅游品牌集聚等方面探索出了一条具有阳朔特色的全域旅游发展之路。自2016年被评为"国家全域旅游示范区"以来，阳朔在以下方面积极推进"景区旅游"向"全域旅游"的发展转变。

第一，树立从"景区旅游"向"全域旅游"意识的转变。以自驾游、自由行为特点的出游方式引领阳朔旅游发展变革，促使阳朔旅游向休闲度假游、定制旅游转变。

第二，阳朔制定了全域旅游规划并将其纳入《阳朔县国民经济和社会发展第十三个五年规划纲要》。以全域规划为基础，从交通设施和基础设施为切入点推进全域旅游的全要素变革。例如，阳朔对十里画廊景区、遇龙河景区进行交通分级管理，在各大景区积极开展"厕所革命"和"停车场革命"。

第三，阳朔积极抓住互联网的发展趋势，推动全域旅游的"互联网＋"发展，游客通过各大平台网站可以享受旅游咨询和预订服务，旅游过程中移动支付成为主要趋势。此外，阳朔成立综合管理应急指挥中心，依托大数据对交通、景区重点部位进行即时的监控，确保旅游资源的相互协调。

第四，阳朔启动"创建国家基层标准化改革创新先行区"，加快标准化在景区、餐饮等方面的转型发展。

---

① http://www.ifengweekly.com/detil.php?id=8578

2017 年 7 月 30 日，阳朔正式启动了创建国家基层标准化改革创新先行区的活动，以此为契机，阳朔将加快建立涉及城市管理、新兴特色旅游、农业农村、应急管理等领域的标准体系，大力实施"集群＋旅游"发展战略，倾力打造文化旅游集群、休闲度假集群、精品酒店民宿集群、商业购物集群等多要素的旅游产业集群，这也意味着该县的旅游产业将迎来新一轮的转型升级。

2019 年，阳朔凭借独特旅游优势上榜"中国县域旅游竞争力百强县"，阳朔遇龙河旅游度假区荣膺国家级旅游度假区。而阳朔新城区的规划建设，更为阳朔插上了翱翔世界的翅膀（图 5-3）。

图 5-3　阳朔县举行新城区项目建设集中开竣工仪式

近两年来，阳朔主动抢抓互联网发展机遇，促进扶持旅游产业发展。线下，阳朔打造全县智慧旅游中心、杨堤绿道智慧旅游中心、互联网旅游集散中心、共享汽车服务中心等，形成新型游客服务中心体系。在线上，阳朔联合桂林出行网、百度、携程、乐途、去哪儿网，为游客提供网上咨询、订票服务，形成统一的旅游公共服务平台，着力真正实现"一部手机游阳朔"。

5.2.2　政府统筹，党建引领模式

5.2.2.1　党建领航助推，旅游管理机制体制创新

党政统筹，全力推进，开创旅游＋党建产业发展之路和抓党建促旅游发展的新格局。乘坐竹筏、徜徉在风光秀美的遇龙河上，随风飘扬的党旗显得格外亮眼，身着"党员先锋服务队"背心的筏工一边卖力撑船，一边为游客讲解景点，这样鲜活的画面正是阳朔"秀美漓江党旗红"党建品牌创建工作的掠影。让红色基因嵌入绿色生态旅游，是阳朔在实践全域旅游中的独到做法。目前，该县已在漓江、遇龙河、十里画廊等多条旅游线路上组建了漓江排筏从业者协会党总支部等 66 个党组织，"漓江党旗红"逐渐成为阳朔党建旅游新品牌。

阳朔县委、县政府积极探索"全民共建共享共管共治"的旅游综合发展机制，打造了一批集村民议事、教育培训、便民服务、旅游咨询等方面功能和作用的高标准党群综合服务中心，免费 Wi-Fi、免费公厕对游客开放，同时积极探索实施"1＋4＋N"综合管理模式，形成以旅委为主的综合协调机构，整合旅游警察、旅游巡回法院、旅游食药监、旅游工商质监的职能，成立了阳朔县旅游投诉综合受理中心，助力该县构建产业融合、城乡一体的全域旅游发展格局。此外该县还编制了全域旅游规划，将其纳入《阳朔县国民经济和社会发展第十三个五年规划纲要》，出台全域旅游实施意见等，设立旅游发展专项资金，定期召开全域旅游发展大会，形成旅游联席会议机制，推动规划和政策落地。

5.2.2.2　补齐软硬件设施短板，提升旅游公共服务水平

基于旅游者消费品质的升级及持续上升的游客数量，为了疏解车辆拥堵的难题，十里画廊和遇龙河景区开始实行交通分级管理和分级接驳，景区环境大为改善，旅客们可以用品质化、深度慢游的游览方式细细品味美景。围绕交通大局，阳朔还实施了国道 321 改（扩）建工程，实现县城一个小时通达机场、高铁站；完善县域内景区景点、度假地、交通枢纽之间的交通路网；开通机场—阳朔大巴、双层观光巴士、特色旅游出租车、城乡公交车、共享汽车、共享单车等多元交通方式；创建西街 4A 级旅游景区，完善这一开放型景区的旅游标识导览系统；建设漓江绿道、遇龙河步道、十里画廊状元步道，利用"一江一河"开展竹筏、游船观光等一系列举措，在县域内逐步形成了"快旅慢游"的交通体系，直接改善了游客的游览体验。

阳朔还积极实施了"厕所革命"和"停车场革命"两大革命，一方面实施《广西城乡"厕所革命"行动推进工作方案》推动"厕所革命"覆盖城乡，另一方面实施"三场站一中心"建设，配套旅游交通分级管理分级接驳，疏散城区游客，引导城乡、城景、景村之间游客互流。

近两年来，"互联网＋"在全国各地落实，阳朔主动抢抓互联网发展机遇，促进扶持旅游产业发展。阳朔县在线下打造了全县智慧旅游中心、杨堤绿道智慧旅游中心、互联网旅游集散中心、共享汽车服务中心等，形成新型游客服务中心体系。在线上，阳朔联合桂林出行网、百度、携程、乐途、去哪儿网，为游客提供网上咨询、订票服务，形成统一的旅游公共服务平台，真正实现"一部手机游阳朔"。

2017 年 7 月 30 日，阳朔县正式启动了创建国家基层标准化改革创新先行区的活动，以此为契机，阳朔县将加快建立涉及城市管理、新兴特色旅游、农业农村、应急管理等领域的标准体系，建设一批标准化管理景点景区、标准化规模观光采摘园、标准化精品高端民宿等，这也意味着该县的旅游设施与特色旅游产业

将会有新一轮的转型升级。

5.2.2.3 旅游业态升级，向"旅居目的地"转型

"旅游目的地"与"旅居目的地"仅相差一个字，却蕴含着大不相同的内涵。"旅游"变"旅居"，意味着游客在阳朔停留的时间将会延长，不再是走马观花的游览，这就要求将阳朔县域整体作为功能完善的旅游目的地进行建设，形成全域规划、全景打造、全业培育、全民共享的格局。截至 2018 年 2 月全县已累计实施内资项目 129 个，外资项目 11 个，投入资金 300 多亿元[①]，全面推动产品升级和业态更新。

资本的进入首先反映在传统山水旅游景点的更新换代之上，目前阳朔已形成漓江景区、十里画廊遇龙河景区、世外桃源、百里新村等一批传统旅游产品与益田·西街、新天地·戏楼等一批集吃、住、行、游、购、娱为一体的新兴旅游服务综合体交相辉映的局面，不断满足游客个性化、多样化、多层次的旅游新需求。

新城区、瑞盛·阳朔国际度假区、兴坪休闲养生度假区、贝格凯姆·阳朔房车露营公园等一大批重大旅游度假项目纷纷开工建设，引进十余家国际知名度假酒店品牌入驻，再加上结合"美丽阳朔，宜居乡村"建设，兴坪、高田等特色小镇和旧县、骥马等传统村落逐步崛起，阳朔县域内已形成了墨兰山舍、云庐、秘密花园、泊艾等 90 多家精品民宿群落，让游客们"旅居阳朔"有了得以扎根的"土壤"。

5.2.2.4 突出品牌提升，促进全媒体营销效果

阳朔县积极借助官方微博微信公众号，微信地图及电视、纸媒、旅游展等宣传推介，深化展示阳朔山清水秀的自然生态。秉承品牌化、国际化、融合化的发展思路打造世界级旅游胜地。节事旅游促进旅游品牌的提质发展。连续十八年举办渔火节，以及先后开展的金桔交易与苗木花卉交易会，让阳朔的"两会一节"形成了一个成熟的旅游品牌，每逢跨年之际，不少外地游客都会慕名前来。除此之外，入选《世界遗产名录》的漓江峰丛和葡萄峰林、争创国家 4A 级旅游景区的西街、作为亚洲唯一分站赛的阳朔 Maxi-Race 国际山地越野赛、环广西公路自行车世界巡回赛等景观、赛事、节庆都已成为阳朔旅游的一张张新"名片"（图 5-4）。

近年来，阳朔县与法国老阿讷西市、美国莫尔黑德市、罗马尼亚普奇瓦萨市缔结为友好城市，与法国户外运动联盟（UCPA）签订了阳朔户外运动合作协议，承办了环广西公路自行车世界巡回赛（阳朔段）、国际攀岩大赛、亚洲十国超模大赛、Maxi-Race 国际山地越野赛、铁人三项赛等国际赛事，这些国际交流合作正

---

① http://news.guilinlife.com/n/2018-02/14/409214.shtml

图 5-4　2019 年环广西公路自行车世界巡回赛

如一个个平台窗口，让世界认识一个全新的阳朔。悦榕庄、阿丽拉、正好·希尔顿、铂尔曼等 10 多家国际品牌酒店相继入驻阳朔，使其成为广西国际知名品牌酒店入驻最多的县份，阳朔的"国际范"名副其实。

梳理近年来阳朔旅游发展的脉络，该县还大力实施"旅游＋"战略，推动旅游与其他产业融合发展已成为全域旅游建设的重要支撑。通过实施"旅游＋体育"，建设以燕莎滑翔和展卓航空低空旅游为主的基地，开辟空中游阳朔的新视角，汇聚骑行、漂流、攀岩、徒步等 20 多种户外运动，打造户外运动天堂；实施"旅游＋文化"，推出了《印象·刘三姐》《宋城·漓江千古情》等文化演艺产品和婚庆旅游、节庆旅游；实施"旅游＋农业"，形成了百里新村金桔产业和茶产业旅游，推出"百里桔乡"品牌旅游电商；实施"旅游＋教育"，推出了最大英语角·西街、太极武校等研学旅游，辐射带动各个产业实现多赢。

5.2.2.5　谋取绿色发展，共建共享美好旅居生活

"陶潜彭泽五株柳，潘岳河阳一县花。两处争如阳朔好，碧莲峰里住人家。"阳朔的美，美在一方山水，而阳朔发展的根基也在于守护好这一方山水。为此，阳朔坚持"生态立县"的原则，全面开展"美丽广西·生态乡村"建设活动，共建设 127 个生态示范村，完成遇龙河示范区 19 个村屯房屋立面改造，200 多个"微田园"景观[①]，实现了"田园变公园、家园变花园、农家变店家"的转变，整个县域成了休闲大景区、生态大家园，呈现"处处是风景"的全域旅游格局。

坚持生态原则，既守住了乡愁，也创造了绿色 GDP。按照旅游企业与原住民利益共享的富民模式，阳朔县不断鼓励原住民积极参与旅游开发，引导旅游企业积极聘用原住民，主客共享旅游红利。以遇龙河景区为例，其中从事漂流服务的 3300

---

① http://news.guilinlife.com/n/2018-02/14/409214.shtml

名工作人员中有 95%是当地农民[①],参加《印象·刘三姐》演出的当地农民也达到了参演人员一半以上。据了解,通过漓江、遇龙河景区"四统一"规范化管理,沿江农户每年可以享受景区收入总额 10%的分红,沿江 6 万多群众直接受益[②]。

5.2.2.6 全域旅游加速推进,服务业取得新突破

大力实施"旅游+"发展战略,加快景区旅游向全域旅游转变,实现旅游质效双提升。成立县旅游发展委员会,将旅游部门的职能从单一行业管理向全域综合治理转变。广西特色旅游名县通过复核,国家全域旅游示范区和历史文化西街 4A 开放景区创建工作已通过自治区验收,遇龙河国家级旅游度假区工作快速推进(图 5-5)。十里画廊、遇龙河景区交通分级管理和分级接驳常态化,既给游客带来更生态、更舒适宜人的旅游体验,又有效缓解了县城交通拥堵压力。成立了全区首个景区一线旅游投诉统一受理中心,不断提升服务能力和接待水平。养生度假、精品民宿、低空旅游等旅游新业态不断完善。假日旅游呈现快速增长势头,受春晚效应、大型体育赛事的影响,旅游市场持续火爆。加强与国际知名品牌集团合作,悦榕庄休闲度假酒店成为广西首批国际化高端精品酒店品牌。共有洲际假日、万豪傲途格、温德姆华美达等 10 家国际品牌酒店入驻阳朔,瑞盛、正好·希尔顿、宋城·漓江千古情等一批新型高端旅游项目快速推进,阳朔旅游更具"国际范"。

图 5-5　遇龙河景区

5.2.2.7　统筹城乡协调发展,城市面貌焕然一新

全力推进新城区建设。2017 年基本完成安置区甲一至甲十一路道路工程的建设,新城区二小、二幼已验收并投入使用,三小、三幼、二中完成内部装修;2018

[①] http://news.guilinlife.com/n/2018-02/14/409214.shtml
[②] http://news.guilinlife.com/n/2018-02/14/409214.shtml

年山水大道（南段）、金桂路、兴福路、林溪路、临月路、瑞祥路、河滨二路、河滨四路、新锐路 9 条道路建成通行；览胜桥、栗木河桥、甲一桥建设基本完成。加快推进旅游"互联网＋"项目、综合应急指挥中心项目、基层就业和社会保障设施项目，落实县中医院、自来水加压泵站、元宝山公交中心场站、疾病预防中心等项目建设。老城区提升改造成效明显。完成了迎宾路、蟠桃路、抗战路、神山路、桑园路、城北路、龙岳路、清泉路、叠翠路、凤鸣南一路、规划十七路、西街小街小巷的改造提升。完成县城特色夜景灯光、漓江滨水历史文化旅游休闲带一期工程、阳朔公园和县城水系湖塘连通等工程升级改造。完善了老城区的标识标牌和各项基础设施，老城区档次明显提升。兴坪国家投融资模式创新特色镇建设、高田镇和葡萄镇的新型城镇化示范工程扎实推进。实施传统村落保护项目，完成 21 个乡村振兴（幸福乡村）示范村建设，促进乡村旅游发展[①]。综合交通体系进一步完善，2017 年推进国道 321 线（阳朔段）改扩建工程、漓江西岸旅游慢行绿道及兴安至阳朔公路阳朔火车站连接线公路工程。大力开展农村基础设施建设，全县 99 个行政村全部通水泥（沥青）公路，完成 116km 的自然村屯连通道路建设[②]，完成神山至红颈山的征地拆迁和漓江二桥、福利至新城区一级路的设计工作。全面深入开展"宜居乡村"建设。实施农村垃圾治理、道路通行水平、饮水安全、村屯特色建设、住房安全、能源利用六大提升工程。实施增强农村供电能力、通信能力、公共照明能力三大工程。进一步加强城乡管理，加快"三场站一中心"建设，建成县综合管理应急指挥中心，"智慧旅游"＋政务＋城管＋警务＋便民高度融合，城市管理和服务水平迈上新台阶，为中外游客创造了旅游体验的最优环境。

5.3　阳朔县县域旅游发展的主要问题及原因分析

5.3.1　阳朔县县域旅游发展的主要问题

5.3.1.1　旅游市场混乱，价格不够合理

根据旅游大数据显示，较多游客反映阳朔地区旅游价格偏高，主要体现在景区消费较高，景点门票及游玩收费项目过多，停车场收费太贵；餐饮行业价格与服务都不太友好；本地居民与游客购买价格差距较大，部分店铺存在宰客现象。

---

① http://www.yangshuo.gov.cn/zfxxgkzl/gzbg/202103/t20210302_2001188.htm
② http://www.yangshuo.gov.cn/zfxxgkzl/fzgh/201805/t20180517_753075.htm

5.3.1.2　外来短期投机主义盛行，本地经营者被迫退出

随着旅游知名度的提升，西街吸引了大量的外来投资者，租金逐年攀升。西街铺租的上涨有几个明显的时间节点：一是 1999 年西街保护性整治工程对投资环境的改善；二是 2004 年《印象·刘三姐》的正式公演对国内游客需求的拉动；三是 2008 年左右从北京秀水街来到西街淘金的商人炒高了西街的房租，此后就保持虚高不降的增长态势。现在街上多数店铺的转租已经不是直接跟最初的房东签约，而是"二手房"交易。在租期变短、高租金压力之下，店铺转手率越来越高，大量商家可能会通过造假欺客、高价宰客等非正当手段参与市场竞争。至此，以诚信规范的商业环境著称的"西街现象"，已经成为历史了。

在经营成本暴涨的压力之下，20 世纪 90 年代成长起来的一批承载"西街故事"的老店在激烈的市场竞争中受到挤压，一方面吵闹的西街已经与这些老牌的咖啡店、西餐厅和住宿设施所营造的休闲氛围格格不入，另一方面这些老店的盈利空间有限，传统的经营模式也难以维持不断上涨的商业成本，导致一批有责任心的本地企业主逐渐从西街撤退。与此同时，上一阶段不以营利为首要目的的一批生活方式型旅游小企业主由于商业意识淡薄，经营内容和方式都难以适应日益膨胀的商业环境，加上西街已经丧失了闲适的生活氛围，与他们最初的创业动机冲突，所以退出市场是必然之举。尤其明显的是一些海外企业主，过去是以外国游客为主要接待对象，现在西街上外国游客越来越少，所以他们也跟着转到偏街或乡村地区开店、生活了。

5.3.1.3　政府事前干预缺位引起商业环境恶化

西街目前存在的诸多市场乱象中，房租与经营内容的失控被认为是市场失灵而政府没有提前干预规划的后果。客观而言，游客量增加带动地区的房租物价上涨是市场自然的规律。然而，当市场发展到一定程度的时候，阳朔政府没能及时履行"裁判员"的监管责任，既没有对西街上店面的经营内容进行审核调控或"归行划市"，保护传统老店和文化氛围，也没有对房租的涨幅有所规定和限制，导致西街的商业环境恶化，只遵循资本市场的功利主义逻辑，并且受限于租约期限，更多的是短期投机行为。不断上涨的经营成本最终还是转嫁给游客买单，以逐利型商家为代表的个体为实现自己的利益最大化，破坏市场规则的非正当竞争时而有之，如何解决市场失灵的负面后果成为当前西街面临的首要问题。

5.3.1.4　基础设施建设有待加强

对于景区景点来说，游客认为当地特色景点的基础设施不够完善，缺乏旅游

标识，停车位远远不够，缺乏无障碍设施；另外，对于城市整体来说，阳朔公共卫生间数量较少，环卫设施不足，垃圾桶数量不够。同时，共享单车的需求也得不到较好地满足。整体来说，阳朔景区景点与城市整体基础设施偏弱，有待进一步加强。

5.3.2 阳朔县县域旅游发展主要问题的原因分析

5.3.2.1 外来短期投机主义破坏了本地的社会资本

在市场经济和外来投资的冲击之下，本地社区以亲缘、地缘关系为纽带的社会资本被破坏，从传统的熟人社会过渡到流动性日益增强的陌生人社会，原来嵌入在人际网络中的声誉和信任互惠机制已经失去了发挥作用的社会情境，个体的行为越来越功利化，市场的力量超越了本地社区传统和道德的力量，从而把市场的逻辑不加限制地推广到社会，遵守规则的人反而被市场淘汰，产生了劣币驱逐良币的"柠檬市场"。在旅游的流动性场域中，由于多数的交易都是一次性的，游客在信息不对称的情况下很难对旅游购买行为产生反馈和监督。一旦约束机制不健全，市场的短期工具理性很可能会助长人性的贪婪，导致金钱和逐利成为自主调节的机制。

5.3.2.2 地方政府的治理能力跟不上旅游规模的扩张

阳朔虽然较早开放旅游，但由于地处漓江风景名胜区的生态保护范围之内，地方政府为维护环境牺牲了发展工业创收的机会，早在20世纪70～80年代就关停了很多工厂，旅游业随之成为战略性支柱产业。广泛的社区参与虽然在一定程度上改善了部分居民的生活水平，但前期的旅游收入不构成经济规模，旅游税收跟不上，因而阳朔县政府的财政能力较弱，欠缺主导旅游开发的金融资本，导致旅游设施建设跟不上游客规模的增长。进入旅游大发展期，市场规模扩张对目的地的接待能力及地方政府的治理能力都提出了更高要求。但是，阳朔政府并没有为国内大众游客的到来提前做好准备，导致旅游井喷后诸多负面影响的无序蔓延，再想去管制的时候又受限于治理能力和治理资源的匮乏，难以应对市场失控的混乱局面，导致治理失灵。

5.4 阳朔县县域旅游发展建议

5.4.1 提升政府预见性的监管，实现有效的社会管理

政府有预见性的监督管控和有效的社会管理是实现旅游地良好秩序的重要保

障。地方政府有必要为大规模游客的到来提前做好准备，干预并引导旅游地建立应对秩序，培育整个目的地成长为"学习型"的响应系统。在这个"学习型"的系统中，首先需要适当控制旅游发展的规模和速度，留给本地人足够的时间和空间去成长；其次，从地方政府到社区各个层面都需要提高旅游知识技能和管理服务水平，积极引进专家团队等第三方力量的专业咨询和培训指导，对当地社区参与旅游发展更好地"赋权"和"增能"，培育有责任心和较高地方依恋度的本地企业家成为市场经营的主体，进入管理层，有一定的话语权和影响力。当这些本地精英能够承担起政府的地方代理人的作用，将会助益于实现可持续的旅游治理，从而规避外来资本大量涌入可能造成的地方丧失控制力的负面后果。同时，这种"学习型"的系统有助于培育并维护地方的社会资本，强化"成员之间的社会联系、规范与信任互惠"，是非常重要的治理资源，在阳朔旅游发展初期的"西街现象"中扮演着重要角色，基于信任互惠的自主治理成为交易成本最低的优选，政府相对实现了"无为而治"。一旦旅游地社会资本的存量降低，政府监管执法的成本将随之提高。这就是旅游大发展期当外来短期投机主义占主导后，政府介入治理难度加大的原因。随着经济的发展与旅游地生命周期的演进，向"基于规则的治理"转型是地方政府的必然选择。

5.4.2 践行"两山理论"，强化宣传推广

自然资源的可持续发展是阳朔全域旅游的基石，应大力促进阳朔生态旅游和绿色旅游的发展。当前，个性化、体验化旅游方式火热兴起，民宿产业在阳朔迅猛发展，针对这一现象，要规范对民宿的管理，搞好民宿酒店、餐饮店等排污系统建设，特别是遇龙河、漓江沿岸村寨农家的排污，更要进行污水集中处理，同时要加强管控，确保民宿环境卫生、食品安全。另外，要特别重视做好漓江沿岸生态护岸环境保护工作，加大惩处力度，及时制止开荒毁林现象。严格执行漓江禁渔期有关规定，坚决打击电鱼、炸鱼、毒鱼及使用地笼捕鱼等违法行为，永葆漓江美丽景色。

与此同时，坚持宣传引导、加强阳朔旅游形象的推广，积极开展阳朔旅游形象的市场营销。"桂林山水甲天下"，其美景的精华在阳朔。在未来的发展中，作为广西旅游的经典品牌，阳朔应紧紧抓住旅游这一县域经济支撑产业，充分利用创建桂林国际旅游胜地先导区、国家全域旅游示范区、粤港澳大湾区发展等重大机遇，培育地域生态特色，优化资源配置，强化品牌宣传，发展"绿水青山之上、蓝天白云之下"的全域旅游和生态经济，释放更大的发展动能。

5.4.3 解放思想，全面理顺旅游发展体制

对制约阳朔旅游产业转型发展的难题，必须敢于担当，不断破题。一是破

解民宿产权问题。阳朔要打造以民宿为依托的乡村度假格局，促进民宿规模化、规范化、品牌化发展，必须加快破解产权瓶颈。阳朔县自然资源局要结合黄山、腾冲等地"点状供地"的经验和浙江"三权分置"的做法，迅速提出清晰可行的操作程序。二是旅游开发体制问题。针对当前旅游股份公司旗下的优质景区资源投入不足、面貌多年变化不大、经营收入下降问题，县文广新旅局要加强跟进，引进有实力、有影响的战略投资者，通过参股、股权回购等方式盘活县内优质旅游资源。三是城乡交通客运一体化。阳朔的旅游公交非常方便，这项工作阳朔也一直在谋划推进。要结合智慧阳朔、县游客转运中心项目建设，充分借鉴已有经验，将接驳公交场站、公交中心、调度中心、集散中心等功能统筹组成一张网络。

5.4.4 面向市场，形成百花齐放的生动局面

当前阳朔的旅游业仍以自然风光的游览为主，旅游产业与文化产业、餐饮服务、周边特色农产品融合不深，旅游产业与其他产业融合发展的格局不明显。发展文化景观的建设、打造特色美食、开发特色旅游休闲项目、培育周边特色产品仍然是阳朔全域旅游带动其他行业协同发展的努力方向。在促进文化与旅游的深度整合方面，要充分利用曹邺的名人效应，提炼曹邺的廉政思想、勤学精神、文学成就及为民情怀，尽快启动曹邺文化公园建设工作，把曹邺文化公园建成为一个党员干部廉政教育的基地、学生瞻仰和励志教育的场所、文人墨客开展文化交流的平台、游客来朔旅游观光的景点，进一步提升阳朔的文化品位和旅游的文化含量。

5.4.5 党建引领，推动各项工作落到实处

党建是做好一切工作的根本保障，加快阳朔旅游转型需要加强党建引领、政府运作、干部执行。一是强化党建平台的引领作用。对于阳朔来讲，组织部门要把"景村党建"抓得更实，把党小组延伸到涉旅产业链上，把党员服务驿站建在景区景点和旅游线路上，把服务平台搭在民声诉求上，把党员作用发挥在微岗位上。旅游发展过程中，部分群众破坏发展环境的问题，就需要我们党员干部去引领，去把工作做踏实，做到位。二是发挥政府平台的导向作用。阳朔的城乡公交体系由政府占股49%，桂林市交通投资控股集团有限公司占股51%并实际运营，而且运转良好。旅游作为阳朔第一产业，政府通过搭平台、给政策，全面撬动社会资本参与开发，让老百姓吃上"旅游饭"。同时，也要看准一些在短期内难以受益、企业和市场不愿投资，但关系产业发展非做不可的领域，由县里国企平台或者争取上级国企参与，先行先试，让政府也能吃上"旅游饭"。三是提高各项工作

的落实能力。阳朔作为旅游强县，各项工作十分繁忙，但他们对考察的接待亲力亲为，热情周到，体现了干部抓工作、抓落实的精气神。阳朔旅游各项工作，还是要靠干部去推动落实，全县必须"不忘初心，牢记使命"，全力以赴做好我们这一代人的事，把旅游转型升级推向深入，奋力打造全国乡村旅游及乡村振兴的示范和标杆，成为国际一流乡村旅游目的地。

第6章 绿色城区显魅力——青秀区

6.1 青秀区县域旅游发展概况

6.1.1 发展现状

青秀区,隶属于广西壮族自治区南宁市,是南宁政治、经济、文化、科技、教育、金融、信息和会展中心,是南宁及广西对外展示改革开放成果的"城市名片"。青秀区是广西首府南宁市的东大门,是广西和南宁市的核心区域,东盟风情的第一印象的窗口,是体现南宁市"绿城"的名片,也是凸显南宁商务旅游的代表城区。青秀辖区内街道宽阔,绿荫如盖,能体现中国绿城南宁"城在绿中,绿在城中"的城市风景(图6-1)。

图6-1 青秀风光

城区内形成了以中山路、新民路、民族大道、东葛路延长线、埌东为中心的五大核心商业圈和七星路精品服饰一条街、东葛路通信器材专业街、星湖路电子科技街、教育路文体用品一条街、桃源路和长湖路饮食娱乐一条街、中山路美食街、双拥路特色餐饮一条街八大商业街区。青秀区是中国唯一东盟博览会会址——南宁国际会展中心所在地。获全国科技进步先进城区、国家级全民健身活动先进单位、自治区双拥模范城区。

6.1.2 发展优势

6.1.2.1 丰富多彩的旅游资源

青秀区旅游资源丰富，被誉为"南宁市绿肺"的青秀山，绿树环绕，风景秀美；初春樱花盛开时的石门森林公园，总是以最美的姿态迎接八方来客；金花茶公园的茶花展，各种品类的茶花争奇斗艳；南湖公园，优良的水质加上适宜的气候，成为鸟类的天堂；凤岭儿童公园，有宽而平坦的大草坪、唯美的摩天轮，彩色的城堡仿佛童话世界一般；在方特东盟神画主题乐园，可以一站式"打卡"东盟十国，以独特新颖的主题乐园吸粉无数。在乡村，长塘镇巴兰坡金花小镇，是青秀区美丽乡村建设工作的成功典范，这里优美的环境、满山的金花，让自然的生态美展现得淋漓尽致；花雨湖生态休闲旅游区，四季常开的玫瑰是它的名片，四季都散发着迷人的风情魅力。

此外，青秀区每年都举办丰富的旅游节庆和民俗活动，每次来，青秀区展示的都是新模样。青秀·绿野音乐节，已经成为广西本土音乐的标志之一，充分展现了青秀区现代化都市创意。两届青秀·新青年戏剧文化季，成功将戏剧和剧场文化引入南宁，丰富了市民的精神文化生活。"壮族三月三"青秀区国际舞龙邀请赛，代表青秀区的芭蕉香火龙，以及来自国内外的舞龙团队，给观众奉上了一场民俗盛宴。古岳非遗音乐季，南阳镇古岳坡被誉为音乐之乡，南阳大鼓更是南阳镇的文化符号。另外，青秀区还是自治区级全域旅游示范区，这张名片所蕴含的不仅是美丽的风光，还有长期以来青秀区向人们展示的精神风貌（图6-2）。

图6-2 青秀·绿野音乐节

6.1.2.2 优越的区位条件

青秀区作为南宁市核心城区，住宿接待能力较强，拥有星级酒店数量遥遥领先，教育发达，是南宁市商务、会展旅游接待的首选。基于此，青秀区有着丰富的都市旅游资源，持续深化全域旅游创建工作，大力开发商贸旅游、会展旅游、购物旅游等业态，成功打造了南宁国际会展中心、会展·航洋城、289 上海新天地、万象城等商业旅游街区，以"一站式""情景式""体验式"模式，满足市民的吃、喝、玩、乐、游、购、娱等多种消费需求，形成了现代商业街区的新风尚。地处青秀区的东盟商务区是我国与东盟各国商贸、文化、旅游交流的平台和窗口。在这里，市民游客可近距离感受东盟各国风格各异的建筑、历史、旅游文化魅力，青秀区以特色化、精品化、品牌化为发展方向，以培育东盟名菜、名小吃、名宴、名店、名厨为抓手，以品牌连锁、特色经营、饮食文化建设为重点，积极发展东盟特色的西餐、酒吧、茶馆等休闲餐饮业，打造东盟特色餐饮聚集区。

6.2 青秀区县域旅游的探索与实践

6.2.1 发展历史梳理

青秀区是第一批入选创建广西全域旅游示范区的单位。理清资源现状，整理重点发展方向，指导青秀区创建全域旅游示范区工作有序展开。创建初期，青秀区把基础设施建设放在第一位，各景点、景区乃至整个城区基础设施全面升级。在乡村，连续三年累计投入 3.5 亿元，新改建农村公路 180 多千米、连通各个村及景区[①]。108 个村（社区）全部开通客运班线，并开通 4 条由市区到乡村旅游景点的旅游专线[②]；在市区，地铁、高铁组成的轨道交通与出租车、共享单车、共享汽车、公交网络等共同构建起便捷的都市旅游交通体系，民族大道、江北大道、青环路等总计 50 多千米旅游绿道、骑行专线将景点串连成线。城乡一体、以点带面，青秀区已初步形成了"处处皆景点、随地可休闲"的全域旅游新格局。

目前，以特色农业为核心，特色山水、特色民俗相辅相成，"三特"同步发展的休闲农业与乡村旅游格局正在逐步形成，青秀区乡村旅游已迈出高质量发展的新步伐。伴随着高质量发展的"东风"，青秀区一些乡村旅游项目开启了品牌化历程。在南阳镇古岳坡连续举办的"非遗音乐季"等相关活动为当地聚拢了更多的人气，由中国文物保护基金会非物质文化遗产保护专项基金管理委员会等打造的

---

① http://gxrb.gxrb.com.cn/html/2019-01/11/content_1566446.htm
② http://gxrb.gxrb.com.cn/html/2019-01/11/content_1566446.htm

"中国-东盟古岳非遗文化村"声名远扬。接下来青秀区将继续在乡村振兴战略的框架下发展全域旅游，发挥各乡镇的地缘、资源优势，助推乡村旅游再上新台阶。

6.2.2 坚持全域发展原则，深入开展全域旅游建设

青秀区委、区政府按照全景化打造、全地域覆盖、全资源整合、全领域互动、全社会参与的原则，深入开展全域旅游建设，着力推进旅游产品开发、服务设施提升、品牌营销宣传，加快推动青秀区旅游新崛起。

6.2.2.1 坚持规划引领，实施"多规合一"

创建国家全域旅游示范区是促进全域旅游发展的有力抓手，而全域旅游规划是创域的指南针。青秀区政府组织编制了以"创新、协调、绿色、开放、共享"为核心理念的《青秀区全域旅游发展总体规划》，指导与规划部署创建全域旅游各项工作，同时在城乡基础设施、公共服务设施和产业发展重大建设项目规划中充分考虑旅游发展需求，实施"多规合一"。

以"打破边界"的思维，拓宽规划的深度与宽度，提出从规划—实施—创建的一体化解决路径及方案，在规划过程中提出文旅融合、旅游扶贫、城乡统筹、景城共建、资源转型、生态依托等多方面的创新探索，辨析错综复杂的资源信息，形成条理清晰、严密扎实的规划，使规划有"灵魂"、有"骨架"、有"血肉"。规划通过整合青秀区的特色山水、特色乡村、特色田园、特色产业、特色文化等覆盖全域的资源，实现全域资源旅游化，扩容资源发展空间，构建点上发力、线上开花、面上结果的旅游发展的大格局，集聚打造旅游目的地。

6.2.2.2 党政主导推动，确保工作顺利开展

青秀区的全域旅游创建方案由党政主导推动，青秀区还成立了以城区主要领导任组长的工作领导小组，建立联席会议制度等工作机制，及时协调存在的困难和问题。同时，在人、财、物上予以优先保障，确保创建工作顺利开展。自2015年以来，城区财政每年安排旅游发展专项资金，用于城区重点旅游项目、基础配套设施建设等，有力促进旅游产业的发展。

6.2.2.3 促进全产业融合，实现"旅游＋"共融共生

以"旅游＋"为抓手，促进旅游业和三产的融合发展，积极推进旅游业和农业、工业、商贸业、教育业等共融共生共兴，打造农业与乡村旅游休闲点、工业旅游示范区、科技旅游基地、研学旅游示范区、红色旅游景点景区等旅游品牌，创造更多的旅游新产业、新业态，构建大旅游产业新高地。

（1）"旅游＋商贸"，打造时尚特色商业街区

青秀区成功打造商业旅游街区，满足了市民的吃、喝、玩、乐、游、购、娱等多种消费需求，形成了现代商业街区的新风尚。每天晚上在街区不同的地方上演街头艺人表演，有弹吉他的、有拉二胡和拉小提琴的，吸引众多人驻足欣赏。现在用不同风格包装主题街区，有集装箱重工业风格，有彩虹街及玫瑰花街，通过涂鸦定期更换不同的主题风格，很受年轻人喜欢。以南宁国际会展中心、东盟商务区为代表的商务会展游，以华润万象城、青秀万达广场等城市综合体和中山路特色餐饮一条街为代表的欢乐购物游，为青秀区旅游商贸实施跨界融合奠定了良好的基础。近年来，青秀区不断深化全域旅游创建工作，大力开发商贸旅游、会展旅游、购物旅游等业态，将旅游与商贸融合，以"一站式"大型商贸综合体、特色街区为支撑，大力发展"吃喝玩乐购"休闲旅游。

（2）"旅游＋文体"，打造高品质文化旅游线路

青秀区以丰富的文化旅游节为载体，吸引了大量旅游者。在文化旅游节上，可以观赏精美的古代服饰、聆听现代钢琴的天籁妙音、领略百里花海的灿烂、体验风情青秀的多彩民俗、亲近骆越的悠久文化、品尝乡间的特色美食。文化旅游节吸引了区内外游客前来，辐射效应凸显，青秀区辖区内刘圩镇、长塘镇、南阳镇、凤岭儿童公园、金花茶公园、广西科学技术馆、云顶观光景区、广西民族博物馆、民歌湖景区、横龙观光景区等各大景区游人不绝。青秀区借助"月月旅游节"活动平台，策划举办一些体现文化特色、具备规模档次、影响带动面广、具有明显经济和社会效益的旅游节庆活动。此外，每逢周末，南宁李宁体育园组织不同类型的趣味活动，为家庭搭建亲子互动平台，促进家庭亲子交流，吸引了众多市民参与其中，共享运动的乐趣。近年来，青秀区与广西光大国际旅行社签订合作协议，利用旅行社的市场及平台，开发、运营"魅力青秀·绿水双城一日游""魅力青秀·文化风情一日游""魅力青秀·乡村探秘一日游""魅力青秀·快乐亲子一日游"4条特色旅游线路，扩大青秀区文化旅游吸引力与影响力（图6-3）。

图6-3 2017年青秀区创意文化旅游节

(3)"旅游＋农业"，打造现代农业庄园

在金花小镇，游客能在风景优美的观景平台品幽幽香茗、听绕梁琴音；在村坡长廊，还有金花茶产品、长塘地道美食展销；金花茶糕点、甜瓜、火龙果、新鲜竹笋、生榨米粉、醇香米酒、冰淇淋粽子等食品，让游客的味蕾感受多层次的美味。青秀区借助争创国家级田园综合体的"东风"，积极为"青秀田园"综合体规划编制、方案制定及项目建设出谋划策，利用田园综合体建设资金促进农旅融合项目增点扩面和乡村旅游道路（绿道、景观道）等配套设施建设提档升级。同时，推动以花雨湖现代农业示范基地、田野牧歌肉牛养殖基地、长塘金花茶种植基地为代表的一批自治区、南宁市级农业示范区，以及以南阳镇古岳坡为代表的一批城区投资的市级城乡统筹示范村向旅游区转型。此外，青秀区还积极开展伶俐镇创建南宁市首批特色旅游名镇工作，较好提升了伶俐镇旅游接待环境及水平。青秀区还将与驴妈妈旅游网合作，整合辖区各品质景区资源，策划一批青秀"两日游""三日游"精品旅游线路投入市场，并利用驴妈妈旅游网"旅游＋土特产"平台，宣传与销售城区四镇农土特产，策划制作"青秀伴手礼"旅游商品，提升城区旅游形象。

6.3 青秀区县域旅游发展的主要问题及原因分析

6.3.1 青秀区县域旅游发展的主要问题

6.3.1.1 旅游基础设施建设薄弱

交通是制约文化旅游发展的瓶颈。发展旅游，交通先行。方便、快捷、舒适的交通基础设施是发展旅游业的重要基础。然而，目前青秀区 4 个镇与城区之间、4 个镇之间及景区景点之间的道路等级偏低，路况不佳，景区可进入性差。例如，长塘镇虽有柳南高速穿过却没有高速路出口，车辆需绕行 20 多千米才能到达；由于没有修建跨江大桥，伶俐镇的交通十分不便。另外，目前也没有通往 4 个乡镇景区的公交路线，大大制约了文化旅游的快速发展。

旅游服务配套设施不完善。目前 4 个镇没有一个旅游集散中心，也没有完善的旅游交通指示系统，更没有一个专门用于举办各种文化节庆活动的文化广场，一些大型的民族风情节庆活动只能在拥挤杂乱的农贸市场举行。这极大地影响了 4 个镇的旅游形象，大大降低了游客的关注度和参与性，对文化旅游的发展十分不利。

6.3.1.2 旅游接待服务能力有待提高

随着人们生活水平的不断提高，人们对精神文化的需要不断增长，出门旅游成为新的消费方式和生活方式,尤其是近郊乡村游,越来越受到城市居民的青睐。青秀区4个镇都在大力发展乡村旅游,但是由于目前乡村旅游开发仍处在初级阶段,宾馆、饭店等配套设施落后,旅游服务接待能力、服务质量跟不上,远不能满足消费市场的需求。

6.3.1.3 发展定位不明晰,特色不鲜明

青秀区文化旅游资源丰富,既有积淀深厚的历史文化,又有开放多元的现代都市时尚文化;既有绚烂迷人的东南亚风情,又有多姿多彩的传统民俗文化;既有国际会展中心又有现代农业产业示范区。然而在旅游开发过程中,由于缺乏整体系统的规划,旅游产业发展定位不明晰,导致重复化、同质化建设现象严重。虽然打出"文化青秀"的口号,但内容空泛,尚未树立起一个极具吸引力、特色鲜明的旅游形象。

6.3.1.4 缺乏具有竞争力的文化旅游拳头产品

青秀区景点较多但分布较散,而且单个资源的品位、规模和垄断性等都不够强,在国内外、区内外的知名度都不太大。旅游资源开发中仍以观光型旅游为主,对极具地方特色的文化旅游主题开发不够,旅游产品文化内涵不足,缺乏具有吸引力的特色旅游产品和景区,未能很好吸引外地游客。目前,青秀区的旅游项目大多是观赏性与展示性的项目,缺少具有现代特色的、参与型(如文化创意产业园和文化主题公园等)的旅游项目。

6.3.1.5 旅游专业管理人才缺乏

旅游产业的发展,人才是关键。从目前的情况看,青秀区旅游产业管理人才整体素质不高,高端旅游人才总量相对不足,复合型高端创意人才尤其缺乏。而且,目前青秀区也没有建立完备的非物质文化遗产保护和传承体系,一些非遗项目、传统技艺后继乏人,出现人才断层、青黄不接的状况。

6.3.2 青秀区县域旅游发展主要问题的原因分析

6.3.2.1 旅游管理体制不健全,县域发展后劲不强

旅游业是服务产业,管理水平、服务水平直接影响着旅游业发展,旅游是非强制性自愿行为,由于景区管理水平、服务水平差,挫伤了旅游情趣,使景区声誉受到不良影响。旅游商品多具有地方特色,是旅游业经济收入的重要手段。但是,使县域旅游商品独具县域特色,并形成批量生产和在旅游商品市场中占较大

份额的县还很少，大多是家庭制作，没有形成企业龙头；尽管是旅游商品收入占县域旅游业经济收入一定比重的县，其旅游商品的结构，附加旅游点纪念特征，款式，花色品种和价值等方面都不同程度比城市旅游业经济的旅游商品逊色，大有潜力可挖。

6.3.2.2 宣传力度不到位，没有形成核心竞争力

现代旅游业是一个开放的综合性产业，仅靠市场机制或旅游行政主管部门的努力难以实现其健康、稳步的发展。目前，青秀区的旅游发展以政府为主导，发展旅游业，但主导作用不到位。突出表现在于对本地旅游资源了解不充分，对旅游业在本县产业定位不准确；旅游规划编制缺乏智力支持、长官意志浓厚；旅游招商引资、宣传、推介力度小，资金来源渠道狭窄。由于上述原因导致旅游产业缺乏核心竞争力，县域旅游品牌没有形成，旅游消费市场仅限于境内和周边，让原本有价值的旅游资源变成了养在深闺中的"美女"了。

6.4 青秀区县域旅游发展建议

6.4.1 突出政府主导作用，营造良好的县域旅游发展氛围

政府主导地位是县域旅游经济发展的保证。党政"一把手"要抓好旅游资源和旅游市场的开发，其一青秀区政府要对本地资源有充分的了解，确定旅游业在本县应有的产业定位；其二转变观念，要从"小旅游"概念转化为"大旅游"概念，跳出青秀旅游看旅游，延伸旅游产业链使旅游开发效益最大化；其三要具备科学开发的态度，要以资源为依据，以市场为导向，以服务为中心，构筑青秀区县域旅游发展的新格局。

6.4.2 突出品牌意识，提高县域旅游核心的竞争力

旅游品牌是县域旅游的旗帜，是县域旅游经济健康发展的强大引擎，是县域旅游核心竞争力所在。打造旅游品牌实现品牌营销，是县域旅游发展的关键。青秀区首先要明确品牌定位，县域旅游是发展原生态旅游还是现代休闲度假游要有一个明确的发展方向；其次，要体现品牌的亮点，也就是说要突出当地的文化特色。通过深入挖掘当地文化，提升旅游品位；再次，注重宣传口号与形象。口号与形象是宣传推介旅游品牌的重要载体，集中了产品最本质的要素，通过强势媒体把口号与形象传播到消费群体，也就是客源地，影响客源地人们的选择。因此，要做好导流的品牌规划，使宣传口号与形象更具特色，更具吸引力，达到预期的

宣传推介效果。

6.4.3 优化旅游服务环境，提升旅游服务品质

县域旅游要以科学发展观为指导，倡导人与自然和谐的理念，突出政府主导、品牌经营、项目带动、制度创新四大战略，注重县域旅游与新农村建设相结合搞好农副产品旅游商品化，延伸旅游产业链。核心竞争力实现县域旅游经济由观光游向观光、休闲度假游等多元化选择的转变，由门票经济向产业经济转变。

基于此，青秀区应通过逐步改善乡村设施、推进旅游智慧化、不定期开展安全生产综合大检查，建立节假日旅游安全值班制度等举措，提升旅游服务品质。例如，开通市区到乡村旅游景点的旅游专线，持续开展"厕所革命"和"美丽乡村"建设工作，不断提升乡村旅游接待中心、旅游标志系统、驿站、观景台等配套设施建设，做到从城市到乡村都能给游客带来干净、整洁、舒适的旅游服务体验。

辖区内各个主要旅游景区要基本实现智能导游、电子、视频监控及 Wi-Fi 服务全覆盖；城区要不断推出微信公众号、微博、APP、微电影、网易直播、抖音、快手等多种智慧旅游平台，推动智慧旅游进入快车道。此外，城区还要不定期开展安全生产综合大检查，监督旅游企业建立节假日旅游应急预案与投诉处理机制，净化与优化旅游市场环境。

6.4.4 突出项目带动，加大招商引资力度

投入乏力是制约县域旅游发展的关键点。以项目作支撑，以政府投入为引导，切实加大招商引资力度，是破解投入乏力的根本方法。一是把大项目建设作为县域旅游发展的重要动力来抓。建立项目激励机制，动员全县上下，利用工作关系、人缘关系等各种渠道，积极引进旅游开发项目、争取更多的资金支持。二是以各种旅游节庆活动为契机，开展旅游招商。旅游节要精心策划、精心准备、精心实施，要办出特色、办出水平、办出效益，通过这个载体，搭建招商引资平台。

6.4.5 优化旅游产业结构，推动旅游提质发展

不断优化旅游产业结构，推进城市公共服务与旅游设施一体化建设。以实施乡村振兴战略为主线，精准推进"田园青秀"田园综合体建设，完善伶俐大桥、泉南高速长塘互通等交通网络，将金花小镇、古岳非遗文化村、田野牧歌、花雨湖等示范区、示范村串点成线，策划"产业＋旅游"精品线路，大力发展农旅融合经济。

6.4.6 强化教育培训，提供人才保障

加强旅游科学研究，构建引导旅游产业发展的旅游基础理论和理论应用体系。

以旅游产业发展需求为导向,创新旅游人才培养与发展机制,提高旅游从业人员整体素质,统筹旅游人才队伍建设。加强旅游职业教育和培训,整合利用各类职业教育培训资源,依托培训机构,分层次实施旅游在岗人员培训,规划培训各类管理人员,建立旅游管理高级人才引进机制,疏通旅游人才供需渠道。

6.4.7 加强基础设施建设,完善公共服务体系

着重以遇龙河、漓江两个区域为重点,创建遇龙河国家级旅游度假区和生态旅游示范区,不断完善旅游标识牌、码头、旅游公厕、步道、驿站、智能停车场、亮化工程等基础设施建设,促进全县旅游提档升级。针对县城停车位的设置、红绿灯等交通指示牌设置不合理的实际情况,优化县城交通管理模式,科学设置县城红绿灯和交通指示牌;在不影响车辆通行的情况下,在县城各路段划出停车位或建大型停车场,方便游客停放车辆,杜绝乱停乱放,缓解城区交通堵塞。

第 7 章 海岛旅游创精品——涠洲岛

7.1 涠洲岛县域旅游发展概况

7.1.1 发展现状

涠洲岛，位于广西壮族自治区北海市北部湾海域中部，北临广西北海市，东望雷州半岛，东南与斜阳岛毗邻，南与海南岛隔海相望，西面面向越南，岛的总面积为 24.74km²，是广西在北部湾海域中最大的岛屿，也是中国面积最大、地质年龄最年轻的火山岛，更是我国最理想的海岛型旅游度假目的地之一。目前为乡镇建制，岛上设有县级建制的涠洲岛旅游区管理委员会。从高空鸟瞰，涠洲岛像一枚弓形翡翠浮在大海中。以奇特的海蚀、海积地貌，火山熔岩及绚丽多姿的活珊瑚为最，素有南海"蓬莱岛"之称。涠洲岛火山喷发堆积和珊瑚沉积融为一体，使海岛南部的高峻险奇与北部的开阔平缓形成鲜明对比，其沿海海水碧蓝见底，海底活珊瑚、名贵海产瑰丽神奇，种类繁多。

除共性的资源和环境优势外，涠洲岛尤其具备适宜的尺度空间、适度的离岸距离、多样的热带海岛与人文资源及全季候特征。气候温暖湿润，资源丰富，空气清新怡人、富含负氧离子；拥有海洋珊瑚礁生态系统、火山遗址及特有的海岛风光，主要景点有鳄鱼山火山口、地质公园、天主教堂、三婆古庙、石螺口海滩、滴水丹屏、芝麻滩、嘉庆古炮台、海洋灯塔等，具有丰富的历史文化内涵。这些景点和要素为游客提供了最具真实感的海岛旅游体验，从而构成鲜明的竞争优势，具有令人期待的旅游发展潜能。1999 年涠洲岛被批准成立省级旅游度假区；2002 年成为省级地质公园；2004 年获批火山国家地质公园；2005 年名列《中国国家地理》评选的"中国最美丽的十大海岛"第 2 名；2010 年涠洲岛火山国家地质公园鳄鱼山景区被国家旅游局评为国家 4A 级旅游景区，《北海涠洲岛旅游区发展规划》通过国家旅游局组织的专家评审；2011 年广西壮族自治区政府正式批复同意实施《北海涠洲岛旅游区发展规划》，涠洲岛天主教堂被评为广西 AAA 级乡村旅游景区；2013 年涠洲岛荣膺中国旅游电视协会主办的第四届"中国最令人向往的地方"称号，国家海洋局正式批复同意建立涠洲岛珊瑚礁国家级海洋公园；2016 年 6 月 25 日，在国家海洋局举办的平潭国际海岛论坛上涠洲岛荣获"十大美丽海岛"。2017 年 7 月，涠洲岛旅游区被评为广西最受游客欢迎旅游目的地。2020 年 12 月

16 日，拟确定为国家 5A 级旅游景区（图 7-1）。

图 7-1 涠洲岛风光

在旅游业绩上，涠洲岛旅游数据逐年上升，旅游产业发展势头良好。因其独特的火山岩景观和秀美的滨海旅游资源，涠洲岛吸引着全国各地的游客不远千里到北海旅游，一览涠洲岛美景，品尝涠洲岛特色美食，感受涠洲岛海洋文化，了解涠洲岛悠久历史。每当春节、暑假、国庆旅游旺季，涠洲岛更是人山人海，游客每天多达几万人。据涠洲岛旅游区管理委员会统计，2019 年全年涠洲岛接待游客数量达到 162 万人次，平均每天游客接待量达到 4500 人，最高峰时每天接待 1.2 万人次[1]。2018 年涠洲岛接待游客数量为 138 万人次[2]，2017 年约 130 万人次[3]，2016 年为 88.4 万人次[4]，2015 年为 72.4 万人次[5]。根据统计数据来看，涠洲岛游客接待量从 2015 年开始大幅增加，这得益于互联网的发展，让涠洲岛成为一个网红海岛（图 7-2）。

---

[1] https://kuaibao.qq.com/s/20200922A03TRI00?refer=spider_map
[2] https://www.sohu.com/a/441836962_120711264
[3] http://xxgk.beihai.gov.cn/bhswzdlyqglwyh/qtzyxxgk_85474/jxzszl_88930/201807/t20180704_1687974.html
[4] http://www.yybnet.net/guangxi/news/201711/6714053.html
[5] https://mp.weixin.qq.com/s?src=3&timestamp=1609759140&ver=1&signature=rpVEwKGhjCdPbyjQGdBj0QRvRLVPWeJoF*O2NgWtVXwa6vXoftWM*ejAnAK2dfaLlB3Og0CW6tMD2vW29u9LZ53D2KpVOnjYL9IeM1WpZVBobtfvq3vzp0s1danU6CaYMuePD33ALDTyU*jUK-9-EA=

图 7-2　2015~2019 年涠洲岛接待游客数量

优越的地理位置和旅游资源，使得涠洲岛成为广西县域中较为突出的一个区域。在旅游竞争力的各项指标中，涠洲岛的新媒体评价指数最为突出，排在所有县域的首位，管理竞争力、专家评价、业绩竞争力和发展竞争力指标数值相当，业绩竞争力是发展短板。

7.1.2　发展优势

涠洲岛独特的资源特征和综合优势，使其有条件发展成为中国最具国际竞争力的全季候型海岛度假目的地，成为广西经济社会发展新的增长极。整体而言，涠洲岛的内部、外部条件都具有较大优势，主要有以下几点。

7.1.2.1　区位优势：优越的区位条件

涠洲岛处于国家"一带一路"倡议的"海上丝绸之路"始发港区域及泛北部湾经济区，区位优势明显。首先，涠洲岛是内陆经北海的跨国旅游必经之地，毗邻东盟自由贸易区及泛珠三角经济区，具有广阔的客源市场；其次，涠洲岛处于香港、澳门、海南岛及桂林等国际旅游热点目的地的区域中心，利于分享市场。而且涠洲岛不在城亦在城中，岛城互动，岛湾互动，这种独特的旅游战略优势形成了动与静融合、中端与高端和海陆空联动立体式开发战略。

7.1.2.2　核心优势：组合性极高的海岛旅游资源

丰富的地质地貌。涠洲岛位于广西沿海大陆架之上，3亿年以前曾是一片汪洋大海，2亿8500万年前开始一直处于陆地状态。直到5000万年前的古近纪，此处仍处于干燥炎热的大陆气候环境中。到2500万年前开始北部湾地区才大规模沉降，形成浅海陆棚，到300万年前北部湾北部海水又渐渐退去，一直到90万年前，涠洲岛又成为陆地，呈现风化剥蚀状态。气候仍然为温暖潮湿间或出现干旱。

之后的中更新世早期，涠洲岛又一次处于海平面之下，直到晚更新世后期，涠洲岛才完全上升露出海面，呈现出现今的样子。在 250 万年前到 7000 年前之间涠洲地区发生了至少 4 期数以百次的基性火山喷发，形成了岛上地层主体。这中间涠洲岛多次发生海洋风暴和地震及引发的海啸，加上平时海水与海岸的相互作用，形成了现今涠洲岛丰富多彩的海蚀、海积、海滩地貌。

从地质状况来看，涠洲岛为玄武岩台地，地表微微起伏，覆盖着一层厚厚的紫红色玄武岩风化物。岛的地势南高北低，南部东、西拱手一带最高，海拔均在 75m 左右，向北逐渐倾斜，到北部之北港村一带海拔降至 20m 左右，然后逐渐过渡到平坦宽阔的沙质海滩，地貌类型比较简单。涠洲岛的南半部以海蚀地貌为主，无论是海蚀崖、洞，还是海蚀台、柱都发育成熟；北半部则以海积地貌为主，有沙堤、澙湖、沙滩及礁坪。在海蚀地貌中又以南湾沿岸为典型。南湾原是一南边破口的火山凹地，被海水淹没形成海湾，其周围是火山沉积岩。在海浪和潮汐的交相侵蚀下，潮间带附近的岩石首先遭到破坏，便形成了呈层分布的海蚀洞穴，而洞穴上部的岩石失去支持后沿垂直节理断裂或崩溃下来，形成了陡峭的海蚀崖。南湾东侧猪仔岭脚下的海蚀台不但平坦，而且在其台面上经常可以发现很多火山弹击中形成的冲击坑。每当台面上的火山弹被冲走后，海浪还会挟带岩屑继续磨蚀那些坑坑窝窝，使之形成大大小小的圆桶状瓯穴。海蚀平台上有时会残留下一些坚硬的岩石柱体，这就是海蚀柱。猪仔岭就是一个巨大的海蚀柱，高 35m、宽不足 30m，长却有 100m 左右。

涠洲岛的海滩以宽阔平坦的沙质海滩为主，一般宽 150～300m，沙砾层厚 4～8m，平铺于玄武岩之上层部岸断间或有玄武岩出露。潮间带一般比较宽阔，最宽者可达 150m。潮下带宽约 60m，有珊瑚分布。珊瑚的下面就是礁坪。被波浪打碎的珊瑚残体很容易与壳沙砾等堆积胶结成海滩岩。涠洲岛北港一带的海滩岩从古泻湖一直延伸到潮下带上部，覆盖于玄武岩之上。

多彩的自然旅游资源。涠洲岛自然旅游资源丰富，拥有海湾、半岛、洞穴、湖泊、五彩沙滩、悬崖花蔓等。环境气候宜人舒适，空气负氧离子含量高，其气候舒适度高于三亚，处于全国领先地位；同时，涠洲岛丰富的火山地质遗迹景观，为涠洲岛旅游带来了巨大开发潜力，既可以开发火山奇观涉猎、科普探险等项目，又可开发火山泥 SPA、温泉养生、火山泥浴、泥疗等休闲养生项目，还可开发火山石古村落等火山民俗文化体验项目。其火山土壤蕴含丰富的微量元素，还可以种植出优质的农副产品。

深厚的人文旅游资源。涠洲岛深厚的海岛文化，构成海岛旅游开发的巨大动力，涠洲岛客家文化与疍家文化、农耕文化与渔家文化、海洋文化与中原文化、东方文化与欧陆文化等丰富的旅游文化资源，尤其是客家文化使涠洲岛成为休闲度假、养身健体的最佳胜地。涠洲岛产生具有强烈地域特色的客家文化，是由于涠洲岛是一块四周被大山包围的丘陵山地，在它的西面是罗霄山脉，东面是武夷山与九连山脉，南面是南岭，在罗霄山脉的中段还有一条雩山山脉与武夷山相连接，从而把江西的南部与中部隔开，形成一个对外相对封闭的自然环境。生活在涠洲岛的原始居民是与江西、福建、广东、浙江等南方地区同一族属的百越民，他们"各有种姓，互不统属"。秦汉以后，由于北方汉人不断进入该地区，使得百越民，有的成批汉化，有的被强制迁往江淮地区，有的则退出平原，进入深山老林，成了历史上曾经名噪一时的"山越"民。两晋之际，尤其是唐宋之际，由于北方不断遭受战争的摧残，农村经济凋敝，因而使得大批难民渡江南下，另求生计。在经过不断辗转迁徙之后，部分移民来到了涠洲岛，与当地土著相互杂居，并在相对封闭的社会与自然条件下，与土著民相互融合，从而创造出一支以汉文化为主导的、与周边文化相区别的地域文化，这就是客家文化。与中国沿海其他地区渔民一样，涠洲岛居民大多敬妈祖（当地人称为"三婆"，因妈祖在其兄弟姐妹中排行第三）为神明。涠洲三婆庙（又名妈祖庙，天后宫）位于涠洲岛南部南湾港北部，庙建于火山悬崖峭壁下，依山傍海，建筑别致。因原天后宫处在悬崖峭壁下面，非常危险，便在它的前面模仿新建一座天后宫。庙宇呈褚红色，院内有棵老榕树蔽日成荫。每逢年节、渔船出海和返航，居民用鸡鸭鱼肉、珠宝敬拜，每年农历三月二十三日妈祖生日和农历十月收获季节，渔民均举行隆重的庆祝仪式，谢三婆保佑平安、丰收之恩。此举当地人称给三婆"还福"。涠洲岛三婆出游活动每年都举行一次，一般为年末举行。

7.1.2.3 外部优势：国家政策支持与推动

改革开放以来，涠洲岛的旅游业发展一直得到中央和地方政府的高度重视。随着国务院批准实施《广西北部湾经济区发展规划》，涠洲岛所在区域的开发上升为国家战略。中国-东盟自由贸易区也已经建成。北部湾区域的经济社会格局正在发生前有未有的变化。新的形势为涠洲岛旅游业提供了难得的发展机遇，并赋予其崭新的历史使命。

此外，国家"一带一路"倡议的海上丝绸之路、中国-东盟自由贸易区和东盟博览会、CEPA合作、西部大开发区及北部湾经济区等国家战略和区域合作及国家沿边金融综合改革试验区等多重交汇的战略优势为涠洲岛旅游开发带来了巨大的机遇。国家"一带一路"倡议给北海旅游业的发展带来了新的机遇。北海作为著名的滨海旅游城市和古代"海上丝绸之路"的重要始发港，拥有发展旅游产业的区位优势、资源优势和产业优势。发展丝绸之路特色旅游，有利于加快"一带一路"旅游产业转型升级步伐。涠洲岛作为北海市旅游业发展的双核之一，具有广阔的旅游发展前景。

在国家"一带一路"倡议下，北部湾及连接的东南亚、大西南等区域都处于经济快速发展的黄金阶段，这些区域是东亚地区经济迅速崛起的重要力量，为涠洲岛旅游发展提供了快速稳定增长的旅游环境。中国-东盟国旅游航线开辟，如越南、泰国、马来西亚等国际航线开通，不仅让来自世界各地的游客领略涠洲岛的火山风景，更能够为涠洲岛国际休闲旅游胜地开发奠定坚实基础。

最后，文旅融合向纵深发展，促进了旅游产业的转型升级和消费需求的变化，大众从单纯的传统观光旅游阶段逐步上升到文化和精神消费阶段。文旅融合增强了旅游的体验效果，促进了文化产业和旅游产业的深度集合，催生了文化旅游业的蓬勃发展，是新时代产业供给侧和需求侧共同发展的必然。全域旅游的提出，使得旅游业的发展不再局限于点或面的单方面发展，而是更加倾向于点和面的连接，发展全域旅游将成为旅游业今后努力的方向，也是旅游业实现多元化发展的必然趋势。涠洲岛作为一个四面环海的岛屿，有独立完整的生态系统，且岛上旅游资源丰富，旅游景点遍布在面积适中的 24.47km² 岛内，景点间壁垒薄弱，有利于统一开发和管理，且人文资源与自然资源均丰富多样，是发展全域旅游、文化旅游的优良载体。由此可见，文旅融合和全域旅游战略将对涠洲岛的旅游发展起到一定的推动作用。

7.2　涠洲岛县域旅游的探索与实践

7.2.1　发展历史梳理

2001 年 12 月，海城区政府及涠洲岛旅游度假区管理委员会制定《北海涠洲岛旅游资源开发与生态环境保护规划》等相关规划，先后投资 700 多万元新建和完善国家地质公园标志碑、主题广场、火山地质博物馆、火山口公园、滴水丹屏、石螺口、芝麻滩、天主教堂等景点，以及景点道路、公共厕所、绿化长廊、停车场、景点标志碑、中英文解说碑等配套设施。该措施为涠洲岛的旅游产业发展打下了坚实的基础。

2010 年，《北海涠洲岛旅游区发展规划》的通过评审，涠洲岛成为继海南岛之后，中国第二个被明确定位为发展国际高端休闲度假旅游的海岛。根据《北海涠洲岛旅游区发展规划》，涠洲岛的旅游开发将遵循生态环保第一、严格项目建设审批的原则，建成"一湾（南湾风情度假湾）、一岛（斜阳岛顶级休闲度假岛）、两翼（石螺口休闲度假区、东岸国际社区）、三区（热带农业休闲区、西港物流控制区、北岸高端生态旅游度假区）、一海（海洋休闲运动区）"的格局。

2011年3月,《北海涠洲岛旅游区发展规划》获自治区批准实施;6月,《涠洲岛鳄鱼山景区创5A规划》获自治区旅游局批准实施;8月,《涠洲岛旅游区建设总体规划》获市政府批准实施。此外,《北海市旅游产业发展总体规划》《北海银滩旅游区规划》的修编工作全面启动。2011年8月26日,广西在涠洲岛启动总投资逾3亿元人民币的首批10个旅游基础设施项目,以生态环保设施为主的项目涵盖景区及道路绿化、地质遗迹保护、垃圾污水处理、游客服务中心及酒店设施等。

2012年以来,北海市开始推动包括海景精品酒店项目、国家地质公园旅游设施及配套设施建设项目、海滩景区建设项目、地质遗迹保护项目和绿化工程、灯光工程、城乡风貌改造工程在内的涠洲岛十大基础建设项目。基础建设项目的完成,极大地改善了岛上休闲度假的软硬条件,使涠洲岛旅游业进入新的发展阶段。

2016年,北海入选首批创建"国家全域旅游示范区",开始了全域旅游的初步探索,奋力舞起滨海旅游发展龙头,深入实施"旅游+"行动,开创了文旅互融、工旅互通、农旅互动、商旅互赢的局面;实施了千亿工程带动战略,重点打造包括涠洲岛在内的三个百亿级项目,加快涠洲岛整体开发,全力支持涠洲岛旅游区创建国家级旅游度假区,打造高端滨海旅游度假区;积极推进涠洲岛创建广西特色旅游名县。鼓励和支持涠洲岛旅游区、合浦县等县(区)村镇,通过"合作社+贫困户""经营者+贫困户""资源+贫困户"等方式,发展乡村旅游和民宿旅游,带动村民脱贫致富,增强村镇农民的获得感和幸福感。涠洲岛也以创建国家级5A景区和广西特色旅游名县两项工作为契机,不断完善旅游基础设施,优化旅游发展环境,提升旅游服务质量,提高居民安全感和游客满意度,全力加快海岛整体开发和建设的步伐,取得了显著的阶段性成果。除此之外,政府还加强生态环境保护,全面贯彻大气、水、土壤污染防治"三个十条",深入推进治污减排,强化环境保护执法监察。实施涠洲岛全岛垃圾分类及无害化处理工程,解决海岛供水瓶颈,确保海岛永续发展。

2016年年底,涠洲岛引进颐居美丽乡村解决方案,作为美丽乡村建设运营的专业服务平台,致力深度挖掘历史文化内涵,将分散的旅游文化、民宿资源进行重新整合和升级,促进旅游与农业、旅游与民俗文化、岛内各乡村融合发展,以此带动涠洲岛旅游产业经济转型。

2019年,《北海市2019年国民经济和社会发展计划》提出,北海要聚焦示范建设,全力打造向海经济,以创建国家全域旅游示范区为抓手,以推进旅游业高质量发展为动力,力争在2019年使得涠洲岛南湾鳄鱼山创国家5A级旅游景区通过国家验收;合理配置沿海资源,提高资源配置效率,构建滨海带状组团结构,提高组团内城市空间的紧凑程度,使得旅游和高端的旅游配套服务功能沿南部海岸带和涠洲岛集聚；加快标准化建设打造旅游品牌，深化推进旅游"厕所革命"；深化重点领域改革，以"多规合一"理念建立健全统一衔接的空间规划体系，提升涠洲岛的国土空间治理能力和效率；协调发展社会事业，加快建设北海市海城区涠洲岛旅游区医院等项目建设。北海市的支持，使得涠洲岛的旅游发展有了强劲的动力。

2020 年《北海市政府工作报告》提出，集中开发建设北海银滩、涠洲岛和钦州三娘湾、茅尾海及防城港江山半岛、京族金滩等休闲度假景区。开辟海上跨国邮轮精品线路，打造具有国际水平的亚热带滨海度假和海上运动休闲胜地，迎来属于涠洲岛的又一全新时期。

7.2.2 海岛旅游创精品模式

涠洲岛是中国最大最年轻的火山海岛，位于北海市南部海面的 21°N 的国际滨海黄金旅游带上，有着与夏威夷、加勒比海相媲美的世界顶级旅游资源。2016 年 12 月被列入国家"十三五"旅游发展规划海岛特色旅游目的地之首；2018 年被评为广西特色旅游名县、第一批广西特色小镇、中国品牌旅游景区；随着涠洲岛开发建设进程加快，北海市出台了《北海涠洲岛旅游区发展规划》，把旅游业作为海岛主导产业，坚持生态保护与旅游开发相并重、相促进原则，狠抓基础设施建设，着力打造优质景区，先后建成了南湾鳄鱼山景区游客中心、西角码头游客集散中心、海钓运动基地等一批旅游设施，一改过去"一流资源、二流开发、三流体验"的窘境。涠洲岛这颗"海上明珠"，正日渐流光溢彩，耀眼夺目。

（1）融入特色，高端定位，开发海岛旅游

涠洲岛拥有"火山"和"海岛"两大主题资源，优势突出，对于打造国际高端旅游有先天优势。因此，涠洲岛立足于自身的岛屿及资源优势，整合特色旅游资源，努力打造涠洲岛高端海岛旅游品牌，走"特色海岛旅游"的发展道路。

一是，涠洲岛开发建设初期，岛上的民宿多为低档次、低服务的农家乐，数量有限、功能单一，只能满足游客简单的住宿需求，没有用餐、用车、娱乐休闲等相关配套服务，卫生安全难以保障。许多旅游项目也只是处于初级开发阶段，游客难以有沉浸式体验。近年来，涠洲岛知名度不断提高，旅游热度逐步攀升，随着北海滨海旅游优势不断显现，慕名前来旅游观光的人数递增。涠洲岛政府及当地人民也不断开发当地旅游产业。例如，在民宿业上，涠洲岛传统珊瑚石房由居民开凿的珊瑚石块建成，外表粗粝沧桑，极富自然生态，是一种海岛特色景观，也是一种独特的旅游资源。为保护这些独一无二的珍贵珊瑚石民房，展现其价值，通过引入国内国际高端民宿或酒店品牌，先进的管理理念，避免大拆大建，充分利用涠洲岛特有的珊瑚石民房，完善相关配套附属设施，提高档次，并结合涠洲岛各区域的特点，如亲海、看日出日落、田园风光、赏民俗等，打造各具海岛特色的高端民宿群、民宿村，让涠洲岛时时可玩、处处是景。2019年1月，涠洲岛引入了实力雄厚的广西龙章易实业有限公司和惠商博通投资有限公司，签订了资金总额高达31.5亿元的项目协议。其中，投资约20亿元拟将涠洲岛圩仔村在内的100处民房改造升级为国际轻奢酒店，引入国际笙美酒店集团中国CMG管理模式建设；投资约11.5亿元，打造涠爱民宿酒店、火山泥浆浴等项目。

二是旅游新体验新项目增多。过去到当地旅游，要么就普通观光一圈，要么就到一些大排档饱食一顿海鲜走人。如今，涠洲岛成为了热门景区景点，推出的体验服务项目，如"飞越涠洲岛4D＋VR热气球"旅游体验项目，特色海上游产品和帆船、游艇、海钓、冲浪、潜水等海上运动项目也受到游客热捧。为了让游客能够感受到涠洲岛每年都要经历的台风，涠洲岛斥资500万元修建了台风体验馆，满足内地游客对台风的好奇心。同时修建的地质博物馆可以让游客更详细、更直观了解涠洲岛形成过程和火山喷发时的壮观情景（图7-3）。

图7-3　涠洲岛体验项目

三是凭借岛屿上的光、热、水、温等生态要素和岛上特有的火山灰富钾土壤，发展"旅游＋农业"业态。近年来，按照"规模化发展、龙头企业引领、品牌化经营、带动农户脱贫"的思路，采取"公司＋基地＋合作社＋农户"模式，涠洲岛大力发展糯米蕉产业，走出了一条绿色生态的产业发展和扶贫新路。在涠洲岛香蕉种植不断提升的同时，"香蕉＋旅游"得到创新发展，以岛中香蕉喂养的香蕉鸡、香蕉猪得到越来越多游客的喜爱。

多元化的发展之路，不断提升的旅游竞争力，为北海稳居全国海滨热点旅游城市再添证明。

（2）推进基础设施建设，提供生活保障

涠洲岛地处海岛，水电等自然资源供应较为紧张，这不仅关系着岛上居民正常生活，影响在岛游客的旅游体验，也制约海岛经济发展，因此水电保障的意义重大。为解决这些发展瓶颈问题，最近几年涠洲岛旅游区管理委员会积极推进岛上基础设施建设,涠洲供水(一期)工程已于 2019 年 1 月 8 日开工建设,主要建设 3 座总容积 1700m^3 高位水池及改造岛上输配水管网等,从根本上解决岛上供水民生大问题。北海管道燃气公司临时发电厂项目 2018 年已完成建设,年度增加 6000kW 电力供应,基本满足涠洲岛电力需求。此外,广西电网有限责任公司投资 15 亿元建设涠洲岛海底电缆工程,将涠洲岛电网并入市区电网,从根本上解决涠洲岛电源问题。同时,加大岛上垃圾处理力度,积极开展村庄污水处理试点,推进涠洲岛洗涤消毒厂、污水处理厂等配套设施建设,为涠洲岛的发展提供保障,为进一步优化营商创造优良的投资环境。

在配套设施上,北海涠洲岛旅游发展有限公司先后投资 3000 万元对五彩滩景区、鳄鱼山景区、滴水丹屏景区、地质博物馆进行了升级改造,升级改造后的以上 4 个景区拥有游客服务中心和大型停车场,同时还增加了很多个性化的指示牌及其他硬件设施。涠洲岛各个景区的面貌正在发生很大的改变,旅游体验度越来越好。

(3)政府牵头,加强管理,构建社会新格局

推进区镇融合,构建社会治理新格局。涠洲岛旅游区管理委员会被赋予县(区)一级政府事权,由于下辖只有一个镇,涠洲岛旅游区管理委员会从基层社会治理体制机制改革破题,打破体制机制壁垒,强化职能融合、功能整合,构建基层社会治理新格局。一是区、镇两级综治中心、网格化服务管理平台、综治视联网系统等社会管理综合治理机构合署办公。二是 2019 年协调市综合行政执法局将住房和城乡建设、自然资源、交通运输、生态环境、旅游文体广电、社会保障等领域执法权委托给管理委员会,执法工作由综合执法大队具体承担。三是与公安、消防、交警、市场监管、海事等驻岛单位建立联合工作机制,对涉及多个领域的社会秩序治理工作联合行动。

调解矛盾纠纷,建立旅游市场新秩序。随着上岛游客逐年增加,社会结构日趋复杂,村民和游客的利益诉求日趋多样。为了妥善应对新问题、新挑战,涠洲岛旅游区管理委员会 2019 年 9 月成立了广西第一个海岛调解中心——涠洲岛旅游区矛盾纠纷调解中心。截至 2020 年 7 月,矛盾纠纷调解中心共接到 106 起矛盾纠纷案件,办结 106 起,涉及金额 304356 元人民币[①]。特别是 2020 年春节期间,矛盾纠纷调解中心共受理岛上和网上纠纷案件 77 起,全部调解成功,共退还游客 287256 元人民币[②]。此外,涠洲岛也加强了对景区和旅游企业的监管,每天安排联合执法人员对游客比较集中的涠洲岛南湾市场进行监督,消除游客购买海鲜时遇到的缺斤短两的问题,在旅游旺季安排交警在重点区域实行交通引导和疏散,

---

① http://xxgk.beihai.gov.cn/bhswzdlyqglwyh/gzdt_85453/202007/t20200720_2242666.html
② http://xxgk.beihai.gov.cn/bhswzdlyqglwyh/gzdt_85453/202007/t20200720_2242666.html

让涠洲岛节假日期间旅游秩序井然有序。涠洲岛通过各个方面的努力，让游客不仅欣赏到了涠洲岛美景，还切切实实感受到涠洲岛优质的管理，感受到宾至如归的服务。

统一管理模式，实现经营主体新规范。完成岛上现有800多辆燃油观光车登记工作①，出台了新能源观光车管理办法。继2019年首批20台安全规范的新能源观光车上岛运营后，根据群众意愿，和柳州五菱汽车有限责任公司合作生产符合涠洲岛实际的新车型，在2020年12月前新进400辆观光车上岛。引进2~3家观光车公司上岛，以形成良好的竞争环境，提高服务质量。同时严格管控燃油汽车上岛审批机制，对岛上原有的燃油观光车进行回购，优先安排岛民在观光车公司上班。

（4）建设智慧海岛，树立文明旅游新风尚

涠洲岛旅游区正在加快推进智慧海岛项目建设，将在整合政府监控资源和民间监控资源的基础上，全面打造一个完善的三维立体化管理平台，通过分析前端设备采集的数据，做出准确的决策和调控，实现全岛规范化、智慧化管理。推进餐饮服务试点工作，通过在餐饮服务行业安装集消防、治安、门前三包的功能于一体的监控探头，督促业主自觉遵规守法，摈弃丑陋行为。此外，通过安装更多的监控探头实时具体地掌握岛上各行各业、各个领域、各个地区的情况，将公共区域完全展现在监控之下，以此促使游客与群众自觉履行真善美的行为，摈弃假丑恶现象，形成良好的社会风尚。

7.3 涠洲岛县域旅游发展的主要问题及原因分析

7.3.1 涠洲岛县域旅游发展的主要问题

7.3.1.1 缺乏统一有序的规划

涠洲岛旅游资源丰富，但缺乏统一的规划，使得目前涠洲岛的旅游开发相对混乱而滞后。这样的无序开发使得涠洲岛内的各个景点给旅游者一种没有层次、特点不鲜明、无趣的感觉，极大影响了游客的旅游体验，一方面，造成了涠洲岛旅游发展的口碑下滑，久而久之，旅游业发展显得举步维艰；另一方面，毫无章法的旅游开发，不仅浪费旅游资源，还会对自然环境造成难以弥补的伤害。

7.3.1.2 基础设施和旅游服务设施落后

涠洲岛四面环海，是一个与大陆隔离、相对独立的完整体系。其四面环海的

---

① http://xxgk.beihai.gov.cn/bhswzdlyqglwyh/qtzyxxgk_85474/jxzszl_88930/201912/t20191220_2112836.html

天然瓶颈造成交通方式单一、岛上客运码头等级不高、海岛承载能力弱，对涠洲岛的发展造成了极大的阻碍。

首先，涠洲岛航运和码头设施落后造成了涠洲岛物资和游客上岛不便，水上交通也还未成为一种旅游产品；其次，涠洲岛内物资较为匮乏，物资运输困难，且在开发初期，岛上居民对巨大的生态旅游价值认识不足，相关城镇规划实施滞后，岛民胡乱建设对岛上原生态风貌造成极大破坏，使海岛价值大打折扣。此外，涠洲岛经济发展相对滞后，海岛旅游业起步较晚，基础设施比较落后；生活用水用电设施落后，岛上常出现停水停电现象，但是海岛旅游业基础设施存在大投入、高成本和高风险的特点，岛上电力、交通和淡水使用成本高于陆地，亟须大规模的资金投入；岛上淡水资源匮乏，岛上污水处理率低，污水排放已造成芝麻滩附近的滨海礁石滩的污染。且信息不发达、医疗设施不完善等严重阻碍了海岛休闲业的发展。最后是旅游服务设施，岛上餐饮服务设施不发达，餐饮物价高昂，景点内缺乏各种娱乐设施及旅游纪念品的专卖店，景点的厕所问题和垃圾问题一直未得到妥善解决，网络服务、医疗卫生服务、公厕等设施都达不到国际旅游岛应有的标准。这一系列问题与实现国际休闲度假旅游的发展相距甚远。

7.3.1.3 产业结构缺位，产业定位不够清晰

涠洲岛作为北海海岛旅游的核心景区，产业定位不明，在国内缺乏统一的品牌形象。海岛游览、海岛摄影、火山地质、洞穴探秘、攀岩潜水、生存训练等科考旅游、科普旅游和探险旅游等项目虽在开展，可因整体形象不够鲜明生动，始终未形成轰动效应。虽然策划了一些形象宣传标语，如"醉美涠洲""涠洲岛——海上的香格里拉""北海有三宝：银滩、老街、涠洲岛"等，但这些宣传语并不具有国际视野。此外，涠洲岛的风土人情、火山海蚀地貌等海洋文化底蕴，客家渔民风俗及极其丰富的科普文化和中西宗教等人文景观没有很好挖掘，致使涠洲岛休闲旅游产品的知名度和美誉度不高。

7.3.1.4 生态环境资源保护力度不足

近年来，涠洲岛旅游产业成长较快，但旅游资源开发产生的环境污染对周边海域造成威胁。涠洲岛旅游旺季每天接待游客近万人次，带来超负荷的污染，如游船泄漏油污、游客遗弃垃圾、对珊瑚肆意攫取和破坏等。此外，工业的发展也对岛周边环境产生影响：中海油油气终端分离厂建成投产以来，大量消耗岛上淡水；岛西北侧建成的 30 万 t 原油码头，增加重大环境污染事件产生的风险，限制涠洲岛旅游价值的进一步提升。

涠洲岛在旅游开发中忽略海岛承载容积力、生态系统脆弱性等特点，对环

保护法律法规的执法力度不够，导致珊瑚礁破坏严重、土地开发过度、森林覆盖率过低及岛民关系问题等诸多问题制约发展。

7.3.1.5 开放开发理念滞后，缺乏海岛旅游开发联动机制

旅游业是一个综合性产业，涉及第一、第二、第三产业，开发能力强大。当前，在"互联网+"时代，政府尚未认识到海岛休闲旅游开发的战略地位和作用，没有将涠洲岛旅游资源放到全国乃至世界的范围进行分析、比较和评价，未从市场体系上对其做出应有的定位，总体上开发的力度不够大。涠洲岛和斜阳岛作为一个开发整体，一个单元体系，缺乏统筹规划和合理分工，海岛之间系统的联动性差，尚未充分展现出各岛的民俗风情和自身的独特性，缺乏区域间的市场竞争意识和横向联动机制。

7.3.2 涠洲岛县域旅游发展主要问题的原因分析

7.3.2.1 岛上生态环境脆弱，开发活动对海洋生态环境影响较大

涠洲岛作为独立的岛屿，其生态环境、生态系统是非常脆弱的，环境承载力不强，抵抗外来干扰能力较弱。岛上的林地覆盖率较低，仅在岛北端和南端有成片林地，岛上土地以耕地为主；远离大陆，四周被海水环绕，淡水资源相对缺乏，土层浅薄，岛上林木一旦毁坏将难以恢复，且活动的开发对海洋的影响十分之大，旅游资源开发产生的环境污染对周边海域造成威胁。因此，要发展旅游业，政府必须遵循"绿色发展、可持续发展"的方针，而这也是在涠洲岛的发展过程当中限制涠洲岛大力开发的原因之一。总体来说，涠洲岛的资源非常丰富，但从长远来说，资源又显得十分宝贵。因此必须对已有的资源切实加以保护，保护的目的就是为了更好地利用。

7.3.2.2 天气变化可能导致岛屿与外界的交通切断

北部湾地区冬季受大陆冷空气影响，常会出现伴随寒潮而来的强北风和西北季风；夏季受西南季风影响，时有热带低压、热带风暴、强热带风暴和台风等热带气旋产生。北海至涠洲岛旅游航线高速客船因海面阵风、台风和多雾等天气原因年平均停航 40 天左右，由此可见，天气对当地的旅游业影响仍是较大的，很多的旅游产品也难以开发。

7.3.2.3 旅游开发与岛屿承载力的权衡

2014 年 6 月，北海市政府办公室发布《关于印发涠洲岛旅游区上岛游客人数

控制工作方案的通知》（简称《方案》），规定涠洲岛旅游区单日上岛游客人数不超过 7000 人（不含涠洲岛居民、驻岛官兵及驻岛各部门工作人员），以便解决旅游高峰期景区人满为患的问题，营造良好的旅游环境。从岛屿的发展和保护而言，限制上岛人数是有利的选择。尽管无限量的游客能够带来肉眼可见的经济利益，但是对于涠洲岛而言，适量的游客才不会对当地环境承载力造成压力。因此，岛屿承载力是影响当地旅游发展的主要原因，政府也要去平衡好实际接待能力和旅游发展的矛盾。

7.3.2.4 短期发展与远期的可持续发展的矛盾

涠洲岛已经建设成能够满足基本要求的旅游设施，但基础设施简陋，旅游服务要素不完整，产业尚处于自为状态。从长远看，该岛面临发展大众旅游与中高端度假旅游之间的矛盾。大众旅游是海岛型旅游目的地发展过程中不可逾越的阶段。它可以迅速形成客源聚集，从而吸引投资和促进公共设施建设，在较短时间内形成较为齐整的产业要素。然而涠洲岛属于稀缺资源，其利用应符合最大效益和永续利用原则。为此，发展以高档度假为主的综合性旅游产业才是涠洲岛旅游业理想的选择路径，这也是目前涠洲岛的长期目标。但是，如何在大众旅游和高档度假旅游之间找到适度平衡，在远期可持续发展的同时能够兼顾目前的发展、及早抢占海岛旅游市场是关键议题。

7.4 涠洲岛县域旅游发展建议

对于全中国的绝大多数人而言，涠洲岛还属于披着神秘面纱的处女地，国人为之向往是自然而然的。因此，相关部门必须科学合理地利用现有服务资源，努力提高游客群体的上岛质量和有效管理，要有"国际思维"和"国际眼光"，遵循绿色发展理念，实现区域规划、环境保护与经济发展的统一协调，把涠洲岛精心打造成"国际一流"的休闲度假生态海岛。

7.4.1 明确核心价值，打造"慢活"旅游品牌

涠洲岛作为一个目的地，到底要呈现给世界什么？涠洲岛旅游的意象是什么？旅游卖的既不是资源，也不是产品，而是概念，即产品的核心价值，实质就是明确涠洲岛的旅游主题。主题可以是具体的、物化的景区景点，正像西湖之于杭州、园林之于苏州、云台山之于焦作；主题也可以是抽象的无形的资源，正如海南岛的阳光、昆明的气候；主题还可以是一种城市氛围，如大连的都市浪漫、成都的休闲气息、上海的海派时尚等。

对于涠洲岛而言,岛上独特优美的海洋自然资源、极具特色的海鲜美食文化、保存完好的中国海洋传统文化和近代西方人文景观、客家文明与疍家文明、农耕文明与渔家文明、陆地文明与华夏文明、西方文明与欧陆文明等文明资本,都是其核心资源,适合打造既有历史文化内涵又有南方海洋特色的康养体验和休闲旅游胜地。对这一独特的 IP 进行策划和营销,面向国内、国际两个市场推介海岛康养体验和休闲旅游目的地,能够吸引众多对海洋文化和滨水旅游感兴趣的人群登岛体验。

在休闲旅游的基础上,涠洲岛作为为数不多的热带气候岛屿,是全季候的度假旅游地,除了服务少量的观光客,应该主打"慢活"的模式,倡导"到涠洲岛慢活"的旅游方式。世界发展的步伐加快了,世人却愈发崇尚慢条斯理的"慢活"方式。"慢游"悄然盛行,意图以慢制动,通过慢节奏旅游舒缓压力,为游玩后再次投身工作储备能量。阻隔繁忙的工作,沉浸于大自然,享受人生的简单乐趣,这种细品时间的旅行方式,恰恰是现在快速时代弥足珍贵的"奢侈品"。"慢旅游"倡导的是用舒缓的节拍去实现旅游的进程,实现心中的诉求,舒缓的节拍意味着在更长的光阴维度中达到更少的目的地,从效力来看,它是完全区别于传统旅游形式中以尽量少的光阴旅游尽可能多的景点的,但从效益来看,它更加注重在温馨的行程支配中实现审美满意、精神满意和丰硕的体验满意。这就要求"慢旅游"目的地要有更深厚的内在价值,更值得玩味的旅游项目,更多元、异质的旅游产品,更新鲜的、人性化的开辟思想。而涠洲岛独特的海洋文化恰恰具有多元性和包容性,是最为适配的对象。相对"生态牌""发呆牌"和"美丽牌"这类其他地方争相出手的牌子而言,"慢活岛"无疑更适合涠洲岛。

7.4.2 加强顶层设计,做好海岛统一规划和管理工作

加强海岛开发活动的科学规划和管理结合,根据岛上具体情况做好海岛开发的统一规划,加强海岛资源开发管理,确保海岛资源合理、有效地开发利用,产生最大限度的经济、社会、生态环境效益。完善相应的管理体系和机构,进一步规范海岛开发秩序,贯彻优先保护海岛环境的原则,加强产业体系规划,实现经济发展和环境保护的协调发展。做好机构和机制改革,从顶层设计指导思想和有效路径,组建专门领导机构加以推动实施。

在全域旅游的时代背景下,涠洲岛在进行旅游规划的过程中,更要综合考量发展全域旅游给涠洲岛带来的整体效应,要将环境可持续发展的理念践行在旅游开发的每一环节,严格把控旅游开发对生态环境造成的影响,要坚持以绿色发展的开发理念贯穿于涠洲岛旅游开发的各个关卡,从发展战略目标、产业集群融合创新、自然资源和历史文化遗产保护和开发、近期及中长期措施等方面进行系统

化和全方位规划。一是应注重保持当地原有风貌，保留涠洲岛旅游业发展中优秀的、具有传承性的旅游项目，同时开发新的有吸引力的旅游项目，保持涠洲岛旅游的活力；二是切忌过度商业化，让涠洲岛淳朴的民风、优美的环境一直保留在游客的记忆中；三是促进景点之间的联动，加强景点间的道路美化优化和交通设施建设，使得景点间可以无缝衔接，尽可能减少独立的隔断设施，使游客在涠洲岛能享受到畅通无阻、自由随性的旅游体验。

7.4.3 打造文化旅游产品，丰富休闲娱乐项目

目前，涠洲岛的旅游产品主要是海岛观光旅游，在文化旅游和度假休闲产品上的开发不足，但是涠洲岛内有丰富的旅游文化资源，像疍家文化、客家文化这些文化旅游资源可以衍生出许多的文化体验活动，所以应当加速推进涠洲岛文化旅游产业的发展，创建涠洲岛文化旅游品牌，丰富休闲娱乐项目，推动涠洲岛向体验型旅游海岛发展。

首先，开发有竞争力的旅游精品产品和商品，提高现有旅游产品的文化内涵和服务质量，培育精品旅游产品。通过"互联网＋"，打造网络平台，通过智能聚合等手段，把单纯的旅游消费品有机结合在一起，形成各种组合服务产品。大力拓展旅游网站的业务，为客户提供一系列新的服务，建立并完善网上产品组合、网上预定、网上支付等功能体系，全面发展旅游电子商务，提升涠洲岛国内、国际知名度。

其次，着力打造涠洲岛境内各色文化景点景观，使其呈点展开，向线发展，最终实现面的"开花式"发展，使涠洲岛处处沉浸在地方文化的浓烈氛围当中，使游客在寄情山水的过程中不仅能够乐在其中，也能使其在心灵上有所收获。同时增加探险、体育、水上娱乐、康养等项目，如海岛探秘、攀岩、环岛骑行、冲浪、帆船游艇出海、火山泥 SPA、火山温泉等，丰富岛上旅游活动内容，满足游客在岛上的休闲娱乐需求。

最后，注重面向消费需求侧，努力提升旅游的文化内涵，向游客提供更多的满足旅游体验和精神消费需求的品质化产品和服务，走精品化的路线。满足消费端的高层次追求，旅游产品和服务供给侧改革创新寻求新的业态组合，向高品质文旅融合赋能。在互联网、云计算、大数据、物联网、人工智能、区块链等高速发展和广泛普及的当今社会，以景区为主要旅游平台的行业主体对文旅融合理应持开放的生态系统理念，注重以高科技和信息化为基础，发展文旅融合的智慧景区，进行深层次跨界和跨业态组合，深度挖掘文旅融合的 IP，增强传播力，拓展覆盖面，保持强大的吸引力和引爆点，打造高质量且具独特性的文旅精品，满足广大旅游者消费升级和文化旅游体验新需求，形成文旅融合

发展新动能。

7.4.4　加强基础设施建设和服务设施建设，推进智慧旅游服务

在交通设施上，制定科学合理的发展规划，从生态环境视角加大岛上旅游交通建设，加快客、货码头建设，增加客运量；增加高抗风能力客船及中高端客船数量，改善北海—涠洲岛旅游航线运力结构，以保证在风浪较大天气条件下北海至涠洲岛旅游航线的稳定运营，保证涠洲岛与大陆的物资和人员往来通畅，满足中高端游客的需求。进一步优化涠洲岛交通，加快环岛道路建设，建立电车、公交车、出租车、旅游包车等各种交通工具相结合的交通系统。

在医疗设施上，加强医疗卫生服务设施建设，完善涠洲岛乡村医疗服务体系实现"小病不出村，中病不出岛"，扩建涠洲镇中心卫生院，提高医疗服务标准，满足旅游旺季时可能产生的医疗需求，并出台针对游客的医疗应急预案。

在旅游服务设施上，加快休闲度假酒店、海岛精品酒店建设，逐步增加中高端旅游消费场所，加大力度培育岛上居民服务水平和发挥岛民功能性作用，提升涠洲岛接待能力和接待水平；提供完善的餐饮住宿服务，引进优质的旅游服务企业，提高旅游服务标准，以优质的服务留下更多的游客。

在网络服务设施上，实现旅游服务的数据化、网络化，构建涠洲岛全域旅游大数据平台，打造涠洲岛旅游专属 App、小程序，以便整合涠洲岛旅游资源及相关配套服务信息，为游客提供更便捷、优质的服务，同时收集、分析游客的旅游需求，帮助涠洲岛旅游服务有针对性地提升。

7.4.5　加大社会资本投资力度，拓展旅游投融资渠道

发挥政府在旅游投资中的资金导向作用，通过资金投向的导向性作用，调动旅游投资者的投资积极性，为旅游投资在重点区域和重点项目上的积聚发挥积极的作用。

社会资本投资旅游业已形成新的热点。大力吸引社会资本投资开发，拓展旅游投融资渠道。在这过程中，政府要联动投资企业处理好与当地社区居民的利益主体之间的关系、处理好与当地政府的长远利益关系，政府应积极对社会资本投资展开监控管理，使得各类社会投资真正成为涠洲岛旅游经济发展的支持动力。

7.4.6　宣传生态文明理念，加强涠洲岛生态环境、海岛资源保护工作

把生态文明理念融入涠洲岛海岛旅游业发展中，加大对海岛生态环境资源保护的力度。要以"全生态、全智慧、全融合"为抓手，全岛打造，全面提升，努力建设北部湾"海上明珠"。

一是以"全生态"理念，从严实施《北海市涠洲岛生态环境保护条例》。严格控制居民、游客生活污水和工业污水的排放，船舶、港口、石油平台含油污水进行集中处理达标后排放。建立海洋环境污染事故应急系统，提高公众生态环境保护意识，做好生态环境保护工作。开发过程中要珍惜和保护海岛独特资源，坚决贯彻保护与开发并举的方针和开发服从保护的原则，做好海岛资源开发可持续发展战略。二是以"全智慧"理念，在全岛 3D 建模平台的基础上打造智慧海岛。三是以"全融合"理念，建立全岛命运共同体，推动保护与开发的融合，推动旅游产业融合，推动全岛各方利益融合，推动党建、扶贫与经济工作融合。

7.4.7　加大质量体系管理，携手应对全球化挑战

服务质量是旅游产业发展的核心基础。应进一步完善旅游质量管理制度的制定，强化质量意识，提高涠洲岛在旅游者心目中的认知度、满意度和口碑认可度。树立"品牌就是质量"发展战略。建立旅游质量监督自动服务系统，设置专门的质量投诉、问答程序和系统，向旅游者提供有关旅游者正当权益维护和旅游应急处理等专业咨询服务。建立安全问责制度，对各旅游企业的设施设备按照《游乐设施安全技术监察规程》进行安全监察，确保旅游安全。

旅游管理部门应牵头，联合工商、卫生、公安、环境监测等部门，定期对旅游企业和旅游经营场所进行监督检查，规范各有关经营行为，保证质量。制定生态保护政策，优化旅游生态环境、提高生态环境质量、提高社会文化环境质量。抓住机遇，克服困难，将涠洲岛建成为北海休闲旅游的核心亮点，建成中国海岛休闲度假旅游的先导示范区，成为北部湾旅游的先导示范区，成为北部湾旅游发展引擎和动力岛，携手应对全球化旅游产业大发展的挑战。

第 8 章 民族旅游显特色——靖西市

8.1 靖西市县域旅游发展概况

8.1.1 发展现状

靖西市隶属广西壮族自治区，地处中越边境，当地属亚热带季风气候，年均气温 19.1℃，素有气候"小昆明"之称。境内以溶蚀高原地貌为主，山明水秀，以奇峰异洞、四季如春的自然风光闻名遐迩，又有山水"小桂林"之誉，是旅游、度假和避暑的理想胜地。

2002 年 6 月，百色地区撤地设市，靖西县隶属于百色市；2015 年 8 月 1 日，撤销靖西县，设立县级靖西市。靖西市总面积约 3322km²，辖 11 个镇、8 个乡，全市 90%以上是壮族人口[①]，是全国典型的壮族人口聚居地。在旅游竞争力各项指标中，新媒体评价是靖西市旅游竞争力评价指标中数值最高的。评价指数较高，百度指数关注度较高，百度搜索结果排名前列，说明靖西市注重运用新媒体营销及引导旅游者利用自媒体对旅游进行宣传。

8.1.1.1 旅游收入逐年上升，旅游业蓬勃发展

2016 年是"十三五"开局之年，也是靖西撤县建市伊始之年。面对新机遇新挑战，靖西市委、市政府确立了打造区域性中心城市发展目标，全力写好边贸、扶贫、旅游、城建"四篇文章"，打牢工业、农业两大基础，抓经济转型升级，抓落实惠及民生，全面开启了经济社会发展的新篇章。全市全年接待游客总人数 465.26 万人次，比 2015 年增长 37.5%；旅游总消费 44.98 亿元，增长 39.6%[②]。其中国内游客 463.08 万人次，增长 36.9%；国内旅游消费 44.4 亿元，增长 37.8%；入境游客 2.18 万人次，增长 5.1%；国际旅游收入 905.22 万美元，增长 12.8%[③]。旅游从业人数 8265 人，占城乡就业人数比例的 26.0%[④]。

2017 年，全市上下以迎接十九大、贯彻十九大精神为主线，紧紧围绕年初制定的经济工作目标，自觉践行新发展理念，经济社会发展提质提效，各项社会事

[①] http://www.jingxi.gov.cn/zjjx/jxgk/t445715.shtml
[②] http://www.jingxi.gov.cn/xxgk/jcxxgk/sjfb/tjgb/t428869.shtml
[③] http://www.jingxi.gov.cn/xxgk/jcxxgk/sjfb/tjgb/t428869.shtml
[④] http://www.jingxi.gov.cn/xxgk/jcxxgk/sjfb/tjgb/t428869.shtml

业持续进步，人民生活质量不断提高。全年共接待国内外游客 593.46 万人次，实现旅游总消费 61.27 亿元，分别增长 27.6%和 36.2%[①]。

2018 年，是贯彻落实党的十九大精神开局之年，是改革开放 40 周年和自治区成立 60 周年，是决战贫困决胜小康的关键一年。全市坚持以习近平新时代中国特色社会主义思想为指导，认真贯彻落实中央和自治区经济工作会议精神，全市经济保持了持续健康发展态势。全市全年接待游客总人数 751.36 万人次，比 2017 年增长 26.6%；其中，国内游客 748.79 万人次，入境游客 2.57 万人次。实现旅游总消费 81.61 亿元，增长 33.2%[②]。

2019 年靖西市旅游业蓬勃发展。全市 A 级旅游景区 9 家，其中，4A 级景区 6 家，3A 级景区 3 家，2A 级景区 0 家[③]；旅行社及分社 5 家，其中，国际级旅行社 1 家，国内级旅行社 1 家，门市部 3 家；星级饭店 6 家，其中，四星级 2 家，三星级 4 家。全市全年接待游客总人数 968.71 万人次，比 2018 年增长 28.9%，其中，国内游客 965.99 万人次，入境游客 2.72 万人次；全年实现旅游总消费 110.12 亿元，增长 34.9%，其中，国内旅游总消费 109.24 亿元，国际旅游（外汇）消费 1269.93 万美元[④]（图 8-1）。

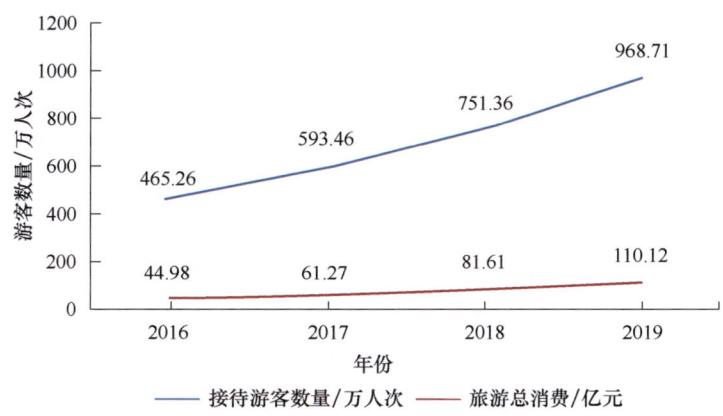

图 8-1　2016～2019 年靖西接待游客数量和旅游总消费

8.1.1.2　融入互联网，新媒体营销取得成效

靖西市是广西的边境旅游名城。众所周知，广西桂林因其"山水甲天下"而声名鹊起，吸引了国内外的无数游客，"风景小桂林"的宣传效应也使得靖西市旅游开始小有名气。近年来，靖西市委、人民政府抓住西部大开发的机遇，找准思

---

① http://www.jingxi.gov.cn/xxgk/jcxxgk/sjfb/tjgb/t428870.shtml
② http://www.jingxi.gov.cn/xxgk/jcxxgk/sjfb/tjgb/t428871.shtml
③ http://www.jingxi.gov.cn/xxgk/jcxxgk/sjfb/tjgb/t5823387.shtml
④ http://www.jingxi.gov.cn/xxgk/jcxxgk/sjfb/tjgb/t5823387.shtml

路、对准目标，主要以"风景小桂林，气候小昆明"为宣传载体，依托丰富的自然资源，提出构建旅游大县和建设西南边陲旅游名城的战略目标。

在推进旅游项目建设的同时，靖西市强化旅游营销包装。先后组织旅行社、景区、旅游企业等赴北京及其他华北地区、上海、厦门、云南及广西区内开展推介活动。与云南公投公路旅游开发投资有限公司合作，完成网络大电影《完美暑期之从雪山到大海》的拍摄工作，增加对外推荐宣传靖西旅游新模式。组织国内知名旅行社负责人到靖西踩线考察，推荐旅游线路。同时，充分发挥新媒体宣传平台，不断完善、更新、丰富靖西旅游网、靖西旅游官方微博内容，加大微信公众号信息宣传力度。通过采取一系列旅游宣传营销活动，提升靖西旅游整体影响力。

8.1.1.3 特色景区遍地开花，连点成线，实现联动效应

靖西市旅游资源丰富，东有古龙山峡谷群、三叠岭瀑布、通灵大峡谷、同德岩画；西有照阳关、灵山、黑旗军遗址、侬智高南天国遗址；南有旧州风光、鹅泉景区、十二道门古炮台、抗美援越遗址、爱布瀑布群、大兴山水；北有渠洋湖、胡志明洞。县城周围有主山、宾山、大龙潭、鹅字碑、中山公园、排隆山风景区、太极洞、叫喊岩等。

古龙山峡谷群由古劳大峡谷、新灵大峡谷、新桥大峡谷三个峡谷组成，全长6.8km，集山水之灵气，汇峡谷溶洞之精华，拥古容迎宾洞、百福洞、水帘洞三个暗河溶洞，携古龙瀑布出炼化潭，游刃三峡三洞，壮成奇观。古龙山各峡谷隔山相连，且地下暗河溶洞相通，自然原始植被种类繁多，达2000多种。峡谷河流常年不断，景色幽深。融"山、水、藤、林、洞、瀑、峡"于一体，具有"雄伟、险峻、幽深、奇特、绝伦、秀丽"的景观特色。景区环境优美，不仅有幽深旷野的峡谷风光、气势磅礴的瀑布、千姿百态的悬崖绝壁、苍莽浩瀚的原始森林，还有刺激惊险的暗河漂流（图8-2）。

巴泽梯田位于壬庄乡巴泽村，距乡政府驻地8km，距离县城35km，距中越边境线8km。梯田上下1000余亩，绵延数千米，不同方位呈现不同的景象。随着一批批摄友慕名造访，在一声声惊叹和欢呼中，古老而充满魅力的巴泽慢慢褪去神秘的面纱，以清秀的曲线美，以阳刚的背景和基调，和远山的粗犷呼应，定格成一幅幅立体的田园诗画。远望巴泽梯田，从坡脚到坡顶，拾级而上，块块梯田宛如一个个登天的云梯；田连着天，天连着田，高坡入云，坡静生韵。近看巴泽梯田，田块小巧玲珑，田中土壤肥沃，高山茶园碧绿青翠，水稻随风摆动，溪中流水潺潺。此时，听蛙鼓鸟鸣，闻稻花茶叶清香！目前，该地正致力将巴泽梯田打造成为一个生态旅游景区，部分基础设施已开始建设（图8-3）。

图 8-2 古龙山峡谷群

图 8-3 巴泽梯田

鹅泉，位于广西壮族自治区靖西市新靖镇鹅泉村念安屯西，距县城 4.5km，是靖西著名八景之一，也是亚洲第一大跨国瀑布——德天瀑布的源头，是中南地区母亲河——珠江的源头之一，已有 700 多年的历史。泉口属岩溶溶洞，据水文地质勘探资料，暗河主流长 21km，汇水面积 258km^2，枯流量 1.4m^3/s。泉水往东宣泄成为鹅泉河。

在泉中有一小竭,建有杨煴庙,庙前立有清代《鹅泉亭碑》等三块巨大石碑,石碑所载的大都是有史以来有关鹅泉的由来及题诗,古朴典雅,是研究鹅泉及靖西古代历史的重要资料。鹅泉风景区现有主要景点有鹅泉跃鲤、古桥、岜搭书、叫喊岩等。

古桥是鹅泉风景区的一个胜景,建于清朝年间,桥长约60m,宽1.5m,全为石灰料石组成,是由15个涵洞组成的石拱桥。长桥卧波,景色优美,气势壮观。据悉,鹅泉古桥是靖西保留得比较完整的古桥。鹅泉闻名天下的"鹅泉跃鲤鱼三层浪"引起无数中外游客的神往,明代皇帝赐封的"灵泉晚照"古石刻使鹅泉披上了神秘的色彩(图8-4)。

图8-4 鹅泉

旧州古镇,地处桂西南边陲,距离靖西市城区8km。与桂林同属喀斯特地貌,是一个山水如画、田园似锦、古迹众多、壮族民俗风情浓郁、人文历史悠久的壮族聚居地,素有"壮族活的博物馆""中国民间文化艺术之乡""中国文化产业示范基地""绣球之乡"等美誉。

旧州一带奇峰秀美,山水如画,田园似锦,四季如春的自然风光闻名遐迩,是靖西风光的缩影,也是旅游、度假和避暑的理想胜地。旧州内文物胜迹甚丰,明代建的张天宗墓园、岑氏土司古墓群,还有瓦氏夫人练兵台、文昌阁、古戏台、石桥古阁、老街旧巷等塑造了得天独厚的人文景观(图8-5)。

当地风土人情显著。徜徉在"绣球一条街"的石板路,让人强烈感受到这条依河而建的街道特有的风土人情,绣球、壮族刺绣、织锦、土司遗存、民居建筑、山歌艺术、壮剧、木雕、提线木偶戏、节日等民族文化保存丰富、完整,居民的传统技艺展示构成了一道极具地方民俗特色的风景线。

第 8 章　民族旅游显特色——靖西市

图 8-5　旧州风光

靖西市渠洋湖旅游风景区位于靖西市城西北方向 28km 处，总面积为 2469.9hm^2，总库容量为 9200 万 m^3，其中，湖面宽为 15540 亩，湖长为 15km，最宽处有 1km，是百色市的第二大人工湖[①]。若要一睹整个湖的全貌，就得泛舟北上，用四五个小时水程，置身其中，慢慢领略，或沿着湖边公路北上 15km 走马观花方可如愿。渠洋湖山环水绕，整个湖面形如两相向对接的大葫芦，南北对称。那些环绕湖边的群山，不像怪石嶙峋的西岳，不像高峭挺拔的泰山，也不像万木葱茏的大兴安岭，却有秦岭"连绵起伏，携手并肩"的容颜与风格。它们不仅成为渠洋湖的天然屏障，还成了渠洋湖一道迷人的风景线；山脚下湖两岸，坐落着几十个美丽的具壮族特色的桂寨，把渠洋湖点缀得更加迷人。白天，它们掩映在绿树丛中，往往给人一串玉缀的村舍倒映在明镜般的水面上，其现代气息比现代都市里的"水上世界"毫不逊色且因天然去雕饰而更富魅力；湖中，十几座独峰错落突兀，争奇竞秀，有的活像雄狮乍醒，有的似鲤鱼跳跃，有的仿佛田螺出水，千姿百态，生机万类。渠洋湖也是一片喀斯特峰林中的水泊风景；泛舟水上，使人联想到千峰环野矗立的水上桂林，然而，悠然之间，又能体味到江南西子湖上的宁静和惬意。湖内秀峰如林，水面烟波浩渺，岸边翠竹婆娑，炊烟缭绕，被誉为水上桂林，是水上娱乐、游览度假的胜地（图 8-6）。

8.1.2　发展优势

8.1.2.1　特殊的地理位置

靖西市位于祖国南部边陲、广西壮族自治区西南部，边境线绵长，南界越南高平省，边界线长达 150 多千米，北靠百色市和云南省富宁县，距百色市区 181km，东部与德保县、天等县、大新县为邻，距自治区首府南宁市 287km[②]，西连那坡县，是广西通往东南亚各国的重要门户，也是通往云贵高原的重要通道。当地少

---

① https://baike.baidu.com/item/%E6%B8%A0%E6%B4%8B%E6%B9%96/5246587
② https://wenku.baidu.com/view/7fecb00a482fb4daa58d4bda.html

图 8-6　渠洋湖旅游风景区

数民族风情、异国风情浓厚,是开发边境旅游和跨国旅游的理想之地。自 1993 年以来,靖西市与越南高平省的旅游部门合作,开通了边境旅游和跨国旅游业务后,从最初简单的周边城市出境、一日游发展到越来越多的多个城市游玩、一周甚至多周时间游玩,旅游开发的产品和种类越来越多,边境旅游和跨国旅游成为靖西特色旅游的重要组成部分。

8.1.2.2　丰富的旅游资源

靖西市旅游资源特色突出,组合度好,集自然气候、生态山水、边关览胜、民族风情、历史文化等众多特色旅游资源于一体。浓郁的边关特色和民族风情相得益彰,是"防城港—崇左—百色"边关风情旅游发展带上的重要节点,与越南红色旅游胜地——北坡胡志明革命圣地形成良好的资源互补。

自然景观丰富。靖西市自然景观很多,具有非凡的吸引力。峡谷有通灵大峡谷、古龙山峡谷;名山有主山、宾山、三牙山、三台山、排隆山、凤凰山、狮子山;湖潭有渠洋湖、大龙潭、连镜湖;名泉有鹅泉、金泉;洞有太极洞、湖润多吉洞、安德照阳关、龙邦音泉洞;瀑布有三叠岭瀑布、爱布瀑布、二郎瀑布;自然保护区有底定自治区级自然保护区、邦亮长臂猿国家级自然保护区。这些丰富的自然旅游资源为发展靖西市的旅游业提供了现实基础。此外,靖西地处云贵高原的南端,岩溶山原地貌,境内遍布独山秀峰,洞穴广布;大部分处在北回归线以南,属亚热带季风气候,夏无酷暑冬无严寒,气候宜人。

文物古迹众多。靖西是一个壮族聚居区,自唐宋以来就有不少内地的汉族人进入靖西,带来了先进的生产技术和文化,推动了靖西壮族社会的发展,特别是近代,清政府的移民实边政策使边疆得到进一步的巩固和繁荣。文物古迹是社会发展的历史见证,也是古代壮族人民智慧的结晶。靖西文物古迹主要有十二道门古炮台;古遗迹有旧州古镇、张天宗陵墓、岑氏土司墓、南天国、黑旗军;还有烈士陵园。人文资源景观有旧州壮族生态博物馆、靖西市壮族博物馆、鹅字碑、同德壁画等。

8.1.2.3 独特的民族风情和民俗文化

靖西市历史悠久，据县城宾山出土的新石器时代生产工具推断，靖西早在1万多年以前就有人类居住，属百越族的西瓯、骆越部落支系。千百年的历史积淀，使靖西形成了独具特色的壮族文化，创造出了许多优秀的民族文化遗产。靖西市民族风情的特点是由靖西所处的地理环境而有别于其他壮族地区，比较典型的有抢花炮、歌牛魂节、鹅泉观跃鲤、满月逛街、泼泥端午药市、中秋兔子灯会、期姑等活动；有壮族的山歌、采茶舞、春牛舞、鸿鹄舞、马鹿舞、绣球舞、闹锣舞及苗族的芦笙舞等活泼、参与性强、民族特色浓郁的歌舞；有古朴典雅的饮食文化，如大粽粑、彩糍粑芽及果蔗、糖梨、蚬木砧板、麻鸭等。

多彩的民族工艺及丰富的土特产品。对于旅游产业而言，旅游产品也是重要的一环。因此，大力发展民族工艺和土特产品，既是旅游的重要内容，也是发展经济的重要思路。靖西市有生产民族工艺的传统和经验，如靖西市的旧州街，有制作壮族绣球的传统，这里男女老少家家户户制作绣球，成为靖西有名的绣球一条街；其他民族工艺产品的品种有壮锦系列产品，如被面、背袋、挂包、头巾、床毯、台布等；刺绣系列产品有绣花披肩、台布、围裙、背带绣球包、绣花鞋帽及床上用品等；扎染系列产品有门帘、裱巾、台布、衣服等。

丰厚独特的民俗文化是铸造旅游品牌的财富。靖西市民俗文化丰厚而独特，这一宝贵的资源为靖西市打造民族特色旅游品牌奠定了良好的基础。

一是"那"文化。靖西市具有内涵深厚、特色鲜明的稻作文化，即"那"（意为水田）文化。在长期的稻作农耕实践中，人们形成了据"那"而作、依"那"而居、赖"那"而食、靠"那"而穿、因"那"而乐、以"那"为本的生产方式和生活模式。随着稻作季节而举行的各种传统节日至今仍盛行。"那"文化是靖西壮族文化的代表和缩影，反映和体现了靖西壮族农业传统文明。

二是干栏文化。越人故有的本原文化原有7种，唯有干栏式建筑传承至今，而其他则被民族历史长河所淘汰，由此可见干栏文化之珍贵。在靖西，壮民们喜欢依山傍水而居，村落多沿山脚自下而上，呈"品"字形梯状排列，传统民居就是干栏式木楼。建筑材料主要采用当地木材、石料、泥浆，柱脚一般垫有50～100cm的柱状石墩，阶梯用条石垒砌，后墙及侧墙一般用直径2～5cm圆木编成骨架，外用红泥和稻草搭筑。一般分三层，顶层放粮食及杂物；中层住人及放置日常生活用品；下层养殖畜牲和放置农具。壮族的干栏式建筑被称为中国五大古代建筑遗产之一，挖掘和打造干栏文化品牌可以通过以下途径：深入民间搜集干栏建筑艺术的精髓，并提炼升华形成理论体系，在此基础上在景点建造干栏式建筑，摆设壮族干栏民居实物，展示干栏建筑艺术。

三是壮绣文化。传统的靖西壮民多用自织的土布做衣料，款式多样，颇具特色。女子的服饰一般为一身蓝黑，裤脚稍宽，头上包提花毛巾，腰间系精致的围裙；男子多穿对襟上衣，腰间系一条腰带。另外，当地的绣球和壮锦也远近闻名，靖西被誉为"绣球之乡"。靖西绣球是民间一种针绣手工艺品，造型美观、制作精致、寓意丰富。据传起源于明代，原为男女表达爱情的信物，现已成为馈赠礼品、纪念品和吉祥物。壮锦是中国四大名锦中唯一的少数民族织锦，以色彩绚丽、图案别致、结实耐用而驰名古今中外。靖西的壮锦是壮绣中的代表，其绣法主要有织锦、刺绣、堆绣、托绣等，可与苏绣、湘绣齐名。挖掘和打造壮绣文化品牌可以通过以下途径：①设定旅游刺绣点，或观赏、实践，让游客能够亲身体验绣球、壮锦的制作过程；②对壮锦、绣球进行工艺技术和产品种类的研究开发，使民间手工壮绣产品能为当地旅游产品市场增光添色；③增强品牌意识，及时注册商标，保护知识产权形成品牌；④在旅游旺季举行刺绣比赛，形成宣传效应的同时丰富旅游内容。

四是歌圩文化。广西是远近闻名的"歌海"，而靖西则被比作"歌海里最绚丽的浪花"，靖西山歌种类也相当丰富，在唱法上，既有单声部又有多声部；既有单人唱又有双人和多人唱。在表达内容上，既有唱男女之间爱情的，也有唱生产丰收和歌颂党歌颂新生活的。值得一提的是，靖西山歌大都是多声部的民歌，"大二度"和声就是壮族人的发明。这种难度最大的多声部，曾经使西方音乐界感到震惊，他们认为不科学的和声却被壮族人用嘹亮的歌声演绎得非常动听，这些打破了西方音乐界对中国"没有多声部"的偏见。挖掘和打造歌圩文化品牌可以通过以下途径：①重点对"三月三"歌圩节进行打造和宣传，形成歌圩品牌并将之融入旅游；②注重对各乡镇歌圩的建设，使山歌爱好者有较好的对歌环境，并利用各个乡镇的歌圩有组织地开展山歌比赛，产生各歌圩的"歌王"，以此形成宣传效应并为"三月三"节歌圩做好相应的准备工作。

五是壮医文化。在靖西，壮族医术至今仍颇受推崇，如刮痧疗法、灯草灸疗法、竹管疗法、熏洗疗法等。每年端午药市在靖西都相当地隆重而热闹。端午药市是靖西草药贸易和医术交流的日子，是各乡镇村寨的草医药农及知晓一方一药的群众都向往的节日。端午药市对当地老百姓而言意义重大，传说当日游药市可以饱吸百药气，可以减少当年的疾病发生。挖掘和打造壮医文化品牌可以通过以下途径：①办好每年的"五月五"药市，"壮药搭台，经济唱戏"，加大宣传，提高知名度，使其成为颇具影响力的壮药展销会；②在"五月五"药市中搜集各类特色药材，将之开发成旅游产品。

8.1.2.4　时代潮流和社会情势创造了契机

目前，时代潮流和社会情势为靖西旅游开发开创了前所未有的大好机遇，迎合潮流、审度情势、抓住机遇，将使靖西的旅游获得更大的发展。

首先是"人文旅游""民俗旅游"在国内外掀起热潮。越来越多的游客日益对古老的文化、具有地方特色的民俗风情产生了浓厚的兴趣。目前，无论发达国家和发展中国家，民俗旅游均受到人们的重视和关注。在国内，深圳中国民俗文化村汇集了全国几十个民族的灿烂文化，昆明云南民族村也展示了云南 25 个少数民族的风俗，在广东，岭南文化、客家文化和连南瑶族风情的旅游开发也是目前的关注热点。正如著名的美籍华人物理学家杨振宁所说："中国的民俗文化才是第一观光胜地"。"人文旅游""民俗旅游"之所以兴盛起来，主要的原因就是在现代旅游中，游客不仅希望能享受到"眼睛的盛宴"，更希望在旅途中感受到景色背后的人文、特色民族风情，这对靖西市特色民族旅游的开发是一个大好的机遇。靖西应该积极地发挥其得天独厚的旅游优势，充分开发和利用民族文化资源，迎合当今的旅游发展趋势，不断满足国内外旅游者的需要，促进自身旅游业的发展。

其次是民族文化保护日趋成为社会各界所关注的热点。我国是文化遗产大国，5000 年的古老文明、漫长的农耕文化历史，以及 56 个民族多元化的文化生态，使民族民间文化艺术资源十分丰富且具有极高的价值。目前，受到许多条件因素的影响，民族民间文化的生存环境日益恶劣，许多文化遗产正在迅速消失，近年来，文化遗产的抢救和保护工作已经引起了党中央和国务院的高度重视。随着抢救和保护民族民间文化遗产呼声的日益高涨，靖西丰富的壮族传统文化也引起了国家及社会各界的重视与关注，靖西市的旅游开发也将受到社会的更广泛关注。

8.2　靖西市县域旅游的探索与实践

8.2.1　发展历史梳理

自 1993 年以来，靖西县与越南高平省的旅游部门合作，开通了边境旅游和跨国旅游业务后，靖西市的旅游产业开始蓬勃发展。

2012 年，靖西县坚持抓文化产业和文化精品生产，坚持文旅结合，努力打造以壮锦、绣球等特色的民间技艺品牌，逐步实现文化旅游资源向产业优势和竞争优势转化，被国家文化和旅游部授予"中国民间文化艺术之乡"称号。同年被评为"广西十佳休闲旅游目的地"，2013 年被评为"全国旅游标准化省级试点县"。

2013 年，靖西县被列为广西首批 20 个特色旅游名县创建县之一，2016 年，靖西市入选首批国家全域旅游示范区创建名单。自此之后，靖西市开始以创建广西特色旅游名县为抓手，以创建国家全域旅游示范区为统领，按照"六个抓好"的标准要求，举全市之力开展创建工作，努力构建旅游开发主体多元化、旅游产品精品化、市场运作规范化、组织管理高效化的"大旅游"格局。

2016年，靖西在创建"地理标志产品保护""广西服务业品牌""广西著名商标""广西优质工程"等品牌工作上取得了良好效果。在开展创建"地理标志产品保护"行业工作中，靖西申报了"靖西大麻鸭"和"靖西田七"2个地理标志性产品，其中"靖西大麻鸭"获得了国家农业农村部"地理标志保护产品"认证，有效地保护了"靖西大麻鸭"这一传统名优产品；在开展创建"广西服务业品牌"行业工作中，广西通灵大峡谷旅游有限责任公司获得了"广西服务业品牌"荣誉称号，为靖西写好旅游文章再创佳绩注入新生动力；在开展创建"广西著名商标"行业工作中，全市有"隆邕""巴菏""农明丰""德一""蓬泉""绿康原""靖佳香""民泰兴""湖润腾飞""家宝石香猪""家宝食香猪""家宝腊香猪""化峒小花猪""龙威""靖味鲜"15件商标成功注册，使全市有效注册"广西著名商标"量达到152件；在开展创建"广西优质工程"行业工作中，靖西市财富广场获得了"广西优质工程"荣誉称号。

同年，该市利用"防城港—崇左—百色"边关风情旅游线路靖西重要节点优势，以全域旅游融合发展模式统揽边关风情带发展布局，共推、共创中越边关风情旅游品牌。引进投资集文化体验、休闲娱乐、餐饮住宿、商务接待、生态养生等功能于一体的大型文化旅游项目《靖西印象》，策划包装"城区—沿边景区—龙邦口岸""万生隆—旧州—鹅泉—城区"的边关风情带主要旅游环线，举办了中国-东盟边关风情带全域旅游（靖西）高峰会，引入景域国际旅游运营集团、广西旅游发展集团、伟光汇通文化旅游投资集团等投资集团共同推动边关风情带规划建设，为靖西旅游持续发展积蓄力量。加快推进旅游项目建设，优化旅游发展和接待环境。强力推进长丰国际大酒店、靖西旅游集散中心、汽车露营地等一批旅游项目，推动靖西印象、龙河古村度假山庄等一批旅游招商项目签约，以项目聚集旅游产业要素，推动靖西旅游产业结构优化升级。同时依托边关独特区位和优势资源及万生隆等重点项目平台，积极申报中越跨境旅游合作区及边境旅游示范区工作，并向国家旅游局上报相关证明材料。目前，国际绣球城、小城故事美食城等旅游综合体已开街运营。

2017年，以旅游为主导的第三产业蓬勃发展，获得"中国绣球之乡"特色区域荣誉称号，五岭自治区级森林公园获自治区批复，创建广西特色旅游名县取得重大突破，最终在2018年获得第四批"广西特色旅游名县"的荣誉称号。

8.2.2 民族旅游显特色模式

多年来，靖西努力完善各项旅游基础设施，不断提升旅游接待服务水平，优化旅游整体环境，同时依托壮族民俗文化，积极打造民族文化品牌，将民俗文化中的壮歌、壮舞、壮医、壮绣、美食等与旅游相融合，挖掘出更多让游客充分参与的民俗文化内涵，使旅游与民俗文化形成良性循环，让旅游创意产业成为壮族文化传承和发展的载体。

8.2.2.1 挖掘自然和人文资源，落实全域旅游示范区创建

挖掘旅游资源，通过项目的提升促进产业开发，促进文旅产业联动发展。例如，申报"中国绣球之乡"、保护和修复旧州壮族民居、修建旧州壮族生态博物馆等，扩大旧州知名度，吸引更多人旅游观光。把保护开发民间民俗文化融入旅游行业中，如在景区、酒店表演壮族民族歌舞；将靖西酸野、粽子、糍粑、山楂系列等十大风味小吃作为旅游产品推介；把端午药市、"三月三"歌圩节和七夕绣球文化旅游节等民俗节日活动与旅游推介活动共同打造。利用靖西特殊的区位优势，把具有边关特色和爱国主义教育意义的龙邦、岳圩口岸、十二道门古迹、南天国遗址和胡志明与壮族人民陈列馆等作为重要旅游景点来打造。

强化组织领导，明确创建方向，全力推动全域旅游。2016年2月，国家旅游局将靖西市列入首批创建国家全域旅游示范单位后，靖西立足边关、山水、气候特色等优势资源，创新理念，破陈出新，提出"组团引爆、景区引领、边关引客"发展理念，全面推进"一厅三园一带一天堂"六大板块（建设城市会客厅、古龙山大峡谷国家地质公园、渠洋湖国家湿地公园、铝土矿国家公园、中越边关风情带、龙邦保税港购物天堂），致力打造中国特色边关山水文化体验和休闲养生旅游目的地。将该市 3322km^2 土地作为整个 4A 级景区来打造，着力推进靖西边关风情带全域旅游建设，突出特色资源，进行融合特色文化的综合提炼，设计特色载体，形成靖西旅游特色。例如，推进靖西通灵大峡谷 5A 级景区的创建工作，树立标杆性景区，辐射带动靖西以山水为代表的旧州、鹅泉、渠洋湖、龙潭湿地公园等景区的发展。制定《靖西市创建国家全域旅游示范区实施方案》，成立以靖西市委书记、市长任组长，市直 20 多个部门和 19 个乡镇主要负责人为成员的靖西市创建国家全域旅游示范区工作指挥部，下设全域旅游综合协调组、旅游产业开发组等 7 个工作组，由市创建国家全域旅游示范区工作指挥部负责协调推进各组工作，实行合署办公，建立创建保障的协调联动机制，形成分工明确、责任落实、相互配合的创建工作格局。目前，各大组团景点建设和升级工作正在稳步推进，形成了丰富多彩的景区景点。

8.2.2.2 多方统筹推进，完善旅游发展各要素

突出高标准规划，合理布局发展空间。根据《靖西旅游发展总体规划》，融合城市规划的绿道建设、户外休闲餐饮、酒吧等旅游功能和旅游元素，谋划出旅游与特色文化、特色生态融合发展的创建思路，组织完成《靖西市乡村旅游发展规划》《靖西大峡谷旅游区总体规划》《靖西市旅游聚散中心》《渠洋湖游客服务中心》《三叠岭旅游综合体》等多个项目的规划和编制，为旅游业发展奠定基础。

彰显特色优势，完善公共服务。建设和升级改造巴泽梯田、渠洋湖等景区景点，积极推进各个景区景点申报 5A、4A 或 3A 景区；打造 100km 边关驿路驿站和环渠洋湖骑行绿道；建成胡志明与壮族人民纪念馆，推动中国孟麻-越南北坡红色旅游合作区建设，中越红色旅游开发取得实质性突破；推进铁路、高速公路等交通基础设施的运营和开通；积极推动星级酒店和星级农家乐旅游设施建设，引资建设五星级酒店。

大力宣传推介，打造全新形象。围绕"山水边城·锦绣壮乡"旅游形象，全力打造并推介"山水生态、边关风情、民俗文化、养生度假、休闲城市"五大特色品牌。加大网络营销，及时更新网站内容，推动旅游业逐步从观光型向休闲度假养生型转变，进一步提升靖西旅游的知名度和美誉度。

8.2.2.3 挖掘民间传统文化，培育特色文化产品

对于靖西而言，民族文化是当地区别于其他旅游目的地最大的亮点。因此，当地政府挖掘非物质文化遗产资源，整合民族文化资源，大力开发民族文化产品。把壮锦、绣球等已列入国家、自治区非物质文化遗产民间技艺，确定为民族民间文化开发利用的重点项目，着力培育县域民族民间文化品牌，加强文化资源的转化。旧州街被国家文化和旅游部命名为"国家文化产业示范基地"，靖西壮锦厂被国家文化和旅游部授予首批"国家级非物质文化遗产生产性保护示范基地"，成为全广西唯一的一个国家级非遗生产性保护示范基地。经过多年培育，壮锦和绣球成为当地的民族民间文化特色品牌。

精心包装靖西壮锦、绣球、大香糯等传统文化旅游产品的基础上，带动有发展潜力的民间传统工艺和民间文化升级发展、走向市场。例如，引导扶持边关农民画派积极创作、多出精品；鼓励南疆武术馆"走出去"和"请进来"，重振南疆武术雄风，形成特色武术文化品牌和传习基地，把南疆武术馆建成消费性的健身养生的培训场馆和传习基地。

8.2.2.4 融合传统与现代节庆，推进文化旅游特色经济发展

近年来，靖西以传统节日活动为载体，融入现代文化元素，推动文化旅游业和地方特色经济的发展。例如，结合每年端午药市，举办"天下山水，探秘靖西"全国摄影大赛、药材药膳展销和壮医技艺展示及名医义诊、壮医药论坛、中越边境经济合作区建设研讨会、药王评比大赛、休闲养生骑行游、民族民俗文艺展演等，使靖西端午药市成为全国范围内独具特色承载传统文化和现代文化的节日。结合春节民俗民间文艺展演、元宵节烟花晚会、"三月三"歌圩节、七夕绣球文化旅游节、中秋花灯节和全市 64 个传统歌圩开展抛绣球、抢花炮、山歌比赛、壮戏、扮台阁、舞春牛、舞狮、舞龙等丰富多彩的文体活动，活跃市场刺激消费，拉动当地经济发展。

促进民族民俗文化的传承，提升区域公民素质。例如，靖西举办的"找回靖西味道"特色美食评选活动，展现悠久的壮族美食文化；"中国•靖西端午药市"节庆活动摆脱此前民间自发无组织和政府过度插手走形式等不足，逐步成型，吸引了大量游客；"中国•靖西七夕绣球节"活动探索旅游节庆助推旅游产业发展的新模式，加快旅游经济转型升级（图 8-7）。

图 8-7　2018 年中国•靖西端午药市

8.3　靖西市县域旅游发展的主要问题及原因分析

8.3.1　靖西市县域旅游发展的主要问题

8.3.1.1　旅游产品形式单一，知名度不高

得益于相对优越的地理位置，靖西不仅具备得天独厚的自然资源景观，更具备灿烂的历史文化遗产，能够对国内国外的游客产生较强吸引力。但是旅游资源并未得到全面的开发，目前市场上的旅游产品主要为观光游产品，深度游产品较

少，只局限于旅游资源本身，产品类型单一，形式缺乏创新，没有更好地延伸旅游的附加产品，主要是因为在旅游资源的开发过程中，缺少市场调研环节，经营项目缺乏特色，不注重自身资源特色和文化底蕴的挖掘，不能形成自己的特色与品牌。大多数只是一味地简单模仿复制，同质化现象严重；其次是旅游资源多为本地旅游企业承包开发，与大型旅游企业的合作较少，但本地旅游企业规模小，旅游产品的开发整体性发展不够，难以整合区域资源形成大品牌，难以借助大企业的品牌优势和资金优势，从而导致靖西旅游产品层次不高，精品不足，对优势旅游资源开发力度不够，绝大多数景区仍是初级观光产品，可供选择的旅游路线较少。但是随着当代游客自主选择权的扩大，重视体验的心态越来越常见，观赏性旅游已经不能满足游客的需求。

另外，对外宣传手段单一、宣传范围窄、缺乏与国内发达地区及东盟在旅游宣传促销领域的合作、在国内各大城市及东盟国家开展旅游推介和旅游行业交流较少，旅游宣传力度不足，缺乏营销策划方案，以及各景区在产品的开发和营销上没有形成一体，达不到整体品牌效应，导致其在全广西乃至全国的知名度都不高，旅游品牌影响力有限。各开发商缺乏品牌效应的市场敏感度，政府部门没有良好的政策引导作用，没有把旅游资源的开发、市场的开拓、交通运输及本地特色有效地结合起来。旅游产品品质不高，缺乏能引领旅游片区发展、能拉动财政的龙头项目，旅游品牌综合效应不高，整体知名度较低。

8.3.1.2 旅游基础设施不完善，配套设施较短缺

基础设施是地区经济发展的基础和前提，是各项现代产业发展的基石，更是实现旅游业持续发展的保障。由于靖西市处于喀斯特地貌区域，山区较多，与旅游配套的基础设施简陋，旅游基础设施滞后，公共服务不足，这对旅游可进入性造成了极大的阻碍。

近十年来，靖西经济高速发展，政府也加大了对公共基础设施建设的投入，特别是高速公路和铁路方面，使靖西与境外的交流更畅通，但在旅游交通方面仍显不足。靖西各个旅游景点分散，但各景区之间没有公共交通车辆来往，游客需到城区转乘，形成景区间交通不畅。各个景区休闲、购物、餐饮、娱乐设施与场所还不够完善，未形成特色游玩区，制约了旅游接待规模的扩大，成为靖西旅游业发展的瓶颈。在旅游服务体系上，星级饭店、特色宾馆等接待设施不够完备和服务档次不高，城市文化娱乐项目配套分布不均，缺少旅游消费场所、历史文化街区等业态与配套设施，制约了旅游接待能力和消费水平。旅游景区和城区缺乏吸引力大、附加值高的旅游度假产品，对旅游业的发展和高端旅游市场的开发有较大的影响。这些都需要在下一步工作中深入研究，在发展中加以解决。

8.3.1.3 旅游产业链尚未完善,旅游产业综合效益较低

靖西特色旅游产品众多,有旧州绣球、壮锦、山茶油、金银花、果蔗、茴香、五爪蛤蚧、田七、大肉姜、优质烤烟、靖西大麻鸭、靖西酸野系列产品、靖西大糯米系列产品、靖西大果山楂系列等。在这些旅游产品中,知名度和受欢迎度最高的是旧州绣球,游客的购买欲高,而其他产品由于知名度不高和缺乏深度加工,游客的购买欲都比较低。造成这一现象的原因主要是旧州绣球的加工程度高,可以作为一个成熟的产品销售,因此受游客欢迎。其他特色旅游产品基本都未进行深加工或缺乏产品包装,并未形成规模化、产业化生产,难以成为正式的旅游产品,产业链并未形成完整的回环。靖西擅长刺绣,但与刺绣相关的旅游产品单一,没有形成规模化生产,基本都是小作坊式生产,产品质量参差不齐,款式缺乏创新,这也导致了靖西的绣球没有带动其他刺绣产品的发展。优质烤烟、大肉姜、靖西大糯米等优质农产品都未进行深加工,未形成高附加值的产品,仅是以农产品销售,缺乏吸引力。旅游与农业、林业等第一产业结合不够紧密,农业资源特色尚未得到充分发掘;与加工业、手工业等第二产业联系不够密切,农产品附加值有待进一步提升;与健康养生业、科技信息产业、文化创意产业等第三产业联动发展不足,旅游业态有待进一步创新。

8.3.1.4 传统文化资源开发深度不够

民族旅游开发要以当地文化为灵魂和内核,使旅游者体验和感受到当地浓郁的、特色化的民族文化,包括当地的农耕文化、民间手工艺文化、民间生活习俗文化等。靖西拥有绣球文化、古州文化、壮族民俗文化资源,但靖西在当前民族旅游发展进程中,对本地旅游文化的开发和挖掘欠缺深度,对民族文化的内涵认知不够全面和深入,忽略了对当地自然的呈现及民族文化的传承,造成了民族文化资源的浪费。

8.3.1.5 人才配备不全,旅游专业人才缺口大

旅游行业创新的根本是旅游人才的创新,而旅游人才的匮乏是制约靖西市旅游发展的瓶颈。旅游产业不断发展而人才的配备方面出现滞后,目前旅游管理、策划、促销、导游方面的人才引进、培养相对滞后,专业化水平和服务质量较低,难以满足日益增多的市场需求。靖西市从事旅游服务的人员主要以当地农村青年为主,而他们大多没有受过规范的培训,整体接待服务水平较低。同时,专职的导游和旅游专业人才较少,特别是从事旅游规划设计、旅游市场营销的专业人才更是稀缺。建设管理单位缺乏相应的经营管理和服务经验,经营管理人员与服务

人员数量不足，严重影响了靖西县旅游产业的发展。

8.3.2 靖西市县域旅游发展主要问题的原因分析

8.3.2.1 旅游发展粗放式管理

尽管相对于中国其他地区而言，靖西的旅游发展起步较早，但在旅游发展的过程当中，发展方式比较粗放，存在着思想准备不足、基础设施滞后、服务质量有待提高等问题。经营者忽视或脱离生产经营而单纯地搞旅游以兴土木建设，过多地搞人文景观，把民族旅游区、农业旅游区等旅游目的地变成文化娱乐区；又或者是急于发展经济，增加收入，对本地的资源优势和客源市场不认真分析，盲目发展旅游，最终造成项目建设重复、功能雷同、互相竞争、效益低下，缺乏整体规划的情况。

8.3.2.2 民族文化保护与旅游开发之间存在矛盾

大力发展旅游产业还是传承保护文化？这是每个民族地区发展旅游业时都会考虑的问题，也是影响旅游产业发展的重大因素之一。只有考虑清楚这个问题，当地的旅游产业化之路才能顺畅。

旅游产业和民族文化之间有着很深的内在联系。将民族文化资源开发成旅游产品，既可以作为独具特色的旅游吸引物，促进旅游事业的发展，又可以作为保护和传承这些文化的重要手段。但是，民族文化又是我国历史的见证和中华文化的重要载体，蕴含着中华民族特有的精神价值、思维方式、想象力和文化意识，能够体现中华民族的生命力和创造力，而商业开发在一定程度上会对其保护产生影响。当地民族居民在迎合游客心理、追求高额利润的过程中，有意或无意地对自己的传统文化造成损害。旧州绣球美名远扬，但在各种景点频繁出现类似的绣球产品，千篇一律，降低了绣球本身的价值，让游客失去购买的欲望，同时也会让景区失去原有的魅力，这样一来不仅旅游形象受到损害，也不利于景区的受益及当地群众的增收。

旅游经营应当放长远，急功近利不可取。旅游开发企业以赢利为根本目的，往往急功近利，没有长远战略，对民族文化的认识肤浅，缺乏对民族文化生态保护的动力和责任约束。以旧州景区表演为例，为了满足游客需求以现代艺术形式包装民族文化，致使壮族文化日益商品化、庸俗化，甚至肆意夸张、歪曲、丑化和伪造某些民俗，严重伤害民族感情和目的地形象。因此，在旅游业开发过程中，不能大肆、随意开发旅游资源，必须回避旅游开发的不良影响，这也是制约当地民族旅游发展的一大因素。

8.3.2.3 保持文化原真性与商业化之间的矛盾

在旅游目的地空间内，商业和文化是此消彼长的关系。民族地区的生命在于文化，尤其是其原真性与完整性。民族文化旅游的重心，应是在文化保护、传承与创新的基础上进行文化展演、文化体验和文化创意。不论当地是否具有商业传统，都不应违背上述原则。但是，在实践中，部分移民地区将文化当成幌子和标签，大量原住民生活空间被置换成为商业店铺，变身成为"大卖场""商业街"，失去了文化气息。民族文化旅游目的地过度商业化的危害体现在很多方面，并且是长期性的，有些甚至是不可逆的。其中，最严重的莫过于对文化原真性、整体性、多样性的冲击。对于民族村寨旅游地而言，原真性、整体性、多样性是根基，是吸引力和竞争力所在；过度商业化会导致原真性丧失、整体性不复、多样性降低，动摇文化遗产旅游地持续发展的根本。此外，过度商业化对旅游地游客体验质量、市场秩序整治、形象品牌维护也会带来挑战，亟需引起重视。

旅游开发应注重平衡经济效益、社会文化效益和生态环境效益，力求三大效益齐头并进。对于民族旅游地而言，最重要的当属经济效益和社会效益。如果将经济效益作为单一目标而置社会效益于不顾，过分追求旅游人次、游客人均消费、招商指标完成率，忽视文化资源挖掘与创新、社区居民对美好生活的正当诉求、游客对优质旅游的需求，旅游地就会不可避免地出现游客超载、商铺过多、文化含量降低、商业化气息浓郁的现象。

从理论上讲，旅游地商业化是不可克服的。在市场经济背景下，大部分旅游供给要通过商业手段完成。但是，商业不能淹没文化，过度商业化是有害无利的。民族文化旅游地要想持续、健康发展下去，就必须正视并探索解决过度商业化的方法。

8.3.2.4 特色化与统一规划之间的矛盾

对于旅游目的地而言，总体的规划与开发是必不可少的，对当地的旅游进行总体性的思考和规划是发展旅游业的总体保障。然而，如何在开发中既能使各个村镇呈现统一的元素，达到不违和的效果，又能保持各个地区的区域特色，是一大难事。目前靖西市的旅游项目开发普遍存在自发性、盲目性的共性问题，缺乏总体规划，表现在：一是项目单一，缺乏内涵和特色；二是项目模式雷同，重复建设。因此，如何权衡好特色化与统一化之间的矛盾，在统一之下，凸显各个村镇的不同，避免"千村一面"是政府要考虑的一大问题，也是旅游发展过程中特色化不明显的根本原因所在。

8.4 靖西市县域旅游发展建议

8.4.1 挖掘全新旅游品牌，推进产业融合发展

抓住优势、突出特色，形成旅游品牌。靖西要寻找各个乡村的特色及优势，包括山水美景、种植景观、村落建筑、传统特色村落美食、瓜果蔬菜及少数民族特色村落，形成村村有特色、处处有精彩的格局，按照不同层次的消费群制定不同的旅游产品。

在产品上，首先是整合观光类旅游产品。观光类旅游产品是在有大量可观赏性的旅游资源基础上，通过进行后期景点公共基础设施的建设等促进其形成与发展的，要求有高质量、高吸引力的旅游资源及有相应旅游基础服务设施作为匹配支撑。对可参观游览的自然、人文景观资源丰富的景区进行资源整合，增加观光旅游产品的市场竞争力，以促进当地旅游产业得到最大限度的开发和发展，为当地经济发展和人民生活水平的提高创造新路。其次是挖掘旅游新产品。例如，旧州、大兴村可以以传统农业种植展示、农耕文化展示、农业文化研学为方向，为游客提供传统农耕体验、乡土休闲娱乐、乡村民俗为主的旅游产品，将旅游与农业相结合，建设以"生态农业、农事体验、农业科普、休闲度假"为主题的旅游示范区，带动农产品加工与销售，实现产学研一体化发展；鹅泉村可利用其四季均开的月季花开发景观农业型旅游产品；荷郎村的夏橙、红心柚、柑橘、橙子等水果成长条件好，可开发水果采摘、水果美食体验、高山养生、高山住宿等旅游体验项目等。

在产业融合上，推进旅游业与其他产业的深度融合发展，发挥"旅游+"功能。围绕旅游产业要素和相关产业的横向融合，创新"农业围绕旅游提升、森林联合旅游保育、水利依托旅游做活、工业支撑旅游做强、城镇结合旅游做靓、信息改变旅游方式、文化联姻旅游做大、商贸融合旅游延伸、医养凸显旅游特色、体育融入旅游做旺、金融服务旅游增收"的产业融合模式，发挥旅游业的主导作用和带动功能，构建基于农业、林业、渔业、文创产业、休闲度假、养生养老等"六业"的旅游产品体系，加快旅游业与第一、第二、第三产业的融合发展，实现产业联动、产业交叉，助推"精准扶贫"，建设"美丽乡村"，共促乡村经济社会协调发展；从全域化角度打造旅游，全面优化配置经济社会发展资源，提升渠洋湖、龙潭湖及龙潭湿地公园、旧州、鹅泉等国家水利风景区建设与旅游开发的深度融合，将水利基础设施的防洪防涝功能与审美游憩价值和休闲度假功能最大化结合。

8.4.2　加强民族传统文化的保护与深入开发

靖西拥有绣球文化、古州文化、壮族民俗文化资源，应该传承并传播民俗文化，挖掘民俗文化资源，充分利用民俗资源开发节庆产品留住游客。靖西可以以旧州绣球文化为核心，将民族旅游与绣球文化、当地的民俗文化相结合打造休闲娱乐区。例如，与当地壮族农耕文化相结合开发田间抛绣球、广西绣球相亲大会、绣娘农耕技艺大比拼；结合当地蚬木技艺，开发蚬木文化街、加工坊和传承基地等项目；结合当地荷花文化开展绣娘采荷、绣娘绣荷、绣娘荷全宴项目等。

8.4.3　加强基础设施建设，为旅游发展提供现实基础

加快旅游基础设施和服务设施建设。靖西要根据现有的交通网络体系，开辟旅游公交专线和旅游骑行系统。根据靖西乡村旅游战略的需要，可开发一些镇区间景点较丰富的骑行路线，融合乡村观光、住宿、农事体验、瓜果节庆等旅游体验，打造景观丰富、体验多样的旅游线路。同时，加快乡村旅游咨询中心、自驾车驿站和营地建设。建立线上和线下乡村旅游咨询服务中心，线下咨询服务中心应建立在城区、星级景区附近、高速路口附近，其功能主要有乡村旅游咨询、预定、销售等，以向旅游者提供旅游景点开放时间和重大活动安排、行程安排建议、乡村文化和娱乐活动、住宿指南、道路线路地图、工艺品和特产展示的手册和音像资料等。

8.4.4　加强人才队伍建设，为旅游业输送高质量人才

实施"人才强旅、科教兴旅"战略，着力培养一批高层次、复合型的领军人才，加快服务型人才和管理型人才的建设，建立起旅游人才的培训教育体系，特别是对策划、营销、管理等专业型人才的引进和培养；开展旅游企业中高级管理人员培训，做好导游人员分级管理和分类培训，不断提高旅游产业的经营管理水平和从业人员整体素质；利用靖西市高等院校的旅游院系等教育资源，扎实开展旅游职业教育；调动各类培训机构、旅游协会和旅游企业等方面的积极性，形成多渠道、多层面的旅游人才培训体系；加强对乡村旅游从业人员的服务技能培训；建立健全旅游人才激励机制，吸引各类旅游专业人才。

8.4.5　激发各个主体积极性，推动社会共创旅游高地

对于当地居民而言，要深化居民对民族、边境旅游的认识，提高参与度。一方面要对边境居民进行民族旅游发展知识宣传，另一方面出台相关鼓励措施，使居民由从事农业转到从事旅游服务业等相关行业上来，增加居民经济收入。在此

过程中，要增强本地居民的文化素质和知识素养。为此，在对居民普及九年义务教育的基础上，还应该通过相关职业教育和其他教育培训，如旅游知识方面的培训、普通话培训、外语培训等来提高边境地区居民知识水平。同时，还可引导居民自主开办民宿、农家乐等产业以加入旅游行业当中，提高参与积极性。

对于当地政府而言，一是要加大财政和金融资金支持，增加投入力度。加大资金投入，重点解决乡村旅游基础设施滞后、公共服务不足、环境卫生落后等问题，优化乡村旅游消费环境。加大旅游发展资金补助力度，优先扶持试点村建设旅游厕所，为参与旅游产业的建档立卡贫困户提供扶贫小额贷款，有效推进旅游发展。二是要健全管理体制，科学规划。以全域旅游为契机，成立全域旅游委员会，切实加强对全域旅游的统筹领导。建立沟通协调机制，旅游部门牵头抓总职责，谋划推进全域旅游战略，落实任务、创新举措、齐抓共管、通力协作、因地制宜、合理规划、合理布局，推进旅游产业发展建设。三是要突出重点，整合提升广西与越南之间的资源和产品，集中力量重点打造一些边境和民族知名旅游品牌项目，建设精品旅游区，实现民族旅游资源的整合、打造出高品质的旅游品牌项目及精品的旅游发展区和游览路线，扩大该区旅游资源的对外吸引力与竞争力。

对于企业而言，要增加投入，积极参与。靖西市作为典型的喀斯特地貌地区，其景观优越度甚至可以和桂林风景媲美，但是由于旅游公司的活跃程度不够，对外缺乏有力的宣传，靖西一直不能真正发展成一个旅游名市。解决这类问题，急需旅游公司、旅游中介机构尤其是大型的旅游公司、旅行社等旅游机构增加投入参与到品牌打造、品牌宣传上来。

第 9 章　文旅体融合多亮点——秀峰区

9.1　秀峰区县域旅游发展概况

9.1.1　发展现状

秀峰区位于广西壮族自治区东北部，桂林市城区中西部，地处 25°14′01″～25°20′37″N、110°13′03″～110°18′03″E[①]，东临漓江、与七星区相连，南与象山区为邻，西与临桂区毗邻，北与叠彩区和灵川县接壤。秀峰区属山地丘陵地区，为典型的喀斯特岩溶地貌；有部分属平原地貌区，呈近南北向展布，地面平坦，地形起伏变化不大，大致由北向南逐渐变低，海拔 145～180m，相对高度 10～30m[②]。秀峰区属亚热带季风气候，气候温和，雨量充沛，夏季高温多雨，冬季温和少雨。

因区内矗立的"南天一柱"——独秀峰而得名，秀峰区是桂林市商贸、金融、文化、旅游的中心区，是桂林市人流、物流、信息流的集散地。秀峰区总面积 43km²[③]，区内风景名胜星罗棋布，有如诗如画的漓江、桃花江蜿蜒穿流，有驰名中外、享有"大自然迷宫"之称的著名风景区芦笛岩、独秀峰、西山、隐山、甲山千年荷塘等自然景观与宋代古南门、明代藩王府第等人文景观交相辉映，榕湖、杉湖、桂湖、木龙湖碧波荡漾，宛若翠玉镶嵌其中，夜游"两江四湖"更可谓国内夜间旅游景点的顶尖极品。

独秀峰因颜延曾写下"未若独秀者，峨峨郭邑间"的佳句而得名。独秀峰位于桂林靖江王城内，闻名中外，有桂林主峰之称，与叠彩山、伏波山形成三足鼎立之势，有"南天一柱"之誉，峰壁摩崖石刻星罗棋布，宋代著名诗人王正功"桂林山水甲天下"这一千古名句的真迹就题刻于此。独秀峰突兀而起，形如刀削斧砍，周围众山环绕，孤峰傲立，有如帝王之尊。景区内自然山水风光与历史人文景观交相辉映，自古以来就有桂林"城中城"的美誉。

漓江景区是世界上规模最大、风景最美的岩溶山水游览区，该风景区以桂林市区至阳朔县的漓江两岸自然风光为主，从桂林叠彩山到阳朔碧莲峰，水程

---

① http://www.glxfq.gov.cn/zjxf/dlwz/201906/t20190610_1163512.html
② http://www.114huoche8.com/zhengfu/GuiLin-XiuFengQu
③ https://baike.sogou.com/v135876.htm

83km[①]，习称百里漓江，是岩溶地貌发育最典型、丰富和集中的地带，为桂林山水精华所在，沿途著名景点有：訾洲、磨盘山、黄牛峡等。

靖江王城位于市中心的独秀峰下，是明代靖江王府。宋代时这里是铁牛寺，元代改为大国寺，后又称为万寿殿。明太祖朱元璋封其重孙朱守谦为靖江王，此处是藩邸。朱守谦在明洪武五年（公元 1372 年）开始建府，历时 20 年才完工，至今已有 640 多年的历史，故靖江王城比北京故宫建成的时间还早 30 多年[②]。王城外围有国内保存最完好的明代城墙，由于王城地处桂林市中心地区，因而有"阅尽王城知桂林"之说（图 9-1）。

图 9-1　秀峰区靖江王城

"桂林山水甲天下，芦笛美景堪最佳"，被誉为"大自然艺术宫殿"的芦笛岩，是桂林山水一颗璀璨的明珠。芦笛岩是国家 4A 级景区，芦笛岩洞口位于桂林市西北桃花江右岸的光明山南侧，是桂林著名的旅游洞穴之一，芦笛岩与七星岩齐名，但风格各异。如比作绘画，七星岩富于写意，芦笛岩重于工笔。如喻为雕刻，七星岩精雕细刻，而芦笛岩洞内景观奇幻灵妙，有高大的"山峰"、茫茫的"林海"、神秘的"宫殿"，被誉为"大自然艺术宫殿"。芦笛岩岩洞中琳琅满目的钟乳石、石笋、石柱、石幔、石花，拟人状物，惟妙惟肖，构成了"高峡飞瀑""盘龙宝塔""原始森林""帘外云山""水晶宫"等 30 多处美妙景观，整个岩洞犹如一座用宝石、珊瑚、翡翠雕砌而成的宏伟、壮丽的地下宫殿，大自然的鬼斧神工造就了芦笛岩景致高度集中、景物极尽造化的神奇龙宫。据桂林史料记载，远在 1000 多年前的唐代[③]，芦笛岩就是一处游览胜地。自改革开放以来，芦笛岩曾先后接待了众多党和国家领导人，以及数十位外国首脑及政要。"中国国宾洞"的美誉名不虚传。

秀峰区始终保持战略定力，坚持稳中求进，坚持高质量发展，弘扬讲实诚、

---

① https://baike.sogou.com/v135876.htm
② https://www.sohu.com/a/437087258_100145945
③ http://www.gxcounty.com/news/xyjjbd/20191102/152270.html

求实干、出实绩的秀峰"三实"精神，践行鼓干劲、下狠劲、使韧劲的秀峰"三劲"作风，扎实推进秀峰区三产强区、旅游大区、文化名区、和谐之区建设。

秀峰区旅游接待能力不断加强。根据秀峰区 2019 年国民经济和社会发展统计公报数据显示，截至 2019 年年底，秀峰区内共有国家 5A 景区 2 个——独秀峰·王城景区、桂林"两江四湖"景区；4A 级景区 3 个——芦笛景区、刘三姐大观园景区、西山景区；3A 级景区 1 个——观石堂鸡血玉博物馆；广西五星级乡村旅游区——鲁家村；广西四星级乡村旅游区——和记农庄；共有星级酒店 7 家，五星级酒店 2 家——桂林依恋大饭店有限公司桂林喜来登饭店、桂林漓江大瀑布饭店有限责任公司，其中桂林漓江大瀑布饭店为金叶级绿色饭店；国际酒店品牌有桂林衣恋大饭店有限公司桂林喜来登饭店；四星级酒店 1 家——桂林市榕湖饭店；三星级酒店 4 家——桂林环球酒店有限公司、桂林杉湖大酒店有限责任公司、桂林柏丽商务酒店有限公司、桂林市名城酒店管理有限公司；A 级旅游厕所 35 座——AAA 级旅游厕所 8 座、AA 级旅游厕所 19 座、A 级旅游厕所 8 座。

公共图书馆 1 个——广西桂林图书馆（榕湖分部），图书藏量 995728 册；剧场 5 个——省立艺术馆、百花剧场、桂林有戏剧场、桂林漓江剧院、国学堂；体育场馆 6 个——桂林市第一体育馆、桂林中学体育馆、桂林荣和林溪府体育馆、桂林师范专科学校体育馆、西山小学体育馆、广西师范大学王城校区体育馆[①]。

秀峰区县域旅游发展竞争力和业绩竞争力较强，均名列十强榜，其中发展竞争力更是位居第三名。秀峰区是桂林中心古城所在地，旅游景区及人文景观众多，自唐宋以来就是桂林政治、经济、文化、旅游和商贸的中心，芦笛岩、独秀峰、靖江王府、"两江四湖"、西山公园、刘三姐大观园、桃花湾景区（图9-2）、逍遥楼·东西巷、正阳街、古南门等著名风景名胜成为众多游客前来秀峰区旅游的重要吸引物。根据秀峰区人民政府 2019 年政府工作报告数据显示，秀峰区 2019 年旅游接待总人数达 1109.57 万人次、同比增长 26.2%，旅游总消费 152.75 亿元、同比增长 29.8%，国内旅客接待总人数达 1087.54 万人次、同比增长 26.7%，国内旅游消费 144.78 亿元，同比增长 29.5%；国际旅游外汇消费 11539.35 万美元，同比增长 30.6%。第三产业增加值同比增长 4.2%，第三产业对经济增长贡献率达 89.9%，主导地位进一步巩固。其中年旅游接待旅客突破 1000 万人次，旅游接待能力进一步提高[②]。旅游发展规划、信息化管理、营销管理三个方面都较为完善，发展竞争力较强。

---

① http://www.glxfq.gov.cn/xxgk/jcxxgk/sjfb/ndtjgb/202005/t20200520_1807213.html
② http://www.glxfq.gov.cn/xxgk/zfxxgkzl/zfgzbg/202005/t20200528_1817930.html

图 9-2　秀峰区桃花湾旅游休闲绿道

9.1.2　发展优势

9.1.2.1　优越的区位条件

秀峰区位于桂林老城区的中心,是桂林市商贸、金融、文化、旅游的中心区,也是桂林市人流、物流、信息流的集散地,区位优势突出。秀峰区内有国道 321 穿过,临近桂林西站和桂林北站,随着高速路段的完善,秀峰区的交通区位优势更加突出,加上临近桂林市的区位优势条件,每年都能吸引许多省内外其他城市的游客到秀峰区旅游。

9.1.2.2　得天独厚的旅游资源

秀峰区内拥有芦笛岩、独秀峰、"两江四湖"景区、西山、桃花江、逍遥楼等著名旅游景点和世界上最大的人工瀑布——"九天银河"瀑布等著名景观;有明代靖江王城、宋代古南门、独秀峰摩崖石刻、宋代古城墙、西山摩崖造像等名胜古迹;有城市中心广场、十字街广场、正阳东西巷繁华闹市区,有微笑堂商厦、王城商厦、正阳路步行街等商业购物中心;有桂林漓江大瀑布饭店、喜来登饭店、大公馆、榕湖饭店(国宾馆)等多家豪华星级宾馆;有中国银行等四大金融机构和邮政电信总局等服务机构及广西师范大学、桂林医学院等 5 所高等院校和桂林图书馆、漓江剧院等文化设施[①]。

秀峰区的名优特产众多,有桂林米粉、桂林腐竹、漓江啤酒鱼、荔浦米饼、马蹄等。桂林米粉圆细、爽滑、柔韧,具有独特的风味,特点是洁白、细嫩、软滑、爽口,其做工考究,吃法多样。桂林腐竹大约盛行于唐代,沿袭至今,腐竹成了桂林的传统食品,这也得益于漓江和桃花江水浸泡大豆及传统的特别制作工

---

① https://guilin.city12580.com/news/37082.html

艺，桂林腐竹成品颜色淡黄、油面光亮、枝条肥胖、空心松脆、品质优良。漓江啤酒鱼像川菜中火锅鱼的做法，先煎，再放啤酒及各种调料烧制而成，鱼不易烧糊且受热均匀，入口鲜辣可口，无腥味。

9.1.2.3　丰富多样的特色文化

秀峰区位于桂林老城区的中心，有着丰富的历史文化遗存资源，文化底蕴深厚。靖江王城的底蕴、独秀峰的秀美、逍遥楼的雄姿、正阳东巷的热闹、鲁家村的年味、藩王文化、山水（石刻诗文）文化、近代革命文化（红色文化）、傩舞文化、民俗文化、历史名人文化、状元文化……都是吸引中外游客的热点。

藩王文化源远流长。靖江王城坐落在桂林城市中心，是全国25座明代藩王府中保存历史最长且最完整的一座，至今已有630多年的历史，比北京故宫建成时间还早34年。

山水文化是桂林最具特色的历史文化形态。桂林的石刻始于东晋，兴盛于唐宋，繁荣于明清。据统计，秀峰辖区内共有摩崖石刻201块，其中，独秀峰113块、隐山72块、西山16块[①]。

近代革命文化主要有以孙中山二次北伐的驻跸遗址为代表的北伐文化和西山公园内的前苏联陆军步兵中校巴布什金烈士墓的红色文化为代表的抗战文化。

历史名人文化引人注目。秀峰区人杰地灵，优秀人才层出不穷，出现了一批闻名中国的历史人物。在唐代有"桂州三才子"之称的赵观文就是秀峰人士。近代史上李宗仁、白崇禧都是中国历史上的风云人物，其在秀峰区均有故居。

此外，鲁家村豆腐文化、顺昌食品博物馆的桂花糕制作传统文化、庙门前村书画文化、张家村傩舞文化、合家村状元文化、桃花江小河龙船调、雕版彩色印刷等都是秀峰区宝贵的历史文化，其中雕版彩色印刷项目更是被推荐申报自治区级非物质文化遗产项目。2018年张家村文化室（傩文化）获自治区级非物质文化遗产保护工作平台称号，2019年傩舞经国务院批准列入第一批国家级非物质文化遗产名录，是中国最古老的舞蹈形式之一。

9.2　秀峰区县域旅游的探索与实践

9.2.1　发展历史梳理

2010年，桂林市启动桃花江旅游度假区建设，推动秀峰县域旅游快速发展。2013年，市委书记、市人大常委会主任履新桂林，大力倡导"寻找桂林文化

---

① http://www.gxcounty.com/news/xyjjbd/20191102/152270.html

的力量，挖掘桂林文化的价值"，坚定不移地支持秀峰区滨北拆迁，坚定不移地推进城市品位提升，为秀峰区实施"东升"战略擂响了"战鼓"。同年，桂林国际旅游胜地建设成为自治区重大战略，《桂林漓江风景名胜区总体规划（2013~2025年）》成功获批。

2014年，为贯彻落实《桂林国际旅游胜地建设发展规划纲要（2012~2020年）》，提高区内旅游公共服务水平，切实推进桂林国际旅游胜地建设，秀峰区印发《桂林市秀峰区旅游厕所建设提升实施方案》，要求各相关单位充分利用现有条件创新厕所建设与管理模式，确保厕所建设提升进度和使用效果。该措施进一步完善了辖区内主要旅游景区、旅游线路和旅游接待场所的旅游厕所建设提升任务，提高了秀峰区旅游基础服务设施建设水平。同年，漓江基金完成注册运营。

2015年10月，为全面贯彻落实区委、区政府"三产强区、旅游大区、文化名区、和谐之区"发展战略，桂林市秀峰区人民政府办公室印发《桂林市秀峰区"秀峰人·游秀峰"活动实施方案》，以加快建设桂林国际旅游胜地为契机，以促进辖区旅游健康快速发展为目的，进一步激发旅游市场活力，让辖区居民、企事业职工享受秀峰旅游发展的红利，全面提升秀峰旅游知名度和影响力。

2016年4月，秀峰区正阳东巷、逍遥楼正式对外开放。改造后的正阳东巷，还原清末民初古风貌建筑群风格，成为集历史文化体验、时尚文化旅游、休闲购物娱乐于一体的综合型文化旅游商业街区。重建后的逍遥楼，成为桂林新的文化符号，提振了桂林人的文化自豪，提升了桂林文化旅游品质。正阳东巷和逍遥楼成为桂林城市新的"颜值"和"流量"担当。当月，"芦笛三村"建成开村，三村之一的庙门前村当年就荣获"广西特色旅游名村"称号，成为桂林美丽乡村建设又一成功范例。同年，秀峰区启动正阳西巷改造项目和靖江王府片区特色旅游休闲街区改造项目，通过统一靖江王府片区建筑风格，打造由逍遥楼、状元廊、正阳东巷、正阳西巷、靖江王府组成的桂林历史文化经典旅游景点，如今已成为桂林八条旅游精品线路之一和桂林的城市新地标。

2018年6月，《桂林市旅游业发展"十三五"规划》提出要在秀峰区建设桂林市的文化休闲旅游核心区，重点打造三大旅游板块：一是将桂林历史城区建设成为山水历史文化名城；二是将桃花湾地区建设成为国家级生态旅游度假区；三是将琴潭地区建设成为现代园林特色城。

2018年，秀峰区以自治区得分排名第一的成绩获评"广西全域旅游示范区"。2019年，秀峰区全面启动国家全域旅游示范区创建工作。秀峰区主动担当作为，以推进"旅游+"为主要模式，主动融入桂林市国际旅游胜地建设，主动开启全域旅游示范区创建工作，在发展文化旅游产业的目标任务上"升级加码"。将文化旅游体育事业的融合发展纳入《秀峰区国民经济和社会发展第十三个五年规划纲要》

整体规划，确定"十三五"期间基本建成"三产强区、旅游大区、文化名区、和谐之区"的目标，并积极推进国家全域旅游示范区的创建工作和文体旅融合发展示范区建设。先后编制出台了《秀峰区全面深化三产强区、旅游大区、文化名区、和谐之区建设实施方案》《秀峰区文化体育旅游融合发展规划》《秀峰区全域旅游规划》等一系列规划方案、政策，及时调整完善了《桂林市秀峰区桃花江片区详细规划》，在规划和保障上做好顶层设计，为主动升级秀峰区文化旅游产业打下了坚实基础。

2019 年 11 月，广西壮族自治区人民政府办公厅发布《广西壮族自治区人民政府办公厅关于支持桂林市加快文化旅游产业发展的意见》，支持桂林市打造世界一流的国际旅游目的地，推动文化旅游产业跨越发展。意见提出，包括秀峰区在内的桂林市应加强文化旅游交通基础设施建设与旅游公共服务设施建设、创建一批文化旅游精品、打造一流的文化旅游品牌、建设一流的健康旅游基地、大力实施文化旅游扶贫富民、加强生态环境建设、支持文化旅游宣传推广、加快国际旅游消费中心建设、加大财政资金支持力度、拓宽文化旅游产业投融资渠道、加大政策支持力度及抓好督查和责任落实。

2020 年 7 月 31 日，由桂林市人民政府主办，桂林市商务局、秀峰区人民政府承办的 2020 年桂林市"绚丽王城 点亮桂林"夜间经济活动启动仪式在靖江王府·东西巷历史文化旅游休闲街区正阳门广场开启，这是秀峰区深入贯彻《国务院办公厅关于加快发展流通促进商业消费的意见》的重要举措，也是落实自治区、桂林市促消费稳增长工作部署的重要行动，标志着秀峰区夜经济提升工作迈向新的起点。

9.2.2 文旅体融合发展模式

9.2.2.1 注重顶层设计与指导，找准发展方向

近年来，秀峰区结合自身优势，坚持走文旅体融合发展道路，桂林市委、市政府对此给予亲切关怀和有力指导。桂林市委书记、市人大常委会主任对秀峰区文旅体融合发展高度关注，先后多次前往调研指导，为秀峰区推进文旅体融合提供了方向指引；市长在秀峰区考察调研时强调，秀峰的优势在三产，只有让文旅体有机融合起来，才能助推三产又好又快发展。秀峰区以上级领导的指示为遵循，化上级领导的关怀为动力，大力发扬"讲实诚、求实干、出实绩"的秀峰精神，努力践行"鼓干劲、下狠劲、使韧劲"的秀峰作风，坚定不移推进文旅体深度融合，谱写了秀峰经济社会事业发展新篇章。

秀峰区委、区政府高度重视文化旅游业发展，将其纳入《秀峰区国民经济和社会发展第十三个五年规划纲要》，并结合秀峰区实际，提出了"三产强区、旅游大区、文化名区、和谐之区"的"四区"建设目标，专门成立由市委、市人大、

市政府、市政协四家班子主要领导领衔的创建国家全域旅游示范区工作领导小组，编制了《秀峰区全域旅游发展总规划》《秀峰区创建国家全域旅游示范区实施方案》《桂林市秀峰区桃花江片区详细规划》等多项规划，使旅游与产业发展、空间布局、景观绿化、环境保护、基础设施、文化传承等相关规划相结合，形成层次分明、相互衔接、规范有效的规划体系；举全区之力开展国家全域旅游示范区、国家文旅融合示范区及桃花湾国家级旅游度假区创建工作，形成了文旅互动、文旅融合的良好发展格局。

例如，位于桂林老城西郊桃花江畔的鲁家村，是桂林市桃花湾旅游度假区和芦笛景区的核心节点。2010年，桂林市启动桃花江旅游度假区建设。秀峰区党委、政府以鲁家村作为重要突破口，仅用100天完成了全村调查测绘、产权认定、旧房评估、签订补偿合同等多项工作；又用一年时间，拆除全村65户老宅[①]，兴建成为高低错落的以桂北民居风格为主的独栋联排式房屋。2012年"三月三"，鲁家村家家户户住上青砖黛瓦的宽敞民居。坡屋顶、小青瓦、花格窗、白粉墙、青石板这些颇有特色的建筑，凝聚着桂北民居的传统建筑文化精髓，民居张弛聚合，街道曲直相接，铺面遥相呼应，小桥流水、戏台楼阁、景观雕像、绿化带环绕等，连铺面名称、招牌书写都颇有艺术性。除此以外，鲁家村还是桂林八景中"阳江秋月"所在地、电影《西游记》片头风光取景地美名远扬的"豆腐村"……鲁家村处处都流露着文化与诗意。村民们开始从事旅游业，鲁家村由远近闻名的穷村蜕变为富裕村，吸引了众多海内外游客。如今，鲁家村被评为"广西特色旅游名村""广西五星级乡村旅游区""中国乡村旅游模范村""中国乡村旅游创客示范基地"，成为桂林乃至广西"乡村振兴"的亮丽名片。

9.2.2.2 提升基础设施品质，提高服务水平

秀峰区依托创建国家全域旅游示范区的契机，推进旅游产品全域化、服务体系全域化、旅游要素全域化。推进桃花湾旅游休闲绿道建设，依托绿道建设完善道路旅游导览系统，加强绿道沿线的乡村旅游基础设施和公共服务设施建设。芦笛景区进一步完善了基础设施，全面提升了服务质量，被世界旅游组织推荐为"世界最佳旅游游览景区"，其中的芦笛岩导游班以优质的服务受到无数中外游客的交口称赞，先后荣获全国"五一劳动奖章""全国杰出青年文明号"等荣誉称号。

近年来，秀峰辖区内实施旅游厕所革命，共新建、改建A级旅游厕所32座，第三卫生间7间，目前全区拥有3A级厕所3座、2A级厕所10座[②]。旅游部门积极指导各星级酒店完善停车场、标识牌、Wi-Fi等配套设施，及时督促各有关企

---

① http://www.agri.cn/V20/ZX/qgxxlb_1/gd/201508/t20150813_4789184.htm
② http://www.gxcounty.com/news/xyjjbd/20191102/152270.html

业更换新版广西旅游导览图。

根据《秀峰区人民政府 2020 年政府工作报告》，东莲路一期建成通车。庙门前村、筌塘新村顺利开村。桂林旅游食品文化博览馆主体工程基本完工。信和信·桂林状元文化城、温德姆花园酒店项目开工建设；千亩荷塘湿地项目总体方案编制和设计修改已经完成。

推进鲁家村旅游秩序、旅游基础设施、旅游服务标准等建设。引导企业继续按照"以奖代补"的建设模式发展生态乡村旅游，进一步提升乡村旅游区、农家乐的旅游服务能力。完善琴潭汽车站的交通集散中心、旅游集散中心及交投公司（鼎富）旅游集散中心建设，完善鲁家村（肖家村）停车场建设，建成和舍、城外有闲等特色民宿；促进桂林游客咨询服务中心落地桃花湾。

9.2.2.3　加大资源开发力度，创新"旅游＋"产业链

秀峰区以得天独厚的文化旅游资源为立足点，加快推进文化与旅游产业融合发展，创新"旅游＋"产业链，打造了一批精品文化体育旅游项目。重点引导文化事业、农业、工业、商贸业、体育事业、环保事业、科技事业与旅游业的融合，培育形成文旅融合、农旅融合、工旅融合、商旅融合、体旅融合及科旅融合的"旅游＋"产业链，加大旅游资源开发，培育文化、旅游经营龙头企业，对文化旅游资源、客源丰富的企业给予一定的政策和资金扶持，加快推动文旅体深度融合，从而创造了一个又一个奇迹。

正阳东西巷，是秀峰区近年通过"保护性修缮整治"全新打造的融合旅游、民俗、休闲、购物、餐饮的多功能综合型特色商业区。该商业区仿明清古建筑风格而建，深度挖掘了历史文化底蕴，集古朴典雅与时尚潮流于一身，是桂林市打造国际旅游胜地城市旅游消费品牌的新地标。

秀峰区桃花湾文旅体融合项目和秀峰区第九届"三月三"民族歌圩节·民族体育炫活动成为 2019 年广西全民健身和全民健康深度融合示范项目，力港网络、芦笛景区、独秀峰·王城景区、"两江四湖"景区等一批企业、景区先后获得自治区级、国家级评比表彰 7 项荣誉。桂林市秀峰区"舞甲天下"第十届国际街舞大赛、2019 年广西-东盟（桂林）狮王邀请赛暨第四届中国桂林秀峰龙狮文化节、秀峰区第五届"秀峰人·游秀峰"活动暨第三届"桂林人·游秀峰"活动也已成功举办。

秀峰区深入实施乡村振兴战略，扎实推进田园综合体创建，以绿色、生态为特色的现代农业发展势头良好。同时出台实施《秀峰区村级集体经济发展奖励资金实施办法（试行）》，使农村集体经济发展更有活力，积极引导农业与乡村旅游、生态旅游、康养旅游、商务旅游、体育旅游等产业融合发展，提升现代农业的发展价值与效益，农旅深度融合发展成效逐步显现。

位于桃花江精华地段的桃花湾已被打造成一个融合文化事业、体育发展、健康产业与乡村旅游为一体的旅游休闲度假区,桃花湾旅游度假区实现了新的升级。桃花湾旅游休闲绿道经过亮化、美化后建成通行,桃花湾智能体育健身驿站、旅游厕所、五人制足球场、停车场等一批配套项目投入使用,是秀峰区成功打造的又一"旅游＋体育"的典范之作。桃花湾旅游度假区成为广西新样板,秀峰高质量发展模式得到肯定与推广。

东西巷、逍遥楼景区和靖江王府,将唐、宋、明、清及现代的历史脉络展现出来,业态布局注重传统与现代相结合,展现了桂林历史文化、地域文化;燕京啤酒(桂林漓泉)股份有限公司"全生态啤酒之旅",诠释了工旅融合示范项目的魅力;新打造的华润万象城,填补了琴潭片区大型商贸服务中心的空白,在2019年9月25日开业当天,客流量突破25万人次,销售额超1300万元[①];尊神庙夜市街,按"一店一品"引进桂林最有特色的美食,吸引了越来越多的市民游客前来"吃喝玩乐";桃花湾片区的芦笛三村、和记农庄,已构成农旅融合示范项目;刘三姐文化体验游、桂林观石堂鸡血玉博物馆、桂林市顺昌食品有限公司美食游,是商旅融合示范项目的代表。

9.2.2.4　打造旅游品牌,促进文旅融合

近年来,秀峰区在桃花江畔已成功策划组织了九届桂林秀峰"三月三"民族歌圩节,受到社会各界的好评。"蜜蜂喜见桃花开,桃江两岸摆歌台;八方歌友聚一起,白灵黄鹂喜开怀;文旅产业融合好,小康生活幸福来"。"三月三"民族歌圩节是秀峰区精心打造的旅游品牌,也是促进文旅产业融合的精品力作。自创办以来,得到社会各界人士的广泛关注,每年都有数十万人热情参加,一次活动下来消费额达10亿元以上。

秀峰区的"舞甲天下·秀峰独秀"——国际街舞大赛,每年吸引了来自全国的街舞高手2000多人和美国、法国、加拿大、韩国等众多国外街舞明星参与,活动影响全国闻名,成为对外宣传秀峰区和文化交流的重要载体。此外,秀峰区还在正阳东西巷策划组织了"秀峰国际街舞交流站"以舞会友活动、"东巷好声音"流行乐队点唱活动,受到市民、游客的热捧,品牌效应日益凸显。该区在刘三姐景区启动的"秀峰人游秀峰"活动,每年也吸引了2万多市民与游客参与。

2019年以来,秀峰区组织开展了正阳东西巷"历史人文情景剧"和"讲古堂"的桂剧、彩调等非物质文化遗产驻场表演500多场,接待游客5万多人次[②],受到中外游客热烈欢迎,为旅游体验增加了丰富的内涵。

---

① http://gxrb.gxrb.com.cn/html/2019-11/20/content_1645597.htm
② https://www.quanyulv.com/global/global_headlines/2685.html

秀峰区积极创新秀峰区"新时代讲习所"形式内容，拓展红色旅游载体。有关部门聘请非遗传承人和著名老艺人，在讲古堂担任讲习员，创编了渔鼓新唱《新时代讲习所就是好》和《桂林老板路》等节目，以百姓喜欢的语言和文化表现形式，传播桂林人文，弘扬时代新风，丰富旅游体验。

秀峰区通过精心打造一个个新的旅游品牌，更深层次促进了当地文旅产业的融合，促进了经济的快速发展。

9.2.2.5 高效精准宣传，做好旅游营销

秀峰区充分利用报纸杂志、网络媒体、节庆活动、旅游推介等多种营销宣传形式，提高秀峰区旅游吸引力。例如，组织东西巷、逍遥楼、王城景区、漓江大瀑布等旅游企业，完成了市文化广电和旅游局与南方卫视合作的"乘高铁游桂林"旅游宣传推广拍摄；协助完成了中央1台"大美秀峰"的拍摄和携程第二次勘景桂林视频拍摄；积极为中央、自治区美丽中国行采风活动提供协助；以香港特首游桂林为契机，以秀峰旅游资源为主，完成"跟随特首游桂林"旅游宣传册制作，并与香港永安旅游有限公司签订了"跟随特首游桂林"战略合作框架协议，推动秀峰旅游在香港市场的营销；依托广电网络平台开展线上宣传推介，秀峰区第一批上线"一键游桂林"企业129家；与广西乐商在线科技有限公司合作，开发了以AR虚拟现实增强的方式展示逍遥楼和东西巷；与广电网络公司桂林分公司联合策划打造的"多彩秀峰智慧平台"，秀峰区有5万余户使用电视机顶盒收看电视新闻的居民家庭开通；充分利用中国-东盟博览会旅游展在桂林国际会展中心举办的契机，开展秀峰区旅游推介会，组织辖区星级酒店、A级景区及旅游街区、旅游食品等企业参加，全面推介秀峰文化旅游。群舞《海的女儿》入围第十八届群星奖决赛；芦笛景区和独秀峰·王城景区从全国上百家景区中脱颖而出，在中国旅行口碑网"2018年度中国旅行口碑榜"评选活动中，分别荣获"最受网友好评景区"和"国内最佳旅游景区"称号。

2019年"三月三"期间，秀峰区在王城景区大门口开展了第六届秀峰旅游推介会，推出王府啤酒，参与名优企业展示。主动融入i游桂林，通过i游桂林90名网红努力，制作301个微视频通过腾讯网向外推广，获点赞7000余次，完整观看60万次，点击160万次[①]。同时在南宁柳州进行了"三月三"旅游推介，通过央视、新媒体、微信公众号、电梯广告等形式向外界宣传推广秀峰好风光，吸引游客来桂旅游。先后接待了亚太旅游组织及东盟国家的旅游代表团，对推动秀峰区国际交流起到积极作用。

---

① http://www.gxcounty.com/news/xyjjbd/20191102/152270.html

9.3 秀峰区县域旅游发展的主要问题及原因分析

9.3.1 秀峰区县域旅游发展的主要问题

9.3.1.1 得天独厚的文化旅游资源没有充分挖掘

秀峰区拥有许多得天独厚的文化旅游资源，但其挖掘、开发和利用程度仍然不够充分。例如，"芦笛三村"在政府的大力支持下建设了独具特色的村舍，但这些村舍却鲜有游客租住，出现了严重闲置的情况。村民为了生计和缓解偿还建房债务的压力，被迫外出谋求生计，无法形成内生驱动力主动为发展旅游文化村建设提供支持。另外，秀峰区政府给村里划拨了几十亩地作为绿化用地，但目前这片地区仍然是一片荒地。

9.3.1.2 监管力度不够，统筹协调机制待完善

一是"小管理"和"大市场"的矛盾仍存在。要么旅游部门心有余而力不足，难以满足旅游产业庞大需求；要么多头管理，无法形成完善的旅游综合协调机制。二是旅游市场监督与管理不到位。旅游市场仍存在诸多乱象，欺客、宰客、拉客等现象时有发生。三是政府在旅游开发过程中的监管有待加强，从而避免资源在"商业导向"的旅游开发中遭到破坏。政府要探索完善更加有力的统筹协调体制机制，制定完善的旅游市场监督与管理制度。

9.3.1.3 多数旅游从业人员历史文化素养欠缺

旅游从业人员，不仅是指一线的旅游从业者，还包括旅游研究者、规划者和管理者，高素质文化旅游从业人员的缺乏，影响了秀峰区历史文化的旅游发展。导游的知识结构不合理，缺乏文化涵养，在介绍景点时把历史文化所涵盖的历史人物、历史事件遗漏或讹传，这种现象将会对秀峰区县域旅游的发展造成严重的负面影响。

9.3.2 秀峰区县域旅游发展主要问题的原因分析

9.3.2.1 传统旅游监管与时代发展要求不相符

面对旅游业和各行业日益广泛的融合与科技创新的快速迭代，传统的旅游监管模式在法律规章、行政手段、技术手段等方面逐渐失灵。此外，大数据、互联网、区块链、移动支付等新的科学技术催生了许多与旅游相关的新业态、

新企业，加之旅游业时空性、综合性、广泛性、全域性等特点，旅游监管的复杂性有所增加。

在旅游市场交易中，一些旅游企业利用信息不对称规避监管牟取不法利润，由此产生"黑车""黑社""黑导游""天价宰客"等现象。在大数据背景下的旅游市场，各种信息多变且复杂，政府并不能轻易识别准确的监管对象与监管时机，并不能采用有效的监管方式，往往会因缺乏充足信息或信息不对称而陷入盲目监管或消极监管的困局，造成监管方式失效。

现代旅游业的发展与监管有赖于先进的技术和交易平台系统，旅游市场监管的技术队伍尚未成熟，一线监管人员缺乏充分的技术手段进行数据触达，监管技术短板将导致技术性与操作性风险。此外，市场与科技的发展速度加剧了数据监管的紧迫性，使数据识别更加困难和亟需解决。

总而言之，旅游市场的高速发展与现代科技的迭代升级给传统旅游监管模式带来冲击，加剧信息不对称问题，加大法规与市场发展的"步调"间距，放大了当前监管机制的缺陷。为推动旅游高质量发展，传统监管模式亟待创新转型。

9.3.2.2　缺乏对旅游从业人员的内在文化素养培育

旅游行业对旅游从业人员的培养大多是针对职业技能方面的培训，缺乏对从业人员内在文化素养方面的培育，旅游从业人员普遍缺乏综合性的全方位的知识文化学习途径。由于旅游人才市场对从业人员的综合职业能力要求不高，因此，在旅游景区的管理过程中，存在着大量的工作人员专业能力不高的问题，他们对工作的景区相关自然环境理论、旅游相关的语言学习、风俗习惯、历史文化及景区特色了解得不全面，甚至不准确。有些景区的从业人员，每天都重复着同样的工作，缺乏主动创新的意识，表现出严重缺乏旅游人才应具备的专业能力，既给自己带来了缺乏工作激情的后果，又影响到游客对景区的了解与兴趣。这类现象归根结底都是旅游从业人员内在文化素养培育体系缺乏造成的，旅游机构对从业人员的素养管理工作不到位，没有形成对旅游从业人员的素养管理机制，也没有制定统一的标准执行，对员工的文化素养考核要求也十分松懈。

9.4　秀峰区县域旅游发展建议

9.4.1　深入挖掘文化底蕴，吸引游客前来旅游

建设室内戏曲舞台传播地方传统曲艺。张家村以演戏文化为特色，傩舞艺

团很好地保护了这一非物质文化遗产。在张家村建设一个室内能容纳200人以上的傩舞、桂剧、彩调的演艺厅，可以为游客组织有一定规模的傩舞、桂剧、彩调的演出。对于游客来说，观赏一台有艺术品位的舞台文化表演，可以留下深刻印象，这也是当前旅游景点重点建设的项目之一。通过为游客、当地民众表演，可以不断将秀峰区地方戏剧发扬开来，突出与青山绿水配套的区域特色文化。

发挥书画文化优势合理规划旅游项目。庙门前村以书画文化为特色，发挥阳太阳广场和名人效应，建议开展书画培训与欣赏体验，组织不同画派的交流活动、写生、研讨会等，或利用周末和假期组织小学生开展书画活动，形成浓郁的书画氛围，让山水文化与书画文化融为一体，充分展示青山绿水、文笔墨宝的赏心悦目画卷。

民宿和戏台楼阁展现独特建筑文化风格。鲁家村的建筑颇有特色，坡屋顶、小青瓦、花格窗、白粉墙、青石板，这些虽然是桂北民居的传统建筑元素，但把它们和谐地聚集在一起，民居张弛聚合，街道曲直相接，铺面遥相呼应，小桥流水、戏台楼阁、景观雕像、绿化带环绕等，连铺面名称、招牌书写都颇有艺术性，既是村又不是村，让游客流连忘返。

俗话说一方水土养一方人，每个地域都有其独特的文化，本土精神内涵的深化和发扬可以有效发挥秀峰区历史、文化、资源优势，让游客感受到不一样的风景。

9.4.2 开展法律进景区，促进辖区旅游业健康发展

围绕秀峰区内景区多、游客多的现实状况，大力开展"法律进景区"活动，可以提升群众及游客的法律意识和文明旅游意识，促进秀峰县域旅游业健康发展。

成立旅游巡回法庭，设立旅游法律知识、旅游消费维权咨询点，针对秀峰区旅游文化名城的特色、旅游景观的密集性、旅游方式的多样性及市民、游客的需要，走进景区在现场向市民、游客宣传法律、宣传秀峰；向游客及群众发放《景区普法宣传册》《宾馆普法宣传册》《宪法知识小读本》《妇女维权宣传资料》等法律法规及深受群众和游客欢迎的法制宣传用品。

通过实施"法律进景区"规划，加强与各大景区联系，深入开展法制宣传教育和法治实践，使景区管理干部职工熟悉、掌握相关法律知识，不断增强法律意识，提高法律素质，改进管理方式，明确执法责任，进一步提升景区管理的法制化、规范化水平；加大对景区景点周边居民的法律法规宣传力度，强化各旅游景区景点的旅游经营者诚信经营、合法经营、公平竞争，切实保障旅游者的合法权益。同时，激发文化旅游景点在法制宣传教育工作中的内在潜力，利用景区这一宣传平台，使游人在游览优美风景的同时，得到法制教育，进一步提高游人的法律意识和守法观念。

9.4.3 加强旅游市场监管，促进旅游管理体制升级

旅游市场监管是一项系统的综合治理工程，涉及多个主体、关联多个环节、影响多个方面。做好旅游市场监管工作，需要在多个方面持续发力，切实增强旅游市场监管成效。

做到旅游市场监管持续强起来。首先，要对市场监管的工作重点精准聚焦，要紧盯旅游市场重点区域、关键环节、突出问题，把当季热点旅游区域和文化场所、热门项目、网红景点等作为监管重点，把投诉举报、负面舆情集中的经营单位作为暗访暗查重点，确保文化和旅游场所、设施设备运行安全。其次，各级文化和旅游部门要快速反应、及时处理，对损害消费者权益行为做到第一时间处理与反馈，以极速有效的工作状态形成市场监管高压态势。最后，行业内外要统筹配合和多方协作。由于客观上存在的旅游资源"条块分割"、旅游产品一程多点等特点，极易出现市场监管真空，亟需建立跨部门、跨区域联合工作机制，实现市场监管全覆盖。

做到旅游市场监管持续热起来。旅游市场有旺季淡季之分，但是市场监管不能有旺季淡季之别，必须常抓不懈，防止一阵热一阵冷，需要全年持续开展全主体、全区域、全方位监管，及时发现和消除各类安全隐患，着力营造安全稳定的旅游市场环境。同时，还要与市场监督、交通、公安、卫生、环保等部门加强沟通协作，联合开展常态化执法检查，进一步建立和完善旅游投诉综合响应、联合处置机制，切实把突击式监管、应急式监管转化为常态化监管，让市场监管工作始终保持应有的热度。

做到旅游市场监管持续动起来。市场监管能否达到预期作用、能否有效发挥以管促改的积极作用，关键是要把日常监督、暗访检查等结果运用好，应及时向社会通报旅游市场监管工作动态、典型案例和红黑榜等，联合发改、征信、金融等部门对列入黑名单的市场主体和从业人员实施联合惩戒，让市场监管有动作、有实效，引导各市场主体和从业人员吸取教训、引以为戒，在全行业形成有威严的震慑作用。

做到旅游市场监管持续暖起来。市场监管根本目的是维护消费者合法权益，做好市场监管工作实则为维护消费者权益的暖心之举，是城乡居民放心进行旅游消费的重要保障。这就要求相关部门应进一步站在消费者角度，不断优化和创新市场监管工作方式，如进一步实行涉旅投诉先行赔付机制，让游客少跑路或者不跑路。同时，积极利用信息技术手段、大数据共享平台等增强市场监管工作效率，不断拓宽消费者意见建议反馈渠道，让消费者可通过拨打"一个电话"、发送"一条信息"、关注"一个账号"，即可实现有诉必理、有诉快处。

综上，做好旅游市场监管工作，需要做到持续强起来、持续热起来、持续动

起来、持续暖起来，切实维护市场秩序、保护消费者权益，推动县域旅游消费潜力有效释放。

9.4.4 提升旅游人员从业素质，提升行业服务水平

从业人员的素质是一个行业综合发展水平的表现。秀峰区作为旅游资源丰富的县域，旅游业前景十分广阔，提升旅游业人员的从业素质是县域旅游业发展的基本要求。

加强顶层设计，把旅游从业人员素质提升纳入旅游产业发展规划和人才发展规划。总体上，旅游从业者的学历水平较低、专业知识和业务水平偏低，与秀峰区旅游市场对旅游服务的要求不相适应。未来，必须把提高旅游从业者素质摆在至关重要的位置，把旅游产业人才发展战略纳入全区旅游业发展规划和经济社会发展的人才规划，建立系统的旅游人才开发规划和配套政策，通过引进旅游高级人才带动从业队伍的成长。不断创新旅游人才工作机制，不断完善旅游从业人员管理和服务体系，形成规范化的从业人员培训机制和上岗机制，建立健全公平透明的从业人员保障机制和退出机制，完善从业人员的激励机制和竞争机制，努力建设一支规模较大、结构合理、素质优良，适应秀峰旅游的人才队伍。

加强职业道德与职业技能培训。旅游服务是以人为本的综合性服务，不仅需要从业人员具有良好的职业道德，而且要具备较强的专业技能和丰富的知识储备、独立的工作能力和应变能力、良好的心理素质和健康的体魄、良好的仪容仪表等基本素质。鼓励从业人员自我学习、自我提高，使旅游从业人员有较好的文化修养、广博的文化知识、较好的语言修养、良好的风度，这样才能为游客提供高质量的服务，向社会传递正能量。

第10章 特色旅游促脱贫——金秀县

10.1 金秀县县域旅游发展概况

10.1.1 发展现状

金秀县位于广西中部偏东,地处桂中,地跨 109°50′~110°27′E,23°40′~24°28′N①,东界蒙山县,东北邻荔浦市,南部与桂平市、平南县接壤,西靠象州县,西南与武宣县相连,西北与鹿寨县毗邻,全县总面积 2518km²。金秀瑶族自治县成立于 1952 年 5 月 28 日,是全国最早成立的瑶族自治县,瑶族人口约占总人口的 39.01%②。金秀县是世界瑶族支系最多的县份和瑶族主要聚居县之一,瑶族中有盘瑶、茶山瑶、花蓝瑶、山子瑶和坳瑶 5 个支系③,瑶族文化、民俗风情保持得十分完好。人类社会学家费孝通曾说过:"世界瑶族研究中心在中国,中国瑶族研究中心在金秀",并亲笔题词"瑶族之乡"(图 10-1)。

图 10-1 金秀瑶族自治县

金秀是国家森林公园、国家级自然保护区、国家级珠江流域防护林源头示范县、国家扶贫开发工作重点县、中国八角之乡、广西最大的国家级水源林区。全县森林覆盖率 87.67%,是广西最大、最重要的水源林区,生长着 2622 种原生植物中,药用类植物就多达 1351 种,其中包括"五虎、九牛、十八钻、七十二风"等 104 种经典瑶药,是"广西最大的药物基因库",也是广西中草药品种最齐全的

---

① http://lib.gxdfz.org.cn/view-c41-7.html
② http://www.jinxiu.gov.cn/zjjx/t612675.shtml
③ https://new.qq.com/rain/a/20201129A04F9J00

县份,被誉为天然的"万宝山"。全县境内全年平均气温 17℃,夏无酷暑、冬无严寒,气候宜人,空气清新,空气中负氧离子含量最高达到 15 万个/cm³[1],被誉为"岭南避暑胜地"和"人世间之桃源仙国",是理想的旅游、度假、避暑、养生胜地,是自治区级风景名胜区,先后获得"中国长寿之乡""中国民间文化艺术之乡""中国天然氧吧""中国瑶医药之乡""全国森林旅游示范县""广西优秀旅游县",以及"广西十佳休闲旅游目的地""广西国民旅游休闲示范单位""广西特色旅游名县"等荣誉称号。

在旅游竞争力评价指标中,金秀县竞争力指数最高的是发展竞争力,其次是管理竞争力,新媒体评级指数较高,在前十中排名第六,业绩竞争力和要素竞争力指数较低。

10.1.1.1 旅游人数和收入保持稳步提升

2015 年,金秀成功创建广西特色旅游名县,旅游经济总量和产业规模均实现快速增长,旅游知名度也极大提升,成为广西旅游发展的典范和热点城市。根据金秀瑶族自治县 2015 年国民经济和社会发展统计公报数据显示,2015 年金秀县共接待国内外游客 287.76 万人次,同比增长 35.33%,旅游总收入 19.04 亿元,同比增长 55.75%,其中入境人数 4931 人,创外汇 181.41 万美元,同比分别增长 8.71%和 10.99%[2]。旅游业的快速发展,有力带动了房地产、物流、金融、交通、商贸、餐饮、住宿、信息等现代服务行业加快发展。

2016 年,金秀列入第二批"国家全域旅游示范区"创建单位,金秀的旅游业发展进入新阶段。根据金秀瑶族自治县 2016 年国民经济和社会发展统计公报数据显示,金秀县 2016 年全年累计接待游客 354.09 万人次,同比增长 23.05%。其中,入境旅游人数 5143 人次,比上年增长 4.3%;国内游客 353.58 万人次,增长 20.94%。实现旅游总收入 25.97 亿元,增长 36.40%。2016 年年末全县共有 A 级及以上旅游景点 7 处,星级饭店 7 家[3]。

2017 年和 2018 年金秀县在政府工作报告中明确提出全力推进国家全域旅游示范区创建工作,加快景区提质升级,补齐产业融合、智慧旅游发展短板,推动金秀旅游从单个景点观光向大金秀景区转变。

根据金秀瑶族自治县 2017 年国民经济和社会发展统计公报数据显示,2017 年年末金秀县累计接待游客 429.12 万人次,同比增长 21.2%。其中,入境旅游人数 5811 人次,比上年增长 12.99%;国内游客 428.54 万人次,增长 21.2%。实现

---

① http://www.jinxiu.gov.cn/zjjx/t612675.shtml
② http://www.jinxiu.gov.cn/sjfb/tjgb/t619340.shtml
③ http://www.jinxiu.gov.cn/sjfb/tjgb/t619342.shtml

旅游总收入 35.01 亿元，增长 34.81%。其中，入境旅游收入 274.05 万美元，增长 8.96%；国内旅游收入 34.83 亿元，增长 36.4%。2017 年年末全县共有 A 级及以上旅游景点 7 处，星级饭店 5 家[①]。

根据金秀瑶族自治县 2018 年国民经济和社会发展统计公报数据显示，2018 年金秀县累计接待国内外游客 557.43 万人次，同比增长 29.9%，旅游总收入 47.95 亿元，同比增长 36.96%。其中，接待国内游客 556.86 万人次，同比增长 29.94%，国内游客旅游总收入 47.75 亿元，同比增长 37.09%；入境旅游者 5725 人次，同比减少 1.48%，创外汇 295.89 万美元，同比增长 7.97%。2018 年年末全县共有 A 级及以上旅游景点 7 处，星级饭店 5 家[②]。

2019 年，金秀立足县域优势产业，深入实施创新驱动发展战略，构建起助推金秀经济社会发展的良好环境。这一年金秀成功入列国家首批全域旅游示范区，打响"圣堂仙境，生态瑶都"新品牌。根据金秀瑶族自治县 2019 年国民经济和社会发展统计公报数据显示，2019 年金秀县累计接待游客 683.45 万人次，比上年增长 22.6%。其中，国内游客 682.85 万人次，增长 22.6%。实现旅游总收入 63.73 亿元，增长 32.9%。其中，入境旅游收入 328.72 万美元，增长 11.1%；国内旅游收入 63.5 亿元，增长 33.0%。2019 年年末全县共有 A 级及以上旅游景区 7 家，星级饭店 5 家[③]。

10.1.1.2 县域旅游业发展备受重视

在县域旅游发展过程中，金秀县委政府高度重视，深入贯彻习近平生态文明思想，认真落实习近平总书记"广西生态优势金不换"指示，依靠得天独厚的自然优势和瑶族文化底蕴，以"保护生态环境促进绿色产业发展"为发展理念，以"瑶山瑶水立县、瑶俗瑶宿稳县、瑶药瑶茶强县"为发展主线，以乡镇、民族村、特色企业为节点，做足做精做细瑶乡生态文旅和绿色农业产业，突出"生态、民族、长寿"三大品牌，打造"世界瑶都""长寿之乡""特色产业"品牌圣地，将"绿水青山"生态优势转化为"金山银山"经济优势，探索基于瑶乡特色的转化路径，涌现出了瑶族民俗村、特色瑶族民宿群、瑶族文化博物馆、瑶药产业基地、药茶产业示范园等一大批"两山"转化典型案例。创新"两山"转化机制体制，形成了以重点生态功能区监管制度、目标责任制和评估机制、环境治理和生态保护市场化机制、生态补偿制度、自然资源资产离任审计和损害赔偿制度等为核心的制度体系。

---

① http://www.jinxiu.gov.cn/sjfb/tjgb/t619344.shtml
② http://www.jinxiu.gov.cn/sjfb/tjgb/t619346.shtml
③ http://www.jinxiu.gov.cn/sjfb/tjgb/t5335688.shtml

10.1.2 发展优势

10.1.2.1 优越的区位条件

金秀处于广西"桂中经济区",是广西七大旅游经济区块中"大瑶山生态民俗旅游区"的核心板块。县城距柳州市区 155km、来宾市区 212km、桂林市区 210km、梧州市区 230km、南宁市区 415km[①]。金秀是来宾市最重要的旅游大县。金秀所在的来宾市,处于广西"十三五"规划重点建设的 4 条旅游发展带中的"桂林—柳州—来宾—南宁—北海、钦州、防城港"南北旅游发展带、"梧州、贺州—贵港、玉林—柳州、来宾—南宁—崇左、百色、河池"东西(西江)旅游发展带的结点。

10.1.2.2 得天独厚的旅游资源

金秀大瑶山有 500 多平方千米的类丹霞地貌景观,不但有浩瀚苍莽的原始森林和秀丽壮观的溪瀑景观,还有形态万千的奇松怪石,集黄山、庐山、张家界之美于一身,雄奇而且灵秀,令人赏心悦目,流连忘返。金秀大瑶山还有丰富的野生珍稀动植物观赏资源,旅游区内已知有植物资源 2335 种、动物资源 1226 种[②]、有世界植物活化石"银杉"和世界动物活化石"瑶山鳄蜥"。

圣堂山是最受瑶山人民推崇的"圣山",广西名山之一,是大瑶山自然风光的精华所在。圣堂山主峰海拔 1979m[③],在方圆 150km^2 的景区内,群峰林立、直插云天,浮云在峰林间飘渺,恍如海市蜃楼,蓬莱仙国。老人们都说只有仙家居住的地方才能有如此美景,因此就把此山称为圣堂山。圣堂山是绿色宝库、天然的动植物园,遮天蔽日的原始森林中保存了许多珍贵稀有的树种、花草、中草药等植物。圣堂山的动物种类也很多,猕猴、锦鸡、林麝、石羊、野猫、白鹇、果子狸、苏门羚、飞虎(也叫鼯鼠)等相依为伴,和睦共处。在不少地方自然生态环境受到严重破坏的今天,圣堂山仍然是珍禽异兽的乐园。圣堂山的气候十分宜人,年均气温 12℃左右,且温差不大,冬暖夏凉,是避暑的好地方[④]。

金秀莲花山为国家级自然保护区,国家森林公园。莲花山类似丹霞地貌,主峰海拔 1350m[⑤],其景观由能多山峰、莲花山峰及棋盘山峰组成,因远眺整座山体酷似一朵含苞待放的莲花而得名。由于充足的雨量和北回归线附近的优越地理位置及少经破坏的生态系统,莲花山形成了风光绮丽、气势磅礴、丹峰碧水、朱

---

① https://baike.sogou.com/v66280360.htm
② https://baike.sogou.com/v300472.htm
③ https://baike.sogou.com/v83360488.htm
④ https://www.uzai.com/gotour/lygl/46740.html
⑤ https://baike.sogou.com/v61649969.htm

崖绿树、四季如春、景色如画的自然景观。主要景点有：盘玉遗韵、石林仙都、盘王酒坛、会仙桥、蛇松、红袍将军、试剑峰、石门、一线天、众猴赏花、黄昏恋、米椎林、盘王庙、会仙门、劈山救母、猩猩峰、仙人遗径、磨盘峰、山外山、毛架山、棋盘王、小青山、羊角峰、不倒峰24个景点。莲花山集华山之峻峭、衡岳之烟云、雁荡之巧石、张家界之灵秀、峨眉山之清凉、黄山之苍莽于一身，令人赏心悦目，流连忘返，是不可多得的游览胜地。

罗汉山上群峰林立、云封雾锁，远看峰浮云海、气势磅礴，近看怪石凌空、鬼斧神工，如猛虎下山、万马奔腾，山峰青松挺拔，大小高低对比强烈，迎客青松造型美观，从东至西满山遍野，万顷松林咆哮翻腾，蔚为壮观。从罗汉山风景旅游区山顶至山脚，杜鹃遍布，细流涓涓，鸟叫虫鸣，汇成一部巨大的交响乐曲；往北鸟瞰，梯田层层，水车滚滚，掩映在林海中的高山瑶寨炊烟袅袅，歌声阵阵，锣鼓喧天，高山瑶寨的迷人风光让人如迷如醉，流连忘返。

银杉为松科常绿乔木，是著名的"活化石"、国家特有一级濒危保护植物。银杉公园内的银杉群落是继广西龙胜县、四川、贵州等地之后发现的又一银杉群落。金秀县为我国银杉分布的最南点，具有水平分布纬度最低、最老、最多、植株最大的特点，其中有一株银杉胸径86.9cm，树高30.65m，树龄已逾500年，号称银杉王。银杉公园内有10株银杉[①]，与华南五针松、牛皮杜鹃等众多的珍贵树种组成混交林，既可供人欣赏，又为古植物学、植物地理学、地质学、气象学、地球史等方面的研究提供了重要的实物基地。

10.1.2.3 奇特神韵的瑶山文化

金秀瑶族是一个历史悠久且传统文化极为丰富的民族，他们勤劳、勇敢，在漫长的历史长河中，不仅创造了物质财富，还创造了丰富多彩的民族文化艺术，他们以自身的经历和感受，创作了大量的歌舞，广泛传承了远古以来生息繁衍的自然环境及历史变迁下瑶族不同支系的生活习俗、伦理道德和宗教信仰，表达了人们的悲苦和欢乐、理想和愿望。

盘瑶，因信奉盘王（槃瓠）而得名；又因从前盘瑶妇女所戴之帽用木板做成，故又称为"板瑶"。金秀县内盘瑶妇女的头部装饰有三种，即尖头、平头、红头。盘瑶自称"棉"或"勉"，即人的意思。茶山瑶，以住地而得名，"茶山"是金秀瑶山中北部一个历史地名。茶山瑶自称"拉珈"，"拉"意为人，"珈"为山，"拉珈"则是指住在山上的人。花蓝瑶，因花蓝瑶妇女服饰皆绣有精美图案，色彩斑斓，极其艳丽而得名。"花蓝"也就是"花花蓝蓝""花花绿绿"的意思。花蓝瑶

---

① https://www.ly.com/go/scenery/106/1060000013666.html

自称"炯奈",意思也是住在山上的人。山子瑶,以佃耕山地为生而得名,自称"门",即人之意。坳瑶,因坳瑶语"瑶"字的发音与汉语"坳"字相似,故被称为"坳瑶";坳瑶男子的头髻,不偏不倚地结在头顶正中,故又称为"正瑶"。坳瑶自称为"标门","标"是自称,"门"意为人。金秀5个瑶族支系的服饰式样各有特色,熟悉瑶族风情的人一看服装即可辨别出其所属支系。

瑶族服装,由大面积的织绣而成,早在汉代,就有瑶族先民"织绩木皮,染以草实"的记载,可见瑶族是个爱美的民族,上千年来,对美的追求让瑶族人民逐渐摸索出一套独有的以织、绣为主的手艺。金秀五大瑶族支系,不仅服装不同,织绣手法也各有巧妙之处,茶山瑶以擅织为名,盘瑶则以绣为主。瑶族五大支系的服装虽然不同,但是每种服装都由大面积织绣而成,制作一套女式服装所需的时间成本极高,通常需要耗时数年。2016年,世界旅游小姐中国总决赛选择广西金秀瑶族自治县作为赛场之一,身穿瑶族服饰的世界小姐大赛参赛者走在T台上,向世人展现它的华美,也在时装界刮起了一股风潮。

金秀长期流行于民间的多彩的歌曲,是瑶族人民生活和斗争的艺术再现,无论在丛林、田野、山坡劳作或是在木楼、棚、火堂边,歌声总是不绝于耳,尤其是逢年过节,聚会歌堂,唱歌成为不可缺少的部分。由于5个瑶族支系聚居的地域不同,造就了瑶族民歌的绚丽多姿,风格各异,体现在"香哩""离惯""刮架""嘎直""门钟""贵金钟""机社""吉冬诺""央唱"等数十种不同称谓的瑶族传统民歌。这些广泛流传于民间的歌曲,都具有悠久的历史、传奇的色彩及古今融汇的思想,是金秀瑶山人民聪慧的结晶。

大瑶山上的民间器乐同样很多,而且源远流长。盛行的有"好金",人称床头琴,因瑶族男女青年谈情说爱时双双坐在床头边用琴声交流感情而得名;"杂"即唢呐,其形态、制作及演奏方法同汉族,但曲调却有"三十六段"和"七十二调",多用于等喜庆及送丧的场合;"尼王公"就是黄泥鼓,用于每年8月或12月还盘王愿,黄泥鼓分母鼓和公鼓,母鼓鼓身粗,音沉厚,公鼓鼓身长,声清脆,舞蹈时,母鼓控制多只公鼓的方向和节拍。

瑶族民间舞蹈艺术别具一格、风情独特。它是大瑶山人民意识的反映,不仅与本民族的劳动生产、生活环境、思想感情有着本质的内在联系,同时与其历史传统、风俗习惯,以至图腾膜拜、神话传说等都有着密切的渊源关系,并在此基础上形成各种不同的类别、形式、体裁及各自的风格特点,主要有黄泥鼓舞、出兵收兵舞、八仙舞、跳盘王、三师舞、白马舞、舞灵舞等具有独特代表性的瑶族舞蹈。居住在大瑶山上5个支系的瑶族人民,千百年来,他们古老而纯朴的艺术得以完整地流传至今,缘由是这里始终保持着完整的艺术队伍。目前金秀县的农村业余文艺队伍达60多支,尤其是坳瑶,几乎每个村寨都有一支队伍且演员阵容较大。例如，金秀县六巷乡的古陈屯，全屯不过 120 人，演员就有 40 多人[①]，是一支典型的具有代表性的瑶族民间艺术队伍。1996 年，他们在国家民族事务委员会的关怀和帮助下，赴日本成功演出。历时一个多月，把瑶族文化艺术逐步推向国际舞台。此后，日本的瑶族友人多次到六巷乡回访。

瑶族节令繁多，各支系节令既有共性也有个性。春节、社节、清明节、七月祭祖等为 5 个支系瑶族共同的节日，其中春节最为盛大，过节都要杀猪、杀鸡、杀鸭，打糍粑，做年糕，备足各种年货；其他节日，各支系的庆祝方式也有所差异。此外，各支系还有自己的特殊节令。为防旱保苗，茶山瑶、盘瑶过分龙节，茶山瑶、花蓝瑶过保苗节。农历四月初九，是长垌、罗香、六巷一带山子瑶的禾魂节。在农作物将要收割的农历八月末至九月初，茶山瑶、花蓝瑶、盘瑶过尝新节，全家人吃新米饭，欢庆丰收。

金秀瑶族民间活动内容丰富，5 个支系均有自己盛大的节日，如盘瑶的还盘王愿、茶山瑶的功德节、花蓝瑶的游神节、坳瑶的浪坪节及山子瑶的度戒节等。度戒节是金秀瑶山人民专为男子举行的成年礼，接受度戒以后的男性青年，才能取得公众的信任，方可结婚成家。每当举行度戒活动，方圆几十里的瑶民便会聚集到这个村寨，祝愿受戒者受戒成功。在热烈的锣鼓、炮竹和鸟枪的喧闹声中，受戒者要接受过火海、上刀山、咬碗、吞筷条、足踩烧红的犁头等考验，从而形成千古流传的绝技。

金秀瑶族民间艺术的蕴藏量十分丰富，为使优秀的民间艺术在更广阔的平台传播，提高民族文化艺术的社会地位，促进社会主义精神文明建设，1986 年成立金秀瑶族艺术团，该团的成立，使优秀的瑶族文化艺术得到全面的继承和发展。根据瑶族支系多、服饰多彩的特点，金秀瑶族艺术团成立以来相继创作了《瑶族歌舞》《瑶山五色云》等具有传统特色，又有强烈现代意识的节目。他们一方面采取本民族精湛可借鉴部分，另一方面又吸收其他民族的艺术精粹，进行艺术再创作。例如，黄泥鼓舞，艺术编导对其进行了提高和改造，使鼓开多样，舞姿刚健纯朴，刚中有柔，场面活跃，在节目《欢腾的盘王节》中，黄泥鼓、大小长鼓奏出密集的鼓点，极大地丰富了瑶族的鼓文化。香哩歌《姑娘，长得像朵花》是流传在茶山瑶地区的民间歌谣，通过整理修改，现已成为具有代表性的瑶族特色民歌。《瑶族歌舞》应国家文化和旅游部和国家民族事务委员会的邀请于 1998 年 12 月进京演出，得到了国家领导人和北京观众的高度评价。时下，金秀瑶族艺术团又紧锣密鼓地进行第三台瑶族歌舞节目《瑶山鼓歌》的创作，该歌舞以立体交响表现手法，把瑶族民歌、器乐放在瑶山的"春""夏""秋""冬"四季民俗背景下

---

① http://unn.people.com.cn/gx/gxgd/laibing/lvyou.htm

形成演唱、演奏，集中表现瑶族优秀的传统民歌和器乐精华，该歌舞的创作演出，对继承和发扬优秀传统艺术、弘扬民族文化、振奋民族精神具有深刻意义。

瑶族各支系住宅，都是依山建筑，按地势分上下两间或数间，摆布在一块平地上的极少，房屋结构大体可分为砖墙木架瓦盖、泥或卵石墙木架及木架篱围三类。茶山瑶村落分布于山谷和溪流两岸较平坦的山坡上，绝大多数位于大瑶山中心地带。花蓝瑶村落分布于溪流两岸山脚，部分接近山腰和山顶，多数接近悬崖峭壁。坳瑶村落分布在山谷中，少部分居住在山脚和山腰。上述三个支系瑶族村落住户较为集中，而盘瑶、山子瑶居住较为分散，住户也不多，多数村落分布在山脊陡坡之上，也有少部分居住在山冲和山腰。瑶族建筑住宅、禾仓等，都要选择吉日，在修筑住宅上特别注重开工动土、搭架横梁及安大门三件大事，均要以鸡鸭祭祀神灵。

瑶族的主食、副食及酒会都有典型的山地特点。茶山瑶、花蓝瑶、坳瑶因进山时间较早，占有山场和荒地，开垦了稻田，其主食为水稻，个别地区掺杂吃一些木薯、红薯和芋头。盘瑶、山子瑶因少有土地，几乎没有水田，粮食和蔬菜以山地种植玉米为主，菜肴以野生居多。肉类方面，猪肉、鸡鸭肉为瑶族的主要肉类，但因粮食饲料少、圈养方法不当，数量较少。瑶族多有饮酒的嗜好，酒均自酿，有的人一日三餐酒，有客来定以酒相敬。

10.1.2.4 丰富的自然资源

森林资源瞩目。全县总面积 $2518km^2$，森林面积 329.35 万亩。森林覆盖率 87.51%，其中水源林面积 158.59 万亩[①]。金秀县有"广西最大水源林区""国家级珠江流域防护林建设源头示范县""大瑶山国家森林公园""大瑶山国家级自然保护区"4 个称号。

水资源丰厚。金秀县境内共有集雨面积 $10km^2$ 以上的河流 26 条，担负着周边柳州、梧州、桂林、贵港 4 个地（市）7 个县（市）41 个乡镇 200 多万人口的生产生活用水及 1500 万亩耕地灌溉用水，年输出水量 25 亿 m^3。河流落差大，水能蕴藏量达 26.46 万 kW，可装机 16 万 kW，年可发电多达 2 亿 kW·h。

矿产资源众多。县内有铁、铜、金、水晶、重晶石、彩色大理石、彩色花岗岩、石灰石等 10 余种近百个矿点，矿石品位高、质量好、埋藏浅，开采地质水文简单、易采易选、交通方便。其中，桐木镇、头排镇的重晶石矿储量为 250t；桐木彩色大理石储量为 3000 万 m^3 以上，长垌彩色花岗石预测量为 1.5 万～3 万 m^3。

动植物资源丰富。金秀大瑶山地处南亚热带与中亚热带的过渡地带，生物资

---

① http://sa.sogou.com/sgsearch/sgs_tc_news.php?req=J3qT7WjbH-wfs7He2AEsWftrGq8mY-2LmMBXPchdUTo=&user_type=1

源十分丰富，有维管束植物213科870属2335种，植物种类居广西之首。其中有国家一级重点保护野生植物7种，二级重点保护野生植物17种，国家Ⅰ类珍贵树种4种，Ⅱ类珍贵树种11种。陆栖脊椎动物373种，其中，国家一级保护野生动物4种，二级保护野生动物22种。昆虫资源也极为丰富，有21目168科570属853种，其中珍稀种类有14种，有些系属金秀县首次发现。专家认定，金秀是广西最大的"天然绿色水库"，是重要的天然植物园，也是广西乃至全国少有的物种基因库，有世界动物活化石"瑶山鳄蜥"和世界植物活化石"银杉"。经科学家鉴定，金秀县还有27科83属144种大型真菌[①]。

土特产资源独具特色。金秀县土特产资源有灵香草、八角、香菇、茶叶、绞股蓝、玉桂、甜茶、山苍子等。灵香草是大瑶山的特产之一，有天然的"香王"之称，是一种名贵的药材和天然的香料。我国古代伟大的医学家李时珍在《本草纲目》中早有记载：灵香草可供药用。我国民间用以治疗伤寒、下痢、鼻塞、头痛、腹痛、腰肾痛等症。在我国南方及东南亚、非洲等地，每当夏季酷热时，家备灵香草有一定的驱蚊作用。灵香草清新芬芳，香味持久，放置衣柜、书柜里可防虫，在宾馆、餐厅等地方放置灵香草，使人闻到它芬芳的天然香味，犹如置身于天然的灵香王国之中。在酿酒工业中，灵香草也是一种高级的天然香料，我国的名酒竹叶青、汾酒等，都用它作配方。石崖茶是茶中珍品，生长在石崖中的里茶树上，不用人工培植。由于大瑶山独特的自然环境，石崖茶茶味纯真，香气浓郁，其味先清苦后甘凉、清甜，具有消炎、解暑、止血、止痛、抑菌、防癌等特殊功能，对风火牙痛、咽喉炎、口腔炎、无名肿毒等疾病有显著疗效，且对人体无副作用，是理想的保健饮料。

10.2 金秀县县域旅游的探索与实践

10.2.1 发展历史梳理

2008年，来宾市将金秀县列为GDP差别考核县，重点考核生态指标的完成情况，同时国家将金秀水源林保护区列为生态功能区划中的限制开发区和禁止开发区，不符合生态保护和发展的高污染、高能耗企业禁止落户金秀。围绕环境保护性开发、尊重环境资源与承载力是金秀实现生态经济可持续发展的重要原则。

2012年，金秀县长垌乡古占瑶寨被列为"广西特色旅游名村"。2012年起，每年由金秀县政府拨付500多万元，分批对10个乡镇政府所在地按民族特色进行环境综合整治和美化改造，使得各乡镇建筑各有特色，容貌焕然一新，从而进一

---

① https://www.neac.gov.cn/seac/ztzl/201207/1067851.shtml

步提升金秀的整体旅游形象。

2013年7月,金秀县被确定为全区20个[①]重点扶持的首批广西特色旅游名县之一。

2014年5月23日,广西特色旅游名县创建工作推进现场会在金秀召开,自治区党委书记、自治区人大常委会主任出席会议并讲话。金秀抢抓机遇,一场声势浩大、规模空前的"创特"攻坚战在金秀大瑶山打响。先后成立了由县四家班子主要领导担任组长的创建工作领导小组、旅游产业发展指挥部、百日冲刺工作领导小组等,县委、县人大、县政府、县政协主要领导亲自抓,以前所未有的力度,做到全县动员、全民参与,形成全县上下共同推进创建工作的良好氛围。

2015年,金秀县全力推进"旅游强县"战略,不断促进第三产业全面发展。依托金秀多彩的瑶族文化、丰富的自然景观和优良的生态环境,积极构建县域大旅游格局,重点打好"自然生态""瑶族文化""长寿养生"这"三张牌",全力推进广西特色旅游名县创建工作,有效促进全县旅游产业快速发展。经过不懈努力,金秀成功创建了广西特色旅游名县,旅游经济总量和产业规模均实现快速增长,旅游知名度也极大提升,成为广西旅游发展的典范和热点城市。

2016年,金秀县深入贯彻落实全区、全市旅游发展大会精神,深入实施"旅游强县"战略,依托独特的瑶族文化、丰富的自然景观、优良的生态环境、舒适宜人的气候条件,进一步优化和完善旅游发展环境、功能,加快旅游基础设施和服务设施建设步伐,旅游产业发展主要围绕"325"(3个启动,2个提升,5个完成)重点工作目标,扎实推进工作,积极申报国家全域旅游示范区和国家中医药健康旅游示范区,促进全县旅游业快速、健康发展。这一年金秀成功被列入第二批"国家全域旅游示范区"创建单位,金秀的旅游业发展进入新阶段。

2017年,金秀瑶族自治县被国家林业局授予"全国森林旅游示范市县"荣誉称号。

2017年和2018年金秀在政府工作报告中明确提出全力推进国家全域旅游示范区创建工作,加快景区提质升级,补齐产业融合、智慧旅游发展短板,推动金秀旅游从单个景点观光向大金秀景区转变。

几年来,金秀县以"广西特色旅游名县"品牌为基础,以创建国家全域旅游示范县为契机,通过整合资金投入,实施重点旅游项目建设,深挖民族文化内涵,规划包装旅游产品,加大旅游品牌创建力度,不断丰富旅游新业态等,对全县旅游发展及相关产业进行全方位、系统化的优化提升,举全县之力,全力推进国家全域旅游示范区创建工作。

---

① http://www.gxnews.com.cn/staticpages/20181026/newgx5bd277b8-17752471.shtml

2019 年，金秀立足县域优势产业，深入实施创新驱动发展战略，构建起助推金秀经济社会发展的良好环境。这一年，金秀开启从"美丽金秀"到"幸福金秀"的宏伟篇章，取得了一项又一项百姓共享的喜人成果：被生态环境部命名为第三批"绿水青山就是金山银山"实践创新基地；成功入列国家首批全域旅游示范区，打响"圣堂仙境，生态瑶都"新品牌；六巷乡大岭村荣获"全国乡村旅游重点村"称号，《踏秀中国·金秀篇》体育旅游专题节目预告片登上美国纳斯达克大荧幕；"中国民间文化艺术之乡"（黄泥鼓舞）、"中国瑶医药之乡"称号荣归金秀；多个重大交通基础设施建设项目陆续开工；《在"特"字上做足文章——金秀"生态立县"的绿色实践》在《广西日报》头版头条刊登，并获《新华每日电讯》《中国新闻》刊登推介。

10.2.2 特色旅游促脱贫模式

10.2.2.1 旅游带动，全域发展

近年来，在乡村旅游发展过程中，金秀县探索出独特的"旅游＋城镇化"的发展模式和路径，即在城镇化建设过程中以旅游为引擎、以文化为补充，二者融合发展，把县城总体规划作为景区发展规划，全面启动县城民族化改造工作，完善旅游各项要素和功能。在金秀县城，有公立瑶医医院、瑶族医药一条街、瑶山特产店以及众多的瑶族美食药膳餐馆和瑶浴体验馆等，可让游客沉浸式体验瑶族文化。

在此基础上，金秀县还对乡镇政府所在地进行风貌改造，并将长桐乡、罗香乡、桐木镇等乡镇规划设计成为特色小镇，在县城到景点之间连成了多条精品线路，通过城镇发展带动全县"泛旅游产业"全面发展。金秀旅游业态不断丰富，成为新的经济增长点，带动游客人数稳定快速增长。

长桐乡平道村古占屯处于"莲花山—圣堂山"精品旅游线路上。近年来，乡里着力打造具有特色民俗文化的旅游村寨，先后被评为"广西特色旅游名村""广西四星级乡村旅游区""全国特色景观旅游名村"。依托旅游业，村民摘掉了贫困帽子，过上了好日子。

金秀镇六段村种茶面积达 2800 亩，人均 2.4 亩[①]，发展乡村旅游让六段村旧貌换新颜。村民们摆起了"长桌宴"，推出了"农家乐""瑶家乐"等特色旅游项目，欢迎远道而来的游客。

10.2.2.2 因地制宜，模式多样

在推进旅游扶贫富民工作中，金秀县利用旅游特色优势，探索出了"景区带动"

---

① https://china.huanqiu.com/article/9CaKrnK3H4k

"亦旅亦农""异地搬迁""公司帮扶"和"能人带户"等具有金秀特色的旅游扶贫富民模式。例如,圣堂山景区、古沙沟景区等与周边贫困村以集体土地入股合作分红,带动景区周边农家乐等乡村旅游发展的"景区带动"扶贫模式。其中,金秀县旅游开发公司的圣堂山景区以景区带动扶贫工作成效显著,被国家旅游局列为全国"公司＋农户"旅游扶贫示范项目;滴水乡村旅游区凭借独特的瑶族梯田农耕文化和民俗风情,发展"亦农亦旅"扶贫模式;以古占瑶寨为代表的异地搬迁模式,利用新寨发展农家乐、民宿等乡村旅游项目,旧寨则引进旅游投资商进行项目开发。当地群众通过发展农家乐等乡村旅游项目、享受土地开发红利等多种途径实现增收致富。

10.2.2.3 民宿旅游,成效显著

在众多旅游扶贫方式中,发展民宿旅游助脱贫是金秀县的一大亮点。金秀民宿业的兴盛源自政府引导和扶持。圣堂山脚下的金秀六巷乡大岭村在相关政府部门的引导下,引入广西上宾旅游文化发展有限公司投入 3500 万元[①]开发"瑶天下"生态民宿项目,对旧瑶寨进行改造,开业之后客房供不应求,还带动了当地村民农产品的销售。民宿"瑶家庄"的店主庞福仁说"依靠开民宿,家里的收入比以前增长了好几十倍"。

2016 年以来,金秀县出台了一系列政策,积极引进有资质、有实力的民宿经营企业,打造金秀民宿旅游品牌。在旅游资源突出的金秀镇、忠良乡、长垌乡、六巷乡选点布局,云山阁、瑶天下、圣堂闲居、瑶家庄等瑶族风格鲜明的民宿先后建成营业。截至 2019 年 2 月,全县有民宿 42 家,共 640 间客房、1108 张床位,民宿成为金秀旅游的新亮点[②]。

此外,金秀县还发动众多乡村旅游能人带动贫困户从事旅游业增加收入。2016 年,该县鑫辉旅行有限公司的陶柳燕被列为全国"能人带户"旅游扶贫示范项目。金秀县还鼓励群众将特色种养业、特色餐饮、瑶医药与旅游业联动发展,延伸乡村旅游产业链,丰富了乡村休闲旅游产品。此外,金秀县还与广东省茂名市茂南区结成帮扶对子,开展广东、广西两地旅游扶贫协作,近年来到金秀旅游的广东游客增幅超过 30%[③]。

10.2.2.4 市场导向,广纳英才

金秀县牢固树立人才是第一资源的理念,突出市场导向、转变政府人才管理方式,把人才工作重心转移到培育优势产业、搭建创业平台、改革人才发展体制

[①] http://szb.farmer.com.cn/2019/20190701/20190701_005/20190701_005_2.htm
[②] http://gxrb.gxrb.com.cn/html/2019-04/12/content_1588473.htm
[③] http://sa.sogou.com/sgsearch/sgs_tc_news.php?req=aA5Gd7VqP3h6EEYUtXnQeU_AF1BbwO1mtYNu3srpxQY=&user_type=1

和探索政策创新上来,让人才引得进、用得好、留得住,建设一支规模适度的、优秀的大瑶山人才队伍,为实现金秀县域旅游快速发展和跨越发展提供强有力的人才支撑。

以市场为导向,搭建人才干事创业平台。近年来,金秀大力实施"旅游强县"战略,积极整合资源,优先培育旅游健康长寿、现代农业等市场潜力大的产业,在探索前进中聚集了一批优秀的企业经营管理、瑶族风俗表演、农家乐经营管理、瑶药研发生产加工、电子商务、沙糖桔种植和茶叶种植加工等方面的人才,为全县县域旅游业迅猛发展提供了强有力的人才支撑。同时,继续整合资源,聚贤引才,努力把金秀打造成广西旅游商品生产基地和培育全国重要的瑶药生产基地,加快建设形成以瑶族医药、健康食品、旅游商品、新能源为主的生态工业体系。

优化成长环境,盘活现有人才资源。注重加快转变政府人才管理职能,最大限度激发和释放人才创新创造创业活力,使人才各尽其能、各展其长、各得其所。充分激发全县广大干部干事创业的激情和活力,营造改革创新、敢于担当、积极履职的良好氛围;在干部的选拔任用上,强化基层导向,注重从基层选拔、调配干部,把基层工作经历作为选拔干部的重要条件之一,严格规范基层干部的工作调动程序;出台各种保障措施和激励机制,引导各类优秀人才向农村基层和艰苦边远地区流动。对在农村基层、艰苦地区和科研生产一线工作的专业技术人才,在职务、职称等方面给予倾斜,改善其工作和生活条件;对表现好、综合素质高的农村优秀"土专家",适当选聘到乡镇涉农事业单位工作,充分发挥其辐射带动作用。

完善配套服务,多渠道引进和培养人才。完善配套服务是刺激人才留下来、有发展的有效手段。近年来,金秀完善了县领导联系人才等制度,及时了解人才的需求和想法,进一步加大对引进到金秀的研究生乡官等高层次人才的培养和使用力度,成熟一个,提拔一个,重用一个。同时,拓宽渠道,加大生态建设、旅游管理、瑶医药、健康养生、旅游商品研发等市场前景好的产业的紧缺急需人才的培养和引进;采取"走出去"与"请进来"方式,大力培养农村合作社负责人、"土专家"及农产品加工、农村电商、民俗表演等农村实用人才,提升本土人才素质水平,优化人才队伍结构。

10.3 金秀县县域旅游发展的主要问题及原因分析

10.3.1 金秀县县域旅游发展的主要问题

10.3.1.1 旅游产品开发水平较低

一是部分开发商无实力、不专业。例如,金秀最核心、最具代表性的景区圣堂山长期承包给个人,其开发、经营、服务的水平很低,又因合同期长,回收难度很大,这样的状况给金秀的整体旅游形象提升造成了较大的阻力。不少游客对圣堂山的服务、收费、景区设施等都表现出不满情绪。二是瑶族村寨开发无序。金秀县的10余个瑶族村屯包括大岭村、石架屯、六巷乡、下古陈村、上古陈村、古占瑶寨、金村、孟村等,除大岭村瑶天下民宿客栈是在原有建筑基础之上加以适当改造,既保留原有风貌与记忆,又融入舒适与美感外,其他瑶族村寨或因整体搬迁而破败,或改为砖结构楼房,而且不少都是外墙统一涂色、与县城楼房色调一致,缺乏古朴的瑶寨特色,且大都是自发建设,水平低,没有规划,没能体现"一村一品",也还没形成现实的规模接待能力。三是特色瑶族文化挖掘不够。虽然在瑶族文化挖掘、整理方面有一定进展,但金秀5个瑶族支系内涵开发不足,卖点、亮点的瑶族文化特色尚不明显。四是瑶医瑶药挖掘力度还不够,尚未形成规模和品牌。

10.3.1.2 旅游形象宣传缺乏亮点

金秀县虽然拥有奇山秀水,但因景区开发大多是承包方式,在开发、宣传方面往往各自单打独斗,没有形成合作联动,加上经济基础薄弱,未能投入大量资金用于宣传推广,也缺乏对旅游形象、旅游产品的整体策划、整体包装和整体宣传,导致金秀的旅游形象未能深入人心。

金秀的旅游形象宣传口号有"圣堂仙境、生态瑶都""金山秀水、世界瑶都""金山秀水、生态瑶都",金秀县人民政府官方网站上是"中国金秀,世界瑶都"。这些在一定时期内对宣传金秀、促进金秀县域旅游业发展起到了较好的作用,但这些形象还没将金秀的综合旅游特点充分概括出来,同时未能完全符合现代旅游消费观念的新要求。其中,"圣堂仙境、生态瑶都"这个形象宣传语是相对比较好的,反映了金秀县自然、生态、民族方面的特点,不足之处在于"圣堂"只是金秀众多旅游景区之一,没能树立整个金秀的形象;"金山秀水、世界瑶都"中的"金山秀水"虽然嵌入了金秀,但比较平淡;"中国金秀,世界瑶都"听起来很大气,实际上只反映了民族方面的特点,"中国金秀"没有实质内涵。此外,几个形象宣传语都提到"瑶都",意在突出金秀是"世界瑶族的中心",对长期生活在喧嚣都市中、向往自然的游客来说,"都"给人的感觉更是代表"现代",这样反而削弱了金秀原生态的形象。"世界瑶都"百度搜索量不升反降,这在某种程度上恰恰反映了这个形象宣传语尚未深入人心。因此,相关部门还需对金秀总体旅游形象宣传进行重新策划,使其达到更好的宣传效果,深深印入人们的脑海中。

10.3.1.3 旅游规划有待完善

金秀县委、县政府高度重视旅游规划,基本形成了比较完整的旅游规划体系。

主要问题是现有规划未能完全适应全域旅游发展的新形势、新要求，在"多规合一"、高起点、高标准方面还需进一步完善。旅游规划需要发挥规划设计者的想象力、创造力，也只有这样才能确保在规划设计过程中有所创新、有所突破，旅游规划质量才能有所保障，但旅游规划设计绝不是搞文学创作，它是建立在现实基础之上的创新活动。

10.3.1.4 交通基础条件较差

主要是金秀至平南二级公路，连通莲花山、圣堂山、圣堂湖等主要景区，从县城至银杉公园、天堂山、六巷、忠良等旅游景区和上古屯、下古屯等民族村寨，以及旅游景区与旅游景区之间的交通条件还比较落后；主要景区自行车骑行道路建设还处于空白状态，可进入性较差，未来仍需加大力度改善。

10.3.2 金秀县县域旅游发展主要问题的原因分析

10.3.2.1 县域旅游的季节性波动

金秀县县域旅游发展面临着旅游业固有的季节性波动问题，对县域旅游业发展造成了一定程度的负面影响。金秀的乡村农业生产可以分为春、夏、秋、冬四季，但一般在夏秋季节乡村旅游人气较高，冬春季节乡村旅游人气相对较低；瑶族重要节庆活动时人满为患，节庆过后则门可罗雀；周末及节假日农家乐经营火爆，而工作日则生意冷清。旅游的季节性波动直接影响着旅游业发展的稳定性。

引起旅游季节性的因素主要包括自然和社会两大因素。自然因素主要是因气温、降雨降雪、旱季雨季、昼夜长短等自然条件引起的季节性；社会因素则主要是人类活动或政策法规形成的季节性，如各种节庆、习俗、公共假期等。相关研究表明，旅游季节性影响广泛，对社会经济、生态环境、文化习俗都会产生一定的负面作用，引起诸如经济波动、物价上涨、就业季节性中断、交通堵塞、社区生活干扰等方面。金秀县县域旅游的季节性使村民组织的瑶族风情表演具有较大的不确定性，影响旅游活动的正常进行。

10.3.2.2 单体旅游资源在广域范围内不够独特

就金秀的自然旅游资源本身而言，在岭南地区具有一定的独特性，但放在全国甚至更广的区域，其独特性及规模比不上张家界、黄山等知名风景名胜区；少数民族风情与三江侗族、云南彝族和纳西族、贵州千户苗寨等相比，民族文化内涵还没有充分挖掘出来，特色并未完全凸显，如在展示上还主要受限于"上刀山下火海"等传统节目。

10.3.2.3 经济支撑能力不足

一是金秀县依靠自身经济能力投入旅游建设、宣传的资金捉襟见肘、极其有限;二是金秀旅游虽然经过多年重视与培育,但在推动全县经济发展规模方面还未充分发挥作用,未能助力实现"旅游强县"战略;三是县域旅游在带动农民增收、实现脱贫攻坚方面还有很大进步空间。总之,金秀旅游与经济发展尚未形成互动互促的良好格局。

10.4 金秀县县域旅游发展建议

10.4.1 坚持绿色发展理念,推动协同发展

绿色发展是党的十八大以来提出的新发展理念中的重要一项。金秀县实施绿色发展具有良好的基础和条件,生态建设成效位于全区乃至全国的前列,优良生态环境是金秀最亮丽的"名片"。在实施生态优先、严格环境保护的基础上,金秀县要继续牢固树立"绿水青山就是金山银山"理念,坚守战略定力,坚持把绿色发展、循环发展、低碳发展作为基本途径。同时,金秀旅游在引入市场机制的同时,必须坚持系统性理论,在政府的主导下精心、有序、稳步、统筹规划、开展,注重景区间的合作联动,全县形成合力全力推进全域旅游建设,通过全域旅游全面提升金秀旅游发展品质。

10.4.2 完善旅游规划,规范旅游开发管理

完善旅游规划。主要是根据新形势、新要求,按照全域旅游发展目标,高起点、高标准修编现有各类旅游规划,把旅游纳入国民经济社会发展规划和其他产业规划之中,要求城市总体规划、农业规划、林业规划、交通道路规划、水利规划、村镇规划等相关规划融入旅游元素,实现"多规合一"。建立"多规合一"的大数据库,实现空间信息共享、业务协同办理及审批流程优化。

完善旅游统筹发展机制。把旅游部门列入规划委员会,规范和完善旅游主管部门参与各项规划和项目会审制度。建立旅游规划由政府牵头、多部门共同编制的机制。发挥旅游业的全域综合带动效应,统筹产业发展,打通规划、部门和产业之间的关系,形成"多规合一、部门联动、产业融合"的一体化实施机制。推进旅游产业用地改革试点,科学、节约、集约、高效管理、利用旅游产业用地,既要集中保障重大旅游项目用地计划指标,又要符合国家生态旅游示范区创建规范要求,不超标用地。建立科学的考核体制与机制,把全域旅游发展纳入部门考

核内容和作为干部晋升的重要依据。

规范旅游开发经营行为。对现有实力不强的旅游开发者、经营者提出限期规范、限期开发要求，达不到要求的建立退出机制，同时培育和引进有竞争力的旅游骨干企业和大型旅游集团，促进规模化、品牌化、现代化经营。指导、规范民族村寨有序开发，引导中小旅游企业向专业、精品、特色、创新方向发展，形成以旅游骨干企业为龙头、大中小旅游企业协调发展的格局。

10.4.3 树立鲜明旅游形象，加大旅游宣传力度

使用统一的宣传口号对金秀总体旅游形象进行宣传，以"世界瑶都""中国长寿之乡""中国瑶药之乡""国家级非物质文化遗产""岭南避暑胜地""动植物王国""物种基因库""天然绿色水库"等作为支撑，对"生态瑶乡净土""观光避暑胜地""长寿康养宝地"三大品牌进行包装宣传，树立特色鲜明的旅游形象，提升金秀旅游辨识度、知名度。同时联手各景区，主动融入全区、周边市县的营销活动，融入周边经典旅游线路，强化与旅游企业特别是旅行社的合作，联合各景区、各开发商在广东等珠三角地区投放电视宣传广告和电视连续剧《大瑶山剿匪记》等，提升金秀、大瑶山的知名度。

10.4.4 完善旅游基础设施，加强旅游可进入性

加快圣堂山、莲花山、圣堂湖、银杉公园、天堂山等旅游景区通达公路建设，改善进入旅游景区交通条件，提高景区互通互联。重点建设金新线 12km 至平老岭（银杉公园）三级路、金秀县长垌乡长垌坳经圣堂湖景区—象州县中平镇连通到大岭三级公路、金平二级路（马安）至圣堂山三级公路、美村至莲花山三级旅游公路、金秀至忠良新圩二级公路，以及对原有公路的升级改造。完成圣堂山森林防火索道和索道站建设。在主要景区建设旅游自驾车营地和自行车营地、自行车骑行道路。在主要景点公路沿线风景优美处以及板显峡谷、莲花山、圣堂山、五指山、天堂山、六巷青山峡谷等景区景点合适观景的地方建设临时停车位和观景台，建设峡谷观光自行车道。加大智慧旅游设施建设力度，实现各景区动态实时查询、预定、评价、反馈。

10.4.5 健全多元化投资体制，提升经济支撑能力

健全金秀县县域旅游融资平台，科学运用资本运作方式，实现投资主体多元化。一是积极争取国家甚至世界遗产委员会的资助，寻求国家的国债资金和投资补助；二是制定优惠政策，搭建融资平台，吸纳民间资本来发展县域旅游；三是以资源为依托，采用合作、股份制的形式进行旅游投资开发；四是加大招商引资的力度，坚持对内和对外开放相结合，引进内外资，实行政府主导和市场企业运作的方式。

第11章 生态旅游扶贫齐发展——龙胜县

11.1 龙胜县县域旅游发展概况

11.1.1 发展现状

龙胜各族自治县位于广西壮族自治区东北部,湖南省、广西壮族自治区交界处。地处越城岭山脉西南麓,广西最高山峰猫儿山西侧,位于 109°43′28″~110°21′14″E,25°29′21″~26°12′10″N[①]。东临兴安县、资源县,西与三江侗族自治县交界,南和东南与临桂区、灵川县相连,西南与融安县接壤,北和西北分别与湖南省通道侗族自治县毗连,北和东北与湖南省城步苗族自治县为邻。县境最东至戴云山,最西至双峰岭、桑江出境处之石门塘,南接灵川、临桂区,北毗湖南省城步。南北最大纵距 78km,东西最大横距 60km[②](图 11-1)。

图 11-1 龙胜各族自治县龙脊梯田

龙胜山清水秀,风景秀丽,民风民俗古朴,丰富的自然资源和人文资源构成龙胜独特的旅游资源。近年来,龙胜县牢牢把握稳中求进的工作总基调,围绕"生态立县·绿色崛起"的发展理念,坚持"生态、旅游、扶贫"的发展思路,聚焦脱贫攻坚、聚力乡村振兴,攻坚克难,开拓进取,打响了以"全球重要农业文化

---

① http://html.rhhz.net/ZGKXYDXXB/20160313.htm
② https://baike.sogou.com/v135904.htm

遗产地""全国休闲农业与乡村旅游示范县""广西特色旅游名县"等为主的特色品牌，逐渐形成全县发展旅游、全民参与旅游的全域旅游发展新格局。

龙胜县旅游竞争力指标中管理竞争力指标数值最高，新媒体评价和要素竞争力评价的指标指数相当，指标数值最低的是业绩竞争力和发展竞争力，发展竞争力在十强内排名靠后。

11.1.1.1 多措并举，实现全域旅游发展新突破

龙胜县委、县政府把旅游业作为全县的支柱产业、核心产业、品牌产业和生命产业来打造，充分依托龙胜独特的生态资源，保护发展多彩的民族文化，因地制宜发展特色旅游，努力建设资源优化、空间有序、产品丰富、产业发达的科学旅游系统。龙胜旅游形成了吃、住、行、游、购、娱一条龙旅游服务体系，当地政府不断拓展和丰富休闲度假游、农耕文化游、民族风情游、生态养生游等旅游模式，为实现旅游业由"景区旅游"向"全域旅游"发展模式转变而不断努力。

近年来，龙胜确定"生态立县·绿色崛起"的总基调，以建设"中国生态旅游强县、国家全域旅游示范区"为目标，结合龙胜生态、文化、乡村等资源紧密联系的实际情况，按照全域旅游发展的思路，加快旅游产业转型升级，龙胜从加强党委政府领导、优化全县整体规划布局、统筹综合管理、突出特色挖掘、强化旅游基础设施和公共服务设施建设、一体化营销推广等方面构筑全域旅游格局，推动旅游扶贫工作，以"旅游＋"为抓手，大力推动生态旅游、乡村旅游、文化旅游等融合发展，带动产业发展，让绝大部分的群众能够享受旅游发展带来的红利，实现了全域旅游发展的新突破。

11.1.1.2 扎实推进，实现旅游人数和收入双增长

龙胜旅游已形成了以龙胜温泉度假区和龙脊梯田风景名胜区为主，县城风景区、南山景区、彭祖坪景区和花坪自然保护区四大风景区为辅，包含苗、瑶、侗、壮少数民族风情的特色旅游格局。目前开发经营4A级龙脊梯田景区、4A级温泉景区、细门瑶寨、大唐湾民族山寨、黄洛瑶寨、金竹壮寨、银水侗寨、花坪银杉、红滩瀑布、岩门峡漂流等20多个景区（点），成为广西旅游大县、广西优秀旅游县、中国文化旅游大县、中国生态旅游大县，旅游已成为龙胜的支柱产业之一。

根据2019年龙胜各族自治县国民经济和社会发展统计公报数据显示，2019年，龙胜县接待游客总人数达995.4万人次，同比增长15.7%，其中，国内游客955.83万人次，同比增长15.8%；入境过夜游客39.57万人次，同比增长15.2%；全年实现旅游总消费137.79亿元，同比增长31.1%，其中，国内旅游消费118.73

亿元，同比增长 27.2%；入境消费 27581.31 万美元，同比增长 55.4%[①]。

11.1.2 发展优势

11.1.2.1 优越的区位条件

在地理位置上，龙胜县位于广西东北部，县境连接湖南、贵州、广西三省八县，距桂林市 87km，有 321 国道二级公路贯穿，可转接湘桂铁路及航线，陆路接转湖南、四川、贵州、广州和柳州等线，西向三江县 60km，转接枝柳铁路；南北走向与 209 国道相连[②]。贵阳—广州高速铁路线路经过龙胜；过境有包头—茂名国家高速公路与厦门—成都国家高速公路交汇的桂林—三江段高速公路在龙胜境内设两个互通立交，形成贯通全国的高速路网，优越的交通地理位置为县域旅游经济发展提供了良好条件。

11.1.2.2 浓郁的红色文化

龙胜县平等镇龙坪村就是一块红色革命热土，红色文化浓郁，至今还保存着龙坪红军楼、审敌堂红色遗址。红军长征过龙胜，是龙胜人民一笔宝贵的精神财富。1934 年，红军长征经过龙胜，历时十天十夜，毛泽东、周恩来、朱德、彭德怀等大批革命先辈从这里走过，党的民族政策在这里最早实践，伟大的转折从这里开始。期间，国民党反动派为挑拨离间红军和侗族人民的关系，派出特务混入龙坪企图纵火烧毁民房和鼓楼。红军战士识破敌人诡计，保护了老百姓的生命财产安全。红军在龙胜留下了许许多多少数民族群众冒着生命危险救助受伤红军战士、冒着生命危险掩埋牺牲的红军战士的感人故事；留下了周恩来亲自指挥扑救侗寨火灾等感人事迹。

近年来，政府高度重视红色文化传承和发展，深入挖掘红军长征过龙胜的历史文化，在龙坪村投入近 400 万元[③]，新建和修缮红军广场、审敌堂小广场、司令部旧址、中寨新戏台等红军遗迹和遗址，打造红色文化小镇，开创红色文化旅游平台。同时，推出"走一段长征路，唱一首红歌，吃一顿忆苦餐"系列红色文化旅游产品，引导当地群众参与红色和民族文化表演，实现增收致富，助力脱贫攻坚。

11.1.2.3 多彩的民族文化资源

龙胜是多民族聚居县，是全国仅有的两个各族自治县之一，主体民族有侗、瑶、苗、壮、汉等民族，侗族人口最多。除以上 5 个主体民族外，还有蒙古族等

---

① http://www.glls.gov.cn/zwgk/gdzdgk/jcxxgk/tjxx/sjfb/tjgb/202005/t20200508_1766183.html
② https://baike.sogou.com/v135904.htm
③ http://news.guilinlife.com/n/2020-06/28/469248.shtml

其他少数民族，人口不多。境内少数民族多以地域聚居，侗族绝大多数居住在平等镇、乐江镇及瓢里镇。瑶族多数居住在江底乡、泗水乡、三门镇、龙脊镇。苗族多数居住在伟江乡、马堤乡。壮族多数居住在龙胜镇、龙脊镇、瓢里镇。汉族在全县各地均有分布。各民族在龙胜安居乐业，形成丰富的民族文化资源，民族服饰五彩斑斓，民族活动精彩纷呈，民族饮食丰富多彩。

编织草龙是广西龙胜县平等镇广南侗寨侗族的一项独特的民间技艺，每逢重大节庆，侗族同胞有舞草龙祈福的习俗。草龙以稻草为主要材料，辅以竹木做支架，采用编、插、嵌、剔、镂等十多种工艺，整条草龙用100多斤、数万根[①]稻草编制而成，做工精细，惟妙惟肖。侗族草龙制作技艺被列入自治区级非物质文化遗产名录。

"百家宴"又名"合拢饭""长桌宴"，是侗家待客的最高礼仪。2008年，"侗族百家宴"被列为自治区级非物质文化遗产名录。"百家宴"民俗活动在广西龙胜各族自治县乐江镇地灵村举办，一年一度，侗族同胞载歌载舞欢聚一堂，与八方来客一起分享侗族美食、共叙邻里乡情。如今，"百家宴"成为了龙胜发展乡村民俗体验游的精品项目。

龙脊竹筒饭又名香竹饭，顾名思义就是用竹筒代锅煮成的米饭，它是每个龙胜人童年的回忆。将泡好的米装入新鲜的竹筒内，用鲜叶子将筒口塞紧，放在火上烧烤即可。吃时用刀将竹皮剥开，米饭被竹膜所包，米粒香软可口，清香扑鼻，堪称一绝。

龙脊辣椒产于广西壮族自治区桂林龙胜县龙脊梯田景区一带海拔800m以上的云雾山中，椒呈牛角形，颜色鲜艳、肉厚籽少、辣味浓、香味独特诱人，除富含辣椒素和挥发性芳香油外，还含多种人体所需的维生素，食后开胃提神，驱寒除湿，增进食欲，是独特的佐料佳品，也是龙脊四宝之一。龙脊辣椒全年生育期180~210天，株高80~95cm，开展度44.2cm左右，果长6.5~8.5cm，宽1.5cm，肉厚0.2cm，单果重6~7.5g，产量高[②]。龙脊辣椒除鲜食外，还可加工成干辣椒、椒粉、椒油、辣椒酱、腌制酸椒，鲜产品、成品、半成品畅销全国各地。根据《农产品地理标志管理办法》规定，经过初审、专家评审和公示，中华人民共和国农业部认定龙脊辣椒符合农产品地理标志登记程序和条件，准予登记，2013年4月15日，颁发中华人民共和国农产品地理标志登记证书。

龙胜竹笋是龙胜县的特产。龙胜盛产各种竹类，毛竹、冬笋和摆竹笋产量最大，其中龙胜的摆竹笋独具地方特色。竹笋又称为龙角菜，"山野大素"之一，新鲜竹笋清甜脆嫩，具有独特的山野自然风味，是营养学家极力推荐的一种保健食用山菜。

---

① http://www.chinakongzi.org/tpxw/202006/t20200624_427432.htm
② https://baike.sogou.com/v73747152.htm

龙胜瑶族服饰（红瑶服饰）在2014年入选国家级非物质文化遗产代表性项目名录扩展项目名录。龙胜县文化部门通过挖掘和培育少数民族服饰代表性传承人、开展蜡染和刺绣传习培训、建立红瑶博物馆等举措，加大对民族服饰文化的有效保护与活态传承。在龙胜旅游业的带动下，瑶族同胞结合自己民族传统，穿着这些服饰唱着瑶语山歌，向来自世界各地的游客展示着对自己民族文化高度的自信。

打油茶、吃油茶是龙胜境内的苗族同胞自古以来就有的传统习俗，其主要分布区域是江底乡、伟江乡、马堤乡的苗族居住区。苗族油茶最早始于三国时期。在缺医少药的古代，为了本民族的生存和发展，他们靠多饮茶、喝浓茶抵御蛮烟瘴气，防治疾病。但浓茶饮用过多反而引起身体不适，于是，他们试着在茶汤中加入薏米、红薯、苞谷等杂粮和调味品，既能预防疾病，又能充饥解渴，于是便形成"油茶"的雏形。苗族油茶不仅是一种世代相沿的饮食习俗，而且在传承发展过程中，形成了一整套具有浓郁地方特色的礼仪习尚和饮食文化。苗族同胞打油茶、吃油茶尚有一定的茶规可循。来客打茶，不管是远村近邻，还是生人熟客，只要你踏入主家的大门，主人便立即丢下手头活计，打油茶相敬。这充分地体现了苗族人民的热情好客、以礼待人的优良传统，昭示了他们的美好心灵。龙胜苗族油茶，一般分为4道工序，步骤分为做米花、做茶叶饼、炒主料和撒茶料。苗族同胞喝油茶不分季节，一年四季、一天三餐离不开油茶，客人到来则不分早晚。近年来，随着旅游餐饮业的发展，龙胜苗族油茶作为一道极具少数民族特色的待客餐饮食品，如今更是声名鹊起，芳名远播。

龙胜地处山区，盛产各种草药，医药文化独具特色。全县有民间草医单方、验方3558条，收集各民族验方、秘方1764方[①]；各民族创造和总结了许多简便快捷的治疗疾病的手段与方法，包括熏洗、滚蛋、放血、刮痧、推拿、药浴、火针、滚刮、发汗等在内的土方疗法上百种。苗族的养生汤、瑶族的庞桶药浴最为有名。

龙胜民族体育竞技活动也十分丰富。侗族抢花炮及踩石轮、瑶族推竹杠与打旗公、苗族打泥脚与挤油尖、壮族的踢毽子与板鞋，精彩纷呈，是运动养生的代表。

彭祖养生文化、南山福寿文化、长寿牌坊文化在龙胜交相辉映，为区内唯一，国内罕见。彭祖坪是彭祖养生文化圣地，是桂林长寿文化的金三角；南山草场是南山福寿文化的典型滥觞地；泗水乡牌坊屯拥有清朝光绪皇帝钦赐的"百岁坊"长寿牌坊。这些都是龙胜人口长寿的现状和可持续性很好的文化支撑。

11.1.2.4　优质的旅游资源

龙胜各族自治县被誉为"世界梯田原乡""多民族生态博物馆""世界滑石之

---

① https://www.eyin.cn/zjwc/702.html

都""中国红玉之乡""康寿养生胜地""红色文化传承基地"等；有"天下一绝"的国家 4A 级景区龙脊梯田景观，有位于国家级森林公园内堪称"华南第一泉"的温泉，还有被列为国家级自然保护区的花坪原始森林保护区，另有金竹壮寨、广南侗寨等 16 个[①]荣获国家命名的"中国少数民族特色村寨"，拥有 6 个[②]国家农产品地理标志认证产品。龙胜先后荣获"全国民族团结进步模范县""中国文化旅游大县""中国生态旅游县""全国农业旅游示范县""全国森林旅游示范县""广西特色旅游名县""全国文明城市""中国品牌节庆示范基地""国家湿地公园""国家生态功能区""国家全域旅游示范区"等荣誉称号。2018 年荣膺"全球重要农业文化遗产地"至高荣誉，成为广西首个入选全球重要农业文化遗产的项目。

  龙脊梯田因山脉如龙的背脊而得名，位于广西龙胜各族自治县龙脊镇。龙脊梯田历史悠久，规模磅礴壮观、气势雄浑，集成世界梯田造型之精华，线条如行云流水、潇洒流畅，堪称"天下一绝"。龙脊梯田风景名胜区是一个以梯田稻作农耕文化为主体，集自然景观与少数民族人文景观相结合的风景名胜区。经过 10 多年的旅游开发，已形成三大观景区：平安壮族梯田观景区、金坑红瑶梯田观景区和龙脊古壮寨梯田文化观景区。各观景区也各有特色，平安壮族梯田观景区是最早开发的一个观景区，梯田秀美线条流畅；金坑红瑶梯田观景区群山环绕，酷似一个天然的天坑，梯田大气磅礴，是红瑶聚集的村落，在 2007 年被评为"中国景观村落"；龙脊古壮寨梯田文化观景区，村寨的吊脚木楼依山而建，这里是广西北壮的发源地，保持着原始古朴的风貌。龙脊古壮寨在 2011 年被国家文物局列入全国生态（社区）博物馆示范点。龙脊梯田风景名胜区于 2018 年 4 月被评为"全球重要农业文化遗产"。

  龙胜温泉位于桂林龙胜县的国家级森林公园之中，峰峦叠嶂、烟雾缭绕、堪称仙境，空气中负氧离子的含量每立方厘米达 9000 个单位以上，有"天然氧吧"的美称。龙胜温泉被誉为"华南第一泉"，温泉从地下 1200m 的深处岩层涌出，水温在 45~58℃。在阔达 5km^2 森林覆盖下，水中含有锂、锶、铁、锌、铜等十几种于人体有益的微量元素，水质经有关专家鉴定为天然饮用矿泉水。得益于得天独厚的自然环境，龙胜温泉目前开发了 20 多个泉池[③]，且均为露天泉池，天然的日光浴加森林浴，温泉中的钙质、适当的紫外线交互作用，对身体非常有益。"人说杭州西湖美，难比龙胜温泉水"，人们对龙胜温泉也是给予了颇高的评价与

---

① https://www.sohu.com/a/388499338_668818
② https://mp.weixin.qq.com/s?src=11&timestamp=1609899169&ver=2811&signature=-fz6DloZsiaS1OY*52uszEqlceJkua6WPmUVPyaIXC3Kd7W7-zpRWe5SCQbKWITkUjOIVIkZkxFCMk-kxTeDTCQ2s3T*ywllxHe9ABCIiRrjXwxRL8Q4r3WyxcBQt2uh&new=1
③ https://new.qq.com/omn/20191218/20191218A0QZ6200.html?pc

赞美。

龙胜南山云中草原，位于广西龙胜各族自治县伟江乡甘甲村，距县城49km，其主体部分是南山草甸。南山云中草原平均海拔1760m，年平均气温11℃；场内气象平和，雨量充沛，在绵延起伏的地表上形成48坪、48溪[①]，自然生态条件好，动植物资源丰富。连片草场，构成一幅"横至百余里，围绕数千峰"的雄壮壮阔的绿色海洋图，展现出其无可伦比的南方大草原的壮美风光，享有"南方呼伦贝尔"之美誉。

黄洛瑶寨位于龙脊景区境内，距县城22km，是龙脊十三寨中唯一的瑶族村寨，居住着清一色的红瑶族。自古红瑶妇女有储长发的传统习惯，全村60户人家中，头发长达1m以上的有60名，最长的达1.7m[②]，她们的长发都是盘在头上，获得"吉尼斯群体长发之最"，号称天下第一长发村。

布尼梯田加乌瀑布景区位于龙胜县泗水乡周家村，距离龙胜县城25km，距桂林115km。景区海拔400～1600m[③]，总面积近千亩，以花海梯田、高山叠瀑、风情桑江、少数民族民俗文化为主要景观，集"奇、险、幽、秀"于一体展示在世人面前。

云智慧·桂林龙胜温泉精品酒店是桂林第一个原始森林里的养生精品酒店，以养生为主题，以禅修为文化。在这里能感受到在喧闹都市里所向往的禅意，白天可以去满布云雾的山林间聆听自然，夜晚不妨沉醉于高山温泉的惬意中仰望星空。闲时则修禅、读书。

万人界位于龙胜各族自治县马堤乡马堤村东北面，距县城23km[④]，地势陡峻，森林茂密，一条小路沿坡盘绕而上，在军事上是易守难攻之地。1934年12月9日，红军在完成马堤河口狙击任务后，撤出阵地，在万人界设伏，狙击尾追之敌。在战斗中，有十六位红军战士壮烈牺牲。中华人民共和国成立后，当地群众饮水思源，把烈士忠骨收集起来，在当年战斗旧址万人界上建墓立碑，供后人瞻仰和祭扫。

张家塘苗寨位于龙胜各族自治县马堤乡张家村，地处彭祖坪山脚下，也是南山牧场旅游路线的必经之路。张家塘苗寨积极开展宜居乡村建设，以绘制民族特色壁画、开展苗族文化活动来发展乡村民俗旅游，设置周末亲子游、民俗体验游等旅游套餐，让游客切身体会独特的苗族传统文化。

龙胜艺江南中国红玉文化园，位于龙胜镇勒黄村长田321国道旁。艺江南以中国红玉加工销售为主体，园区内集中了50多间中国红玉销售商铺，建筑古色古

---

① http://mini.eastday.com/a/200519101904824.html
② https://www.sohu.com/a/272717050_100245672
③ https://baike.sogou.com/v167426246.htm
④ https://www.chazidian.com/wxdt/list-n36178/

香，配套有各类加工车间，不仅可满足大型原石切割、精细加工等不同要求，还可以让游客深入了解中国红玉从加工到销售全过程，并建有龙胜大型的中国红玉陈列馆，游客可在这里进一步体验中国红玉文化。

小岩底苗寨位于龙胜各族自治县泗水乡泗水村，是苗族同胞聚居的地方。这里的梯田地势平缓，堪与云南元阳梯田媲美，尤其是璀璨星空下的梯田更是美轮美奂，无与伦比。苗族同胞世代相传的梯田农耕文明，是生态智慧的杰作，天地人和的典范。

金竹壮寨历史悠久，被联合国教育、科学及文化组织称为北壮的楷模。金竹壮寨位于龙脊梯田风景区内。壮寨木楼依山傍水，建造在龙脊梯田山麓上，组成蔚为壮观的梯屋。《英雄虎胆》等多部影视片把金竹壮寨作为拍摄基地，均取得了骄人的成绩。金竹壮寨的木楼宽敞干爽，全杉木结构，以川方穿榫衔接，石头地基，高垒石坎，保持传统的杆栏式三层木楼建筑风格。

11.1.2.5 丰富的矿产资源

龙胜县已发现矿藏 60 多种，主要品种有滑石、黄金、花岗石、铅、锌、锰、锑、石英等 17 种，其中以滑石、黄金为主要矿产。滑石蕴藏量 6600 万 t，是全国第二大矿藏地，质量为全国之首。县内有三大滑石工业企业，年产滑石 45 万 t 左右[①]。矿产开采及加工业是龙胜县财政收入的重要来源，也是龙胜的支柱产业。

11.1.2.6 丰饶的森林、水力资源

龙胜境内植被覆盖广，森林覆盖率达到 79.12%[②]。水资源丰富，县境水系发达，溪河遍布，大小溪流达 480 余条，总长 1535km，年径流量 262.61 亿 m^3，集雨面积 3867.65km^2。干流桑江自东向西，其本流分南流水系和北流水系，呈树枝状分布。河流滩多，落差大，水力理论蕴藏量为 48.83 万 kW，可以开发 21.02 万 kW[③]。这些丰富的森林、水力资源使龙胜县具备了大力发展生态旅游的有利自然条件。

11.2 龙胜县县域旅游的探索与实践

11.2.1 发展历史梳理

龙胜旅游业起步于 1982 年，当年只有 6 名职工，固定资产仅 6000 元，门票

---

① http://gx.people.com.cn/n2/2020/0709/c390645-34144012.html
② http://www.ahmhxc.com/shisanwu/16638.html
③ https://baike.sogou.com/v135904.htm

收入不上千元。壮美的自然风光和古朴的民风民俗奠定了龙胜旅游业"人无我有，人有我优"得天独厚的先决条件。

1996年，为充分利用旅游资源优势，龙胜县委、县人民政府确立旅游立县战略，把发展旅游业作为发展山区经济的重头戏，不断加大这一新兴产业的投入。

2002年，龙胜县被评为"国家级生态示范区"。

直到2005年，龙胜已发展成为广西旅游大县，当年接待中外游客57.9万人次，旅游企业营业收入7151.4万元[①]。境内主要景区有温泉旅游度假区、龙脊梯田景区、县城景区、西江坪景区、彭祖坪自然保护区、花坪自然保护区、南山高山草地风光区七大景区，48个景点。其中，温泉旅游度假区和龙脊梯田景区是龙胜最负盛名的景区，特别是龙脊梯田景区更是让中外游客慕名而至。龙脊梯田景区最壮观的景色就是龙脊梯田，堪称"天下一绝"，被誉为"世界梯田原乡"。四季分明的美景每年招引无数国内外游客，典型的梯田农耕稻作文化在这里得到充分的体现。

2012年，龙胜县被评为广西壮族自治区"十佳休闲旅游目的地（县）"和"广西壮族自治区首批特色文化产业项目示范县"。

2013年，龙胜县被认定为"广西壮族自治区革命老区县"。

2014年，龙胜县被评为"全国休闲农业与乡村旅游示范县"和"中国重要农业文化遗产"，获得"中国深呼吸小城镇100佳"荣誉称号。

2015年起，龙胜全面禁止河道采砂，全面禁伐阔叶林、全面停止批建小水电，采取多种措施保护龙胜的生态环境。同年，龙胜县获评"广西特色旅游名县"。

2016年，龙胜县获评"全国首批2016~2020年度科普示范县"和"中国品牌节庆示范基地"。

2017年，龙胜作为桂林名片亮相中央电视台春节联欢晚会和美国纽约时代广场。同年7月19日，由联合国粮食及农业组织（FAO）全球重要农业文化遗产专家考察组到龙胜对龙脊梯田农业系统申报全球重要文化遗产项目进行考察评估。同年11月23日，"龙胜龙脊梯田系统"在意大利·罗马通过联合国粮食及农业组织（FAO）评审，正式认定为全球重要农业文化遗产（GIASH）。同年，龙胜县获评2017年度"广西科学发展先进县"。龙胜红糯也被农业部认定为国家地理标志性农产品。这是继龙胜凤鸡、翠鸭、龙脊茶、龙脊辣椒、地灵花猪之后，龙胜的第六个国家地理标志性农产品。

2018年，龙胜推行全域旅游规划。坚持"从大处着眼，从小处着手"的原则，县旅游局按照县委、县政府的部署，抓好《龙胜县全域旅游规划》编制工作，完

---

① https://www.sohu.com/a/394094759_100019318

成《龙胜各族自治县生态旅游核心示范集聚区总体规划暨龙胜多民族生态博物园修建性详细规划》，构建完整的龙胜县旅游规划体系，科学指导全县旅游发展。突出特色挖掘、强化旅游基础设施和公共服务设施建设、一体化营销推广等方面构筑全域旅游格局，进一步促进龙胜旅游转型升级并实现跨越发展，基本形成龙胜的特色旅游优势，旅游业已成为龙胜战略性品牌产业、支柱产业、核心产业和生命产业。

2018年4月19日，在意大利·罗马"全球重要农业文化遗产"国际论坛上，以龙胜龙脊梯田为代表的"中国南方山地稻作梯田系统"荣膺全球重要农业文化遗产并进行授牌，龙脊梯田知名度大增，已成为广西旅游的一张响亮名片。同年，龙胜县获得"自治区级生态县"和2018年度"广西科学发展先进县"殊荣。

2018年6月，《桂林市旅游业发展"十三五"规划》提出要在龙胜各族自治县建设世界知名的农耕文明和民族文化旅游区。积极创建广西特色旅游名县，做亮一张世界级名片——龙脊梯田，围绕龙头项目打造三类旅游产品。一是重点开发民族村寨旅游；二是特色开发温泉休闲旅游，放大"华南第一泉"龙胜温泉品牌影响力，融合民族文化，推进江底温泉生态游主题小镇建设；三是辐射带动森林生态旅游。

2019年11月27日，龙胜各族自治县人大常委会将《龙胜各族自治县民族民间传统文化保护条例》（草案第三稿）提交社会各界研究讨论。此举可见龙胜县对民族民间传统文化的高度重视与保护，民族民间传统文化资源是龙胜的核心资源，依法传承保护民族民间传统文化已经成为龙胜经济社会发展的迫切需要，成为各族群众义不容辞的义务和责任。

2019年12月，龙胜县上榜广西县域旅游综合竞争力十强县，排名第七。

2020年5月8日，广西文化和旅游厅网站发布《广西旅游民宿发展规划（2020—2025年）》。根据规划，到2025年，通过提升改造和新建相结合，全区旅游民宿达到3000家左右，打造八大旅游民宿标杆示范地，旅游民宿消费60亿元以上[①]，成为建设旅游强区的重要支撑及城乡经济发展的新亮点和增长点。龙胜要依托秀美的山川、壮观的梯田、良好的生态、神奇的温泉和多姿多彩的苗、瑶、侗、壮少数民族风情，打造以梯田乡村田园为特色的旅游民宿标杆示范地，塑造中国旅游民宿业的知名品牌。

2020年7月6日，龙胜县召开创建第八轮自治区文明城市工作现场会，要求各负责部门对照标准，发现问题立行立改，继续加大宣传引导力度，调动全县广大干部群众参与创城的积极性，凝聚人心，真抓实干，确保圆满完成创建自治区

---

① https://www.mct.gov.cn/whzx/qgwhxxxlb/gx/202005/t20200512_853281.htm

文明城市工作。文明城市创建工作对提高城市综合竞争力、改善龙胜县县域旅游发展环境具有重要推动作用。

11.2.2 "生态、旅游、扶贫"三位一体发展模式

11.2.2.1 生态立县，绿色崛起

龙胜县先后荣获"全球重要农业文化遗产""广西特色旅游名县""国家全域旅游示范区"创建单位及"全国生态旅游示范县""全国森林旅游示范县""中国乡村旅游创客示范基地"等荣誉称号。自2015年开始，龙胜县坚决守好生态"红线关"和"底线关"，实施全面禁止砍伐水源林、禁止采挖河沙、禁止捕鱼、停止批建小水电站等强制措施。全县关停并转产了70多家木材加工厂，并从建档立卡贫困户里选聘了1500人为生态护林员①。同时，民间也相应成立了系列生态保护组织。政策实施至今，龙胜县已经形成政府主导、群众自觉参与保护生态环境、保护金山银山的共识。自然生态环境得到了有效的保护，为旅游发展打下了坚实的基础。

龙胜县依托生态优势，大力发展森林康养旅游，先后建成第一批"全国森林养生基地"试点单位和第一批"全国森林康养基地"试点单位，龙脊梯田被遴选为国家重点生态旅游目的地，还开发了一批饮食养生、中药养生、温泉养生的旅游项目。2020年7月9日，在龙胜各族自治县龙脊镇马海村田寨组的一家民宿里，健康养生大数据实践基地、桂林市老科协健康养生基地、中国老年学和老年医学学会社区居家养老分会，以及龙脊马海康养山庄依次揭牌，标志龙胜康养旅游迈出了新的一步。马海村民宿将医疗科技、大健康管理与当地壮族文化、环境优势相结合，以旅游、康养需求为导向，完善基础设施和医养服务，打造成为以康养度假、文化体验、生态农业于一体的康养度假基地。

凭借绿色优势，龙胜县大力开发具有唯一性和地域性的绿色食品，生产种植具有龙胜地理特色的有机果、有机菜、有机茶、有机米。龙胜县所特有的龙胜凤鸡、龙胜翠鸭、龙脊辣椒、龙脊茶、地灵花猪、龙胜红糯、竹笋、黄金菊8个国家地理标志产品，已经获得了有机认证。为了充分满足游客需求，该县大力实施"精品旅游＋精品农业"，全力推进有机食品大园区的建设，龙胜绿色农产品每年出产1.5万t，有机食品100t，产值达17亿元②。

11.2.2.2 特色突出，品牌打响

近年来，龙胜县立足地域和民族特点，打响了特色文化旅游品牌，全面推进

---

① http://www.huaxia.com/ly/lyzx/2019/04/6080922.html
② http://www.gxgp.cn/lvyou/lvyoujd/304860.html

龙胜旅游向精品化、高端化和国际化发展。

突出梯田文化特色，打响"世界梯田原乡"品牌。龙胜有梯田 22.8 万亩，耕种历史达 2300 多年①，2018 年龙脊梯田获得"全球重要农业文化遗产"荣誉，龙脊梯田已经成为广西旅游的一张响亮名片。在做大做强龙脊梯田品牌的同时，龙胜县还相继推出差异化的梯田旅游产品：泗水乡布尼梯田景区重点打造花海梯田，让游客从空中观赏梯田；古壮寨推出了彩色梯田，以种植多彩的水稻吸引游客；小寨在秋收过后播种油菜花，以延长梯田的观景期；马堤乡张家塘苗寨推出了集插秧、摸鱼为一体的农耕体验；民合苗寨推出了哈密瓜采摘农耕体验游。目前，龙胜梯田农耕旅游开发面积已达 12 万亩②，形成了梯田观光游、农耕体验游的独特品牌。

突出民族文化特色，打响"多民族生态博物馆"品牌。龙胜是全国仅有的两个各族自治县之一，有保存完好的苗族、瑶族、侗族、壮族原生态文化，境内有 11 个中国少数民族特色村寨和 20 个中国传统古村落。龙胜县全面实施民族文化挖掘、保护和传承工程，挖掘提升了苗族"跳香节"、瑶族"晒衣节"、侗族"冬节"、壮族"梳秧节""龙脊梯田文化节""三月三""开耕节""广南鼓楼文化节""祭萨节""中禄古茶树祭祀""鱼宴节"等 87 个③民族节庆，成为中国品牌节庆示范基地，打响了"百节之县"品牌。如今，全县各民族村寨展示民族文化积极性空前高涨，形成了村村有节庆、月月有节庆的喜人局面，吸引了越来越多游客的关注。

突出中国红玉特色，打响"中国红玉之乡"品牌。中国红玉是 21 世纪初在龙胜新发现和开发的独特玉种（又名桂林鸡血玉），是极具开发潜力的旅游商品，2017 年正式列入珠宝玉石国家标准名录。截至 2019 年 3 月，龙胜县经营红玉制品的店面已达 600 多家，每年慕名前来购买红玉产品的游客超过 60 万人，交易额超过 10 亿元④，已成为名副其实的"中国红玉之乡"。

11.2.2.3 软硬兼抓，服务提升

近年来，龙胜县不断加大投入，狠抓硬件和软件建设，为全域旅游发展打下了坚实的基础。

提升旅游基础设施。2017 年桂林至三江高速公路正式通车，结束了龙胜不通高速的历史，为全县旅游发展注入新的活力。龙胜县大力推进"生态旅游扶贫"大环线建设，该工程全长 300 多千米，连接全县 10 个乡镇共 89 个行政村的大环

---

① https://www.163.com/dy/article/EBFB1H3005447FXG.html
② https://www.163.com/dy/article/EBFB1H3005447FXG.html
③ https://www.sohu.com/a/433282219_262231
④ http://news.gxnews.com.cn/staticpages/20190329/newgx5c9d5313-18175732.shtml

线,将全县的主要旅游景点串点成线、串线成片,该环线建成后,将把全县变成一个大景区,有力推动龙胜旅游全面提升,带动各族人民脱贫致富。

完善旅游公共服务设施。龙胜县加强龙脊古壮寨电瓶车道、传统古村落和特色村寨保护等公共服务基础设施项目建设,截至2019年4月共新建和改造旅游厕所17座,新建游客服务中心1个,新建停车场4个,新建特色观景台5个,更换和维修标识标牌、导览系统等500多块,更换新型分类垃圾桶160多个。

除此之外,龙胜县还投资2000万元[①]建设了覆盖全县景区和交通要道的监控系统、智慧旅游指挥中心、大数据中心、重点景区广播系统,完善旅游官方网站、微信、抖音宣传平台。积极配合桂林市建设"一键游桂林"工程,充分利用大数据提升全县旅游管理和旅游信息服务能力,初步实现智慧旅游。推行景区门票电子化服务,简化排队买票等环节,实现一部智能手机游遍整个龙胜,通过旅游业的带动,全县大大完善了交通运输、邮电通信、物流仓储、金融保险、卫生医疗等现代化服务体系,构建了居民生活舒适、游客旅游便捷的全域旅游新格局。

11.2.2.4 旅游扶贫,模式丰富

"山水为韵、文化为魂、产业为基",龙胜在旅游扶贫工作中不断探索,推出了以"企业主导""景区辐射""村寨联盟"等为主的旅游扶贫模式,实现了旅游扶贫从"粗放型"向"精准型"转变,让贫困群众共享旅游产业发展红利,让他们由旅游发展的旁观者、局外人变为参与者和受益者,从而实现脱贫致富。

"企业主导",景区群众有饭碗。以龙头企业对旅游景区进行整体包装、统一管理、统一运营,群众集体入股或进行土地流转等方式进行合作,群众享受景区收益分红、地租收益和劳务收益。泗水乡周家村的布尼梯田景区,公司将94户村民的1000多亩梯田全部流转,整体打造四季花海梯田,当地村民通过出租土地、参与经营、种植花卉、自办旅馆等途径得到收益,直接带动贫困户46户184人脱贫,间接带动贫困户108户412人增收[②]。

"景区辐射",景区外群众有收益。对于非核心景区的村寨,充分依托景区辐射和地处旅游线的优势,通过挖掘龙胜民族文化优势和地域优势,整体推进民族村寨的旅游基础设施建设,打造民族文化服务项目和体验产品。金江村黄洛瑶寨距离大寨村不远,村民过去只能靠在路边卖些农产品和民族工艺品增加收入。在推动全域旅游发展的号召下,黄洛瑶寨以"红瑶长发"文化为核心,村民打破千百年传统,解开包裹严实的长发,开展长发梳妆歌舞表演,逐步打造了"天下第一长发村"的旅游品牌。

---

① https://www.mct.gov.cn/whzx/qgwhxxlb/gx/201903/t20190329_841242.htm
② https://www.mct.gov.cn/whzx/qgwhxxlb/gx/201903/t20190329_841242.htm

"村寨联盟"，抱团发展有渠道。把地理位置相对集中的村寨组成旅游联合体，如泗水五星级乡村旅游区的牌坊、细门、三门等区域内 6 个特色民族村寨，通过依托龙胜至温泉旅游线，深挖特色资源，统一宣传促销，开办了农家乐，推出了凤鸡翠鸭美食、杨梅枇杷采摘、民族演艺体验和刺绣产品展示等旅游产品，产品差异互补，形成"一村一品"的旅游格局，获得了游客的青睐。

11.3 龙胜县县域旅游发展的主要问题及原因分析

11.3.1 龙胜县县域旅游发展的主要问题

11.3.1.1 交通基础设施建设不到位

随着旅游业态的不断发展和游客需求的日益增长，旅游品质的提升显得越来越重要，而提高旅游地交通通达度正是提升旅游品质的基本要求。交通基础设施建设仍然是制约龙胜旅游发展的最大短板。龙胜山多地少，修建等级公路、停车场等十分困难，投入大、维护成本高，这些都是龙胜发展县域旅游业亟需解决的难题。

11.3.1.2 旅游产品同质性较高

龙胜县的旅游产品在旅游市场中的竞争力一般，旅游商品、特色旅游产品、特色旅游线路亟需丰富。龙胜县每个民族都有多个村寨，他们在文化和习俗上几乎没有差异，因而在其旅游产品的设计上也大同小异，在民俗文化资源开发形式或内容上仍然会出现与其他地域同类民族旅游雷同、缺乏特色的问题，而难度和开发要求相对较高的高品质民俗旅游方式和项目，又由于资金、人才等原因而没有形成。例如，"农家乐"活动，不论在哪个特色村寨，游玩的项目差异不大，项目缺乏创新性且大多停留在较低的水平，而内容的同质化也减少了游客驻足观赏的可能性，大大降低了游客的旅游满意度。

11.3.1.3 旅游服务质量有待提高

尽管旅游部门早前已出台相关景区管理办法，但在现实中由于景区游客众多，管理人才较为欠缺，景区管理仍然较为混乱，严重影响了龙胜县域旅游的口碑。虽然景区有专门的卫生清洁工作人员，但其与庞大的游客数量无法适配，景区脏乱差的现象时常出现。加之景区内的大多数工作人员都是附近的村民，他们并没有受过系统的教育或相关的职业培训，因此服务意识和服务水平都有所欠缺，这也是影响龙胜县域旅游发展的一个重要原因。此外，有些景区还存在随意宰客的现象，严重损害了景区的名声。受到不规范竞争的影响，有些景区互抢客源，到处拉客，给游客留下了负面印象，这些问题都是制约龙胜县县域旅游发展的重要因素。

11.3.2 龙胜县县域旅游发展主要问题的原因分析

11.3.2.1 旅游发展规划不到位

龙胜县县域旅游此前缺乏长远规划，这就造成了开发的盲目性，没有考虑旅游项目之间的关联性并进行区分性开发，未能深入分析项目可行性，使得县域旅游业无序发展。虽然后续龙胜县公布了《广西龙胜各族自治县旅游发展总体规划（2014~2025年）》，提出"一心三轴九区"的空间发展格局，清晰准确、科学合理，与旅游资源分布、旅游交通格局有机耦合。但这份长远规划并不能消除此前无序的县域旅游开发带来的负面影响，如龙脊景区内的各种民族村寨，都处在一种无序开发状态。一些民族村寨更是在没有详细规划的前提下乱建基础设施，使得设施建设与环境很不协调，甚至破坏了整体景观的观赏性。此外，各个旅游景点的摊位规划也不够完善。而有些原始的自然景观则是被过度开发，使得过度商业化后的景观失去了原真性。由此可见，长远的旅游发展规划对于龙胜县域旅游业发展而言是非常重要且必要的。

11.3.2.2 旅游市场管理有待完善

当前，旅游市场管理已成为龙胜县域旅游发展中面临的突出问题。经过多年的发展，龙胜县已形成一定的旅游发展基础，但旅游发展中的突出问题也凸现出来，如景区违章建房问题、旅游企业低价竞争问题、接待游客后的服务与质量保证问题、景区经营者和相关利益者的诚信问题，管理的难度较大，涉及群众多，执行周期长，这些问题都会导致相关管理部门在执行管理中不断遭到质疑和投诉。这些问题大多是由于县域旅游发展中的管理力度和管理选择所致，在旅游发展中注重短期收益而忽视长期收益，管理部门对一些行业发展的潜规则引起的市场诚信问题，如导游加点、购物等出现的诚信问题无法从根本上解决，而景区居民的欺骗和强制消费则是出于景区相关利益主体之间利益分配问题，这些问题一方面与行业管理有关，另一方面也与县域居民的素质有着内在的联系，村民大多没有接受过系统的教育或职业培训，职业素质不高。因此，县域旅游发展要注重旅游市场管理，规范相关主体如企业、私有经营者、景区居民等相关行为，提高其对县域旅游发展的认识和能力。

11.4 龙胜县县域旅游发展建议

11.4.1 加强交通基础设施建设

旅游地交通基础设施建设工程对于县域旅游业发展而言至关重要，是县域旅游业发展中的重要要素，是连接各地游客与龙胜县之间的纽带。交通基础设施建设水平和设施完善程度决定着龙胜县域旅游业的发展前景。旅游交通基础设施建设水平和设施完善程度越高，可以大大缩短游客到旅游景点的路程，可以解决旅游路上耗时的问题，可以解决很多游客选择旅游景点的顾虑，可以提高龙胜县各个景点每日的游客数量。旅游道路畅通，对于游客而言可以减少后顾之忧，有助于旅游活动的顺利展开，对于龙胜县域旅游业的发展具有关键性的作用。旅游交通基础设施建设要结合龙胜县域旅游业发展规律、发展实际和市场走向进行合理规划，抓住县域旅游市场的重点，为游客打通到达景区的"最后一公里"，促进龙胜各个景区之间联动发展，形成良好的效应。

11.4.2 出台科学长远的县域旅游发展规划

县域旅游业作为龙胜县的支柱产业、核心产业、品牌产业和生命产业，在发展过程中要注重做好旅游规划工作。近年来，龙胜县先后出台《广西龙胜各族自治县旅游发展总体规划（2014～2025 年）》和《龙胜重点旅游片区发展规划》等数十个旅游规划，这些规划充分考虑龙胜县县域旅游实际，对正确引导和规范县域旅游产业健康发展至关重要，为之后出台更多科学长远的县域旅游发展规划提供了范本。在开发过程中，相关部门也要加强监管力度，避免部分县域为了经济利益而偏离规划的行为，防止盲目开发和重复开发现象出现。此外，相关部门在县域旅游规划过程中要注重旅游产品的独特性、地域性、创意性，坚持创新理念，大力推动龙胜旅游品牌化与规模化发展。

11.4.3 设计富有深度的旅游产品和项目

龙胜县相关部门及旅游企业等多个经营主体要联合起来，对旅游市场需求进行深入调查，扩大调研面和调研样本，根据市场调研的结果进行实际反馈，对未来的发展方向进行充分论证，设计出游客喜欢的旅游产品和项目。依托特色旅游资源，努力彰显养生、农耕、民俗、乡土等特色，增加特色景区景点，加快民族村寨旧貌换新颜工作，推动农耕文化游、节庆活动游等旅游模式，形成一体化的体验式旅游。同时，通过开展"古茶树祭祀""开耕节""红衣节""辣椒节""红糯节"等节庆活动,对特色文化进行宣传。聘请优秀的民俗文化设计公司,打造创新性十足的旅游特色产品,从而促进旅游产品体系层次增多、特色增强,更好地贴合游客多样化需求。

11.4.4　加大力度规范旅游市场管理

旅游市场的规范管理需要靠建立健全体制机制来支撑。一是建立健全旅游法规,制定县域旅游业管理的条例、规定,以加强对县域旅游业的统一管理。龙胜县政府要制定一系列有关县域旅游业、旅游景区方面的管理条例,同时还要进一步加强管理条例的前瞻性。二是对旅游企业进行归口管理,实行统一推销、统一报价、统一质量标准和统一税收标准,进行规范化管理。三是建立竞争机制,创造宽松优越的旅游营商环境,鼓励旅游企业之间的公平竞争。四是建立健全旅游监督检查机制,保障旅游经营合理、合法。五是要注重探寻旅游地尤其是旅游社区合理发展模式,使政府、旅游公司、企业与社区居民共同合作参与县域旅游发展,促进县域旅游可持续发展。

旅游景区管理也是其中非常重要的一环。龙胜县旅游景区的工作人员大多是企业员工或者附近的村民,这些工作人员都是保证整个景区持续正常运营的中坚力量。如果这些员工的素质不高、业务水平不强,将会影响到龙胜县县域旅游的发展成效。因此,当地景区管理部门及旅游企业,应当根据旅游发展实际,编制新的《员工手册》,加强工作人员的学习能力和知识水平,并加强考核力度;对于外国游客热衷的景区,景区内工作人员要加强基本的英语学习,提高外语水平;要定期组织工作人员学习时事政治、景区知识及周边旅游常识等,并邀请专家进行礼貌礼仪和服务意识的培训;制定定期考核制度,对考核不通过的员工进行警告或处罚,并让其继续加强学习。通过多管齐下的方式,加强旅游景区管理,提高员工素质,进而更好地促进龙胜县县域旅游的发展。

第 12 章 特色旅游促融合——资源县

12.1 资源县县域旅游发展概况

12.1.1 发展现状

近年来，资源县坚持"生态立县、农业稳县、工业富县、旅游强县"发展思路，围绕加快打赢脱贫攻坚战、全面建成小康社会的目标任务，苦干实干，克难攻坚，推动全县经济社会持续健康发展。积极加大旅游投入力度，努力完善相关旅游基础设施，致力打造各种旅游业态。作为广西县域旅游综合竞争力"十强县"之一，其发展竞争力在十强内排名第一，说明其旅游发展规划、信息化管理建设方面做得比较好；管理竞争力指数比较高，说明县政府对旅游支持度较高、景区动态管理和旅游人才培训方面做得比较好。资源县生态休闲农业旅游资源富有特色，乡村民俗文化丰富多彩，地方土特产特色鲜明且乡村旅游资源空间分布较为集中（图 12-1）。2018 年资源县获评为广西特色旅游名县，先后荣获了"全国造林绿化先进单位""全国绿化模范单位""全国林业公安基层建设先进单位""自治区无公害蔬菜（西红柿、辣椒）生产基地县""自治区无公害水果（脐橙）生产基地县""华南地区最大的虹鳟鱼生产基地""全国村务公开民主管理示范县""全国科技进步考核先进县"等荣誉称号，其民俗节庆品牌——"七月半"民族传统河灯歌节于 2014 年成功入选为国家级非物质文化遗产名录。

图 12-1　资源县

12.1.1.1 成功创建特色旅游名县

2013年,广西壮族自治区党委、自治区政府正式提出创建"广西特色旅游名县",以实现广西文化旅游新发展目标。为响应号召,资源县紧扣"民族风情,文化旅游"的发展定位,首先建设提升硬件设施,建设资龙二级公路、厦成高速公路、洞桂高速公路将资源县与东部沿海地区、中西部地区联成一体,并建成乡村公路网络骨架,实现村村通公路,大大提高了交通通达度。其次,整改市容市貌,焕发城市新风貌,建成风雨桥、改造滨江路、实施县城道路硬化及绿化、夜景亮化,并进行了大面积的县城立面改造,将原来单调的"火柴盒"式楼房增加坡屋顶、披檐、花格窗、丹霞墙、青瓦等,改造成为融本地苗族、瑶族民俗风情和丹霞地貌元素为一体的桂北民居风格。同时,建设旅游配套设施,提高服务接待水平;相继建设新的旅游商业街、行政中心、会议中心、文化中心、体育活动中心、高档次宾馆等,完善服务功能。更重要的是挖掘和推广文化资源,立足资源县少数民族文化、红色历史文化和丹霞地貌文化等资源,开发相应的独具特色的旅游产品,其民俗节庆品牌——民族传统河灯歌节更是成功入选国家级非物质文化遗产名录。在政府和居民的不懈努力下,资源县在县域旅游方面取得了优异成绩,于2018年获评为广西特色旅游名县,顺利举办了2019年漂流世锦赛(测试赛)暨国际漂流精英对抗赛,并成功取得2020年漂流世锦赛举办权。据《2020年资源县人民政府工作报告》显示,2019年全县旅游接待总人数达669.9万人次,同比增长19.8%;旅游总消费达81.2亿元,同比增长22.1%[①]。

12.1.1.2 旅游品质持续提升

自发展旅游以来,资源县注重提升旅游业发展品质,深化旅游业供给侧结构性改革,不断加强各类软硬设施建设,逐步实施"+旅游"工程,推动农业、文化、教育、康养等与旅游业融合,培育旅游新业态,构建全新旅游产品供给体系。

按照农旅结合模式打造的康恒养殖现代特色农业示范园,其主导产业为牛羊养殖、"三木"药材种植和休闲观光,产业基础良好。2018年年底,示范园实现销售收入508万元,出栏高品质肉牛300多头和肉羊200多头。2019年示范园养殖的牛、羊获得有机产品转换认证,并获提了桂林市农业产业化重点龙头企业。示范园通过"公司+基地+家庭农场"模式有效推动了资源县"三木"药材和畜禽养殖产业的发展,并通过回收草料、务工、固定分红等方式促进农户增收。

用活长征文化资源,大力发展红色旅游。全县6处遗址遗迹被列入《红军长

---

① http://www.ziyuan.gov.cn/zwgk/zyxrmzfbgs/gzbg/zfgzbg/202006/t20200618_1831587.html

征湘江战役红军烈士纪念设施建设保护总体规划》进行重点修缮保护，打造了油榨坪、赵氏祠堂、雷公寺、塘洞村等一批红色旅游点。相关部门先后在塘洞村建设长征文化廉洁教育基地，党建、统战建设基地和以党性教育和红色旅游为主题的"现场教学基地"。前来观光旅游和接受革命传统教育的干部群众及游客越来越多，当地趁势发动群众建设农家乐和民宿，推进红色旅游和乡村旅游不断实现新突破。2017年，塘洞景区被评为国家3A级景区。在长征路上，近年资源县党史专家已为300余个单位（团体）做过解说，其中最多的一天共接待12个单位（团体）；充分利用资源县河灯歌节这一最靓丽的文化名片，资江灯谷旅游景区以河灯歌节文化为依托，以展示"廊桥文化幻美灯谷"形象为主脉，成为集夜间休闲、文化体验、美食餐饮、手工艺品制作、旅游购物、文化创意、生态人居等功能于一体的资江滨水休闲新地标，有力地带动了资源县旅游产业实现跨越式发展。

12.1.1.3 旅游扶贫红利共享

旅游扶贫是当前及未来一段时期产业扶贫的重要抓手，也是精准扶贫的重要方式，从国家出台各类乡村旅游扶持政策，到文旅企业、社会资本积极参与，都给旅游扶贫注入了巨大的能量和活力。近年来，资源县以创建"广西特色旅游名县"为契机，紧紧抓住"产业扶贫"这个根本，通过旅游扶贫助推精准扶贫，在打好打赢脱贫攻坚战役中走出了一条脱贫攻坚的"资源路"，虽然旅游扶贫尚处于起步发展阶段，但是取得了很好的成效，贫困发生率从2016年年底的16.03%（当年全国平均水平5.7%）降至2019年年底的0.21%，据统计，旅游贡献率达38.69%[①]。

立足红色文化资源发展红色旅游，资源县两水苗族乡塘垌村是长征的战略要地之一，陆定一的著作《老山界》便是取材于此，红色旅游成为当地经济发展的重要产业。资源县扶贫工作组根据当地的实际，建起了红色旅游景区和三座独具特色的民宿，景区逐步扩建成以老山界、雷公寺庙、赵家宗祠等旅游区为核心的红色旅游精准扶贫片区，并逐渐形成"土地入园当社员、景区务工当职员、摇身一变当演员、售卖产品当店员"的"一区带四员"的红色旅游扶贫模式；依托特色产业打造休闲农庄实现农民增收，坐落在车田乡资龙公路边的鸿福生态农业发展有限公司占地200多亩，从2014年开始经营到2018年1月形成了春秋季赏花、夏季摘桃避暑、吃住一条龙服务的休闲农庄。海拔在1400～1600m的丰绿生态园，占地5000亩，投资上千万，以野生菜蔬种植、采摘，名贵动物养殖、观赏，传统酿酒、窖酒，提供户外运动场所等特色，成为资源县四星级农家乐代表。

---

① http://mzw.guilin.gov.cn/dtyw/xqxx/202008/t20200831_1867312.html

12.1.2 发展优势

12.1.2.1 优越的地理环境

资源县具备优越的地理环境，有着良好的发展基础，发展潜力大。资源县位于广西东北部越城岭山脉北麓，是广西的北大门，属桂林市管辖。境内有华南第一高峰猫儿山，是长江水系和珠江水系的发源地之一，土地肥沃、雨量充沛、雾多、昼夜温差大，具有生长药材得天独厚的条件，中草药种植、深加工优势明显，为发展"中药＋康养＋旅游"提供了可能。资源县属亚热带季风湿润气候区，海拔在 310～2142m，具有明显的山地气候特征，冬无严寒，夏无酷暑，气候温和，四季分明，为培育具有较高开发价值如蕨菜、薇菜、竹笋、生漆、油桐、山苍子、松脂等特色农产品提供了良好的种植环境，为打造"高山优质绿色无公害"农产品品牌、促进农旅融合发展提供了有利条件。资源县生态环境良好，森林覆盖率达 81.83%[1]，是广西林业重点县之一，也是我国南方杉木、马尾松、毛竹的中心产区之一，与其交界的全州、兴安、龙胜、城步等县也是林木、毛竹的主产区，有利于建设上规模、上档次的竹木制品深加工企业，同时有助于打造"生态＋旅游"模式，推出绿色生态游、养生度假游产品，丰富旅游业态。

12.1.2.2 丰富的自然资源

资源县有着丰富的自然资源，为其发展县域旅游，推进农业、林业与旅游、教育、文化、康养等产业深度融合提供了基础条件。矿产种类较多，已发现有石煤、钒矿、铁矿、铜矿、铅锌矿、钨矿、锡矿、钼矿、钽铌矿、铍矿、绿柱石、萤石矿、长石矿、沸石矿、陶瓷土、石灰岩、花岗岩、石英岩、页岩、炭质页岩、建筑用砂、热水泉等 25 个矿种，其中，中型矿床 2 处，小型矿床 4 处，矿点 98 处[2]。潜在资源丰富的有萤石矿、沸石矿、长石矿、瓷土矿和石英等非金属矿；森林植物和森林类型丰富多样，是全区林业重点县，素有"一水四田九十五分山"之称。境内植被丰富，种类繁多，据森林资源调查资料统计，境内有原生植物 164 科 1120 余种，其中华南铁杉、长苞铁杉、资源冷杉属国家保护的珍贵树种，红豆杉、华南五针松、柳杉、马褂木为我国稀有特有树种；药材和土特产资源丰富，素有"天然药库"之称，中草药材品种多、质量好，药用植物达 200 余种，其中大宗的药材有杜仲、黄柏、厚朴、天麻、茯苓、金银花等 20 余种。全县现种植天麻达 3 万窖，有"三木"（杜仲、黄柏、厚朴）药材林 7000hm^2，是广西"三木"

---

[1] http://www.forestry.gov.cn/main/102/20201231/001904302266334.html
[2] https://baike.baidu.com/item/%E8%B5%84%E6%BA%90%E5%8E%BF/7183066?fr=aladdin

药材基地县。全县土特产资源已形成一定的生产规模,具有较高开发价值的有蕨菜、薇菜、竹笋、生漆、油桐、棕榈、山苍子、松脂、香菇、木耳、茶叶、百合、猕猴桃等 10 余种[①]。自然景观较为丰富,境内山青水秀,石奇林幽,是集我国名山、名江、名瀑特色于一体的广西首批优秀旅游县之一。境内拥有"世界自然遗产""国家森林公园""国家地质公园"三顶桂冠的八角寨景区,有丹山碧水、被誉为"华南第一漂"的资江景区,有"中国最佳漂流胜地"的五排河探险漂流景区,有休闲度假丹霞温泉景区、天门山生态观光景区及"一瀑九折"的宝鼎瀑布景区等,同时拥有丹霞和喀斯特两种地貌。

12.1.2.3 独特的文化资源

截至 2019 年年底,资源县总人口 18.15 万人,其中有苗、瑶、壮、侗、回、蒙古、彝、朝鲜、满、土家、毛南、么佬、仡佬、黎 14 个少数民族,少数民族人口 4.04 万人,占全县总人口的 22.26%[②],特色民族文化资源较为丰富,还有红色长征文化、丹霞地貌文化等。其中,资源县河灯歌节是资源县最靓丽的文化名片,先后入选"中国百姓生活游"十大主题、国家级非物质文化遗产、上海大世界吉尼斯纪录,具有极广泛的社会影响力。资源县河灯歌节原为"七月半"河灯节和"七月半"山歌节。相传,放河灯起源于资源县城合浦街。自古以来,资江是沟通湘桂交通的重要水道,合浦街是湘桂往来客商的聚散地。唐宋年间,资江船运繁忙,船夫出行前,为祈求平安,在资江上漂放河灯,经过千百年来的传承发展,便成了当地群众每年农历七月十四夜晚自发在资江边放河灯的习俗。山歌节起源于五排地区的两水苗族乡烟竹村。五排苗族同胞于"七月半"期间,男女老少欢聚一堂对唱山歌,形成地方特色歌会。1995 年,政府引导将传统的歌与灯组合在一起,成为现在一年一度的"资源县传统民俗河灯歌节"。截至 2019 年 12 月资源县已连续举办 25 届"河灯歌节"和 8 届丹霞文化旅游节,每次活动期间,慕名而来的游客络绎不绝,或是欣赏散发出浓郁的苗、瑶等少数民族风情特色和丹霞文化气息的角楼,或是欣赏河灯文化长廊上面的民俗文化雕塑、壁画、格言,还有民间艺人制作的各种漂亮的河灯。

另外,长征文化资源丰富,红军长征时曾经过资源县,为资源县留下了众多的遗址遗迹和文化资源,共有中革军委临时会议旧址、毛泽东与贺子珍驻地、中央红军宣传部(局)驻地、中央红军财政部(苏维埃中央银行)驻地、社水红军桥等 10 余处极具纪念和教育意义的红色革命旅游胜地,红色旅游开发潜力巨大。

---

① http://www.tcmap.com.cn/guangxi/ziyuanxian.html
② http://mzw.gxzf.gov.cn/gzyw/sxxx/t5010212.shtml

12.2　资源县县域旅游的探索与实践

12.2.1　发展历史梳理

资源县古为楚地，秦属长沙郡，称扶夷苗地，后属零陵郡。宋初始称西延，属全州辖地。明洪武二年（公元1368年）随全州划归广西桂林府辖。元至正年间改土归流，置驿司；明洪武七年西延设巡检司；清雍正七年西延巡检司裁撤，设全州西延理苗分州，置州同；乾隆六年将分州署从钟楼底移驻大埠头，并建分州署衙。民国二十四年将全县（今全州县）西延区属八乡、长万区万德乡的大里溪一村、兴安县越城区的车田、浔源两乡地方划归合并，成立资源县。1952年8月撤销资源县建制，将中峰、延东、梅瓜三个区划给全县，五排区划给兴安县。1954年6月恢复资源县建制，辖4区44个乡[①]。

1995年被广西壮族自治区人民政府确定为享有少数民族自治县待遇。2005年被《中国国家地理》杂志评为中国最美的地方之一。2007年，被国家环保部正式命名为"国家级生态示范区"。2012年，资源县围绕打造桂北丹霞文化旅游特色新城，紧扣"民族风情，文化旅游"的发展定位，进行了大面积的县城立面改造。2014年凭借独特的旅游资源优势、良好的生态环境及深厚的文化底蕴，荣登"2014最美中国榜"，荣获"最美中国·文化旅游"、生态旅游、特色旅游目的地城市等称号；其民俗节庆品牌——"七月半"民族传统河灯歌节于2014年成功入选为国家级非物质文化遗产名录。2017年，整合县城旅游资源并全面启动4A级景区各项建设工作，投资6亿元将县城打造成4A级景区，同年4月，广西旅游规划设计院编制完成了《资源县资江灯谷景区创建国家AAAA级旅游景区规划》。2018年，成功创建八角寨、资江·天门山、资江灯谷3个国家4A级景区，八角寨、脚古冲被评为自治区级生态旅游示范区，丰绿生态园、李洞分别荣获广西5星级、4星级乡村旅游区称号，以优异成绩成功创建广西特色旅游名县，同时被评为广西2018～2019年县域旅游综合竞争力"十强县"之一。

12.2.2　特色旅游促融合模式

12.2.2.1　顶层设计指方向

党的十八大以来，桂林贯彻落实国家发展战略，加快打造国际旅游胜地，坚持"一本蓝图绘到底"，按照"加快建设新城、疏解提升老城，产业融合发展、城

---

① http://lib.gxdfz.org.cn/view-c43-5.html

乡协调推进，生态文化相融、富裕和谐桂林"的总要求，一体谋划、联动推进国家可持续发展议程创新示范区和国家健康旅游示范基地建设，以文塑旅、以旅兴文，文旅联动、融合提升。在实现广西文化旅游新发展目标的征程中，广西壮族自治区党委、自治区政府于 2013 年正式提出创建"广西特色旅游名县"，以推进县域旅游经济发展。

以创建"广西特色旅游名县"为契机，资源县从顶层设计着手，统筹规划和谐宜居、富有活力、别具特色的县域旅游发展之路。2012 年，资源县紧扣"民族风情，文化旅游"的发展定位，进行了大面积的县城立面改造，将原来单调的"火柴盒"式楼房增加坡屋顶、披檐、花格窗、丹霞墙、青瓦等，改造成为融本地苗族、瑶族民族文化和丹霞地貌元素为一体的桂北民居风格，以打造桂北丹霞文化旅游特色新城；2015 年建设推进资源县捉口水灯旅游文化小镇项目，以"民俗体验、旅游集散、滨水休闲"为核心功能，将打造成为水灯民俗文化传承地、资源旅游服务枢纽地、资江滨水休闲新地标国际水灯文化联盟大会永久会址，建设集观光游览、文化体验、休闲度假、美食餐饮、工艺品生产、旅游购物、生态人居等功能于一体的旅游服务综合体；2015 年，广西旅游规划设计院编写了《资源县乡村旅游发展规划（2016～2025）》，对全县的乡村旅游资源进行了盘点，从景点布局、线路设计、服务项目方面入手，拟建设 4 个主题小镇、打造 12 个特色旅游村屯、建设八大精品产业园区，为资源县乡村旅游发展指明了方向；2017 年年初，资源县提出，投资 6 亿元整合县城的旅游资源，将县城打造成国家 4A 级景区；2017 年 3 月，调整和修改《资源县促进旅游业发展若干奖励办法》，以鼓励和吸引企业、社会组织、个人到资源县开发投资旅游产业，加快县域旅游的发展；2017 年 4 月，广西旅游规划设计院编制完成了《资源县资江灯谷景区创建国家 AAAA 级旅游景区规划》，提出建设"光影资江"大型水景秀、风雨桥的博览园、河灯祈福园、桂北民族风情街、河灯文化长廊、墨香碑廊、"水舞资江"水上乐园、捉口旅游风情小镇等八大亮点项目；2019 年 9 月，第十六届东盟博览会举办期间，资源县成功签约桂林资源航空旅游康养小镇和资源花果山旅游景区开发两大项目，投资总额达 13.2 亿元。

12.2.2.2 旅游扶贫拓宽致富路

近年来，资源县坚定"旅游强县"发展思路，把旅游发展与脱贫攻坚工作相融合，作为带动当地农民就业、拓宽农民增收渠道、实现旅游富民的重要途径和抓手。资源县积极推进"生态＋农业＋旅游""公司＋基地＋旅游""合作社＋基地＋贫困户＋旅游"等发展新模式，建设发展乡村旅游、红色旅游和生态农业旅游等旅游业态，创建星级农家乐、民宿和乡村旅游景点，大力推进红军长征遗址遗迹修缮保护、用活长征文化资源，多措并举，助推贫困山区群众走上脱贫致富之路。

在生态农业旅游扶贫方面，一是提升传统优势特色农业。对以红提、西红柿、猕猴桃、竹鼠、冷水鱼等为主的传统优势特色产业，通过推动品种更新、倡导生态种植和生态养殖等方式进行提质增效。2018 年全县红提、西红柿、辣椒、猕猴桃等特色种植面积 10.76 万亩，蔬菜种植面积 10.58 亩，特色药材种植面积达 1600 亩。建立梅花鹿、竹鼠等大小特色养殖场 1094 个，受益贫困户 3000 余户。全县龙头企业（市级）达 335 家、家庭农场达 37 家。二是大力培育有机特色农业。在两水苗族乡烟竹村、资源镇金山村等村屯建立有机蔬菜示范基地 9 个，示范基地面积达 2000 多亩，带动全县有机蔬菜种植面积达 3000 多亩，年总产量达 3000t。发展有机牛、有机羊等生态养殖 4000 多头[①]。资源县被国家认证认可监督管理委员会列为运用有机产品认证扶贫县和第七批国家有机产品认证示范创建区。

在红色旅游扶贫方面，资源县以 2016 年纪念红军长征胜利 80 周年为契机，对全县红色遗址遗迹进行修复和保护，打造学习弘扬长征精神实体平台。经过精心修复和党史、文物布展，中革军委临时会议旧址油榨坪公堂、中央红军宣传部（局）驻地旧址塘洞村赵家宗祠、毛泽东贺子珍驻地雷公田庵堂等面貌一新。两水苗族乡还在塘洞村李洞屯建造翻越老山界长征纪念馆，该馆占地面积多达 800m^2，展出长征历史文物 80 余件，同时投资 3000 余万元用于改善红色旅游硬件设施。对塘洞至兴安金石的 30km 道路进行硬化，并修建李洞至雷公田 3km 砂石路，对红军古道和游览步道进行维护，在李洞屯修建旅游公厕、生态停车场、休息亭等。开展党员干部重走红军路、成立老山界文艺队、朗诵长征诗词、传唱红色歌曲、举办"我与长征精神"演讲比赛等一系列活动，逐渐形成"土地入园当社员、景区务工当职员、摇身一变当演员、售卖产品当店员"的"一区带四员"的红色旅游扶贫模式。

12.2.2.3 产业融合实现提档升级

为促进县域旅游健康可持续发展，资源县整合自然文化资源，优化产业结构，加快推进产业融合，实现提档升级。在特色农业发展迅速的有利形势下，大力发展休闲农业旅游。例如，康恒养殖现代特色农业示范园，带动农户发展牛羊养殖和"三木"药材种植实现增收，通过农旅结合的模式将产业基地打造成集种植、养殖、休闲观光生态为一体的综合产业带；全力推进桂林"秋之实"观赏路线之一的丹霞映红提休闲农业项目、桂林"冬之雪"观赏线路之一的桂林—资源隘门界雾凇观光农业线路项目，还有开发中峰镇大庄田红提生态长廊、车田苗族乡石山底生态农业示范园等 20 个农业生态旅游园（点）项目，加快农旅融合。另外，

---

① http://fpb.gxzf.gov.cn/fpjy/t4338591.shtml

重视"文化资源"建设，积极开展"寻找文化的力量，挖掘文化的价值"行动，结合红军长征过资源、晓锦新石器时代文化遗址、河灯歌节和苗瑶风情等，开发红色历史文化、民俗风情文化等旅游线路；积极推动文化旅游产品市场化，重点打造各种文化旅游业态，丰富旅游内容，新推出常态化河灯祈福活动，打造了《河灯谣》小剧场演艺活动，引进了乘飞艇空中观资江、八角寨项目；以现有的城北文化长廊为依托，以传承千年的河灯文化为特色，沿河西南路新修建两段总长 1680m 的河灯文化长廊，沿河西修建合浦桥至加油站长 360m 的河灯文化长廊，与已有长 460m 的西延文化长廊和长 680m 的城北文化长廊，一起构成总长 4180m 的世界最长的河灯主题文化长廊，作为资江灯谷景区内标志性文化建筑和标志景点；加快推进投资 3.6 亿元的大福空间智慧旅游项目全面实施，以及投资 12 亿元的隆翔航空旅游项目等，推动传统观光旅游向休闲、度假、养生、娱乐等为一体的旅游转型升级，加快产业融合进程，实现旅游富民强县。

12.3 资源县县域旅游发展的主要问题及原因分析

12.3.1 资源县县域旅游发展的主要问题

12.3.1.1 基础设施不完善，配套设施不足

虽然资源县近些年来获得了政策上的支持，在乡村旅游与精准扶贫上获得了一定的发展，但是由于资源县所处位置相对偏僻，其开发水平相对有限，在基础设施建设和配套设施上存在一定的缺陷，如交通路线建设上的不足突出表现在公路质量差、通行条件差、通达性不足等，对于那些相对比较陈旧的旅游基础设施建设也无法进行更新升级，不能满足旅游者日益多元的需求。再如，资源县河灯歌节在其旅游发展过程中的硬件服务设施也是一个"软肋"。每年七月半，来自四面八方的游客和当地各乡镇的居民都聚集到县城观赏河灯歌节，由于县城内道路狭窄，而游客过多，导致整个中心路段出现堵塞问题。同时，资江沿岸的河堤防护栏也存在安全隐患，对游客的生命安全造成了威胁。这些因素在一定程度上阻碍了资源河灯歌节的旅游发展。

旅游配套设施存在不足，如物品寄存点、娱乐设施、医疗救护设施、旅游购物设施等不足甚至空缺，旅游接待设施种类少、规模小且档次低，感知体验差，农家餐馆和民宿客栈等分布不合理。根据《基于产业链视角下的乡村旅游扶贫模式与实现路径研究——以广西资源县为例》显示，以住宿业为例，截至 2019 年年底，资源县建有四星级酒店 1 家，另有经济连锁酒店、民居旅馆、农家旅馆近 70

家[①]，主要集中在资源县城、八角寨国家地质公园景区附近，其他乡村旅游片区住宿缺乏，游客晚上还得回县城住宿，大大降低了游客的满意度感知。

12.3.1.2 旅游产品较单一，民族特色淡化

资源县旅游发展起步晚，对本土文化的挖掘不够深入，导致内容泛化，缺乏特色，自然景观景区的珍稀或奇特程度也不够突出，其规模和丰度与4A级景区要求还有一定的差距。现有旅游资源的吸引力较低，观赏游憩价值不高，对游客的吸引力也不大。

一方面，资源河灯歌节以"河灯""山歌"及沿江各种奇景和民俗建筑等一体化乡土旅游景色在桂林市旅游中独树一帜，但是从目前旅游开发的情况看，其影响力远远达不到开发预期效果。一是旅游经验积累少，在旅游开发中往往借鉴先进地区的发展经验，资源的深度开发不够，当地对其文化内涵的挖掘应用不到位，如车田、两水苗族和河口瑶族在本土少数民族文化方面挖掘不足，主要提供传统的民族表演，在节目安排、内容编排上缺乏对游客体验性、参与性、趣味性方面的思考，也没有对砍山舞、山歌等文化挖掘做进一步的细化，反而使其更加简单化、统一化，这对文化资源的保护来说是一种威胁。二是其旅游形式及旅游项目主要以观光型民族风情文化为主，但是每年的河灯歌节日程安排日趋简单，民间文化活动一直在精简，到现在基本没有更多的创新，只有山歌和河灯两项主题活动得以留存，顶竹竿、舞狮舞龙、砍山舞、斗鸡和斗鸟等古朴的民间体育和娱乐活动举办得越来越少，逐渐被一些政府组织的商品展销会和文艺演出取代，这使得资源县特有的少数民族特色和地方民间特色的乡土情愫逐渐淡化。单调且没有创新的民俗文化旅游活动不仅不能为资源县留住更多的客源，反而会影响游客对河灯歌节的评价，从而影响潜在的客源市场。

另一方面，对生态农业文化内涵挖掘不足，生态农业旅游产品单一。因农业种植基地、种植生态区经营者多数为当地农民，文化素质较低，会发生照搬、盲目模仿其他园区经营模式的情况，农家乐、农庄、观光园相互模仿，没有重视挖掘生态农业旅游产品中的农业文化，急功近利地将农业产品变形包装成所谓的特色生态农业旅游产品，虽数量比较多，但不具特色。

12.3.1.3 旅游产业链短而窄，体验性项目缺乏

旅游业是综合性和关联性很强的行业，一个具有高附加值的旅游产业链须做到第一、第二、第三产业的深度融合。农业是资源县的基础产业，现已形成了中

---

① http://www.doc88.com/p-69829008644549.html

峰镇红提、红心猕猴桃种植区、资源镇油茶种植区、车田乡西红柿种植基地和梅溪有机蔬菜种植基地等规模化的农业种植生产区域,但基本上都是靠出售原料或初级加工产品获得收入的,农产品深加工不够,也没有建立起顺畅的农产品销售渠道。另外,资源县多数乡村旅游产品以农家乐、田园采摘为主,停留在观光旅游层次,生态农业旅游主题不够突出,展示不强,体验性项目存在模仿误区,没有就地取材开展具有当地特色的生态农业旅游项目。除此之外,生态农业旅游缺乏参与性,娱乐体验、休闲度假类的高层次旅游产品缺乏,体验感差,旅游产品组合不完善。资源县中峰镇的红提以"自然红、原生态"的独特品质而著名,尽管建立了集种植、观光、旅游、休闲为一体的 2km 红提观光大长廊,但从生态农业的特点来看,游客没有参与红提的种植和收获的过程,走马观花,旅游经济效益不高。由此可以看出,目前资源县的旅游产业链较短,其农旅融合还停留在农产品的种植阶段,缺乏把初级农产品加工为高附加值的旅游商品工艺,缺乏产品的深加工和商业流通渠道,缺乏高层次高体验的旅游产品。

资源县旅游企业数量较少,缺乏竞争力,还没有形成旅游核心企业。核心企业能对旅游产业链上、中、下游的资源进行整合,带动相关产业和企业的发展,减少成本,实现规模经济。资源县现有的旅游企业,经营规模较小、对产业链的资源整合能力差,地方经济带动性不强。

12.3.1.4 旅游形象不鲜明,营销推广不到位

资源县在旅游形象定位、营销推广方面存在一定问题,没有一个统一的反映资源县整体的旅游品牌形象,没有制定统一的宣传 LOGO 和口号,不利于在市场上打造一个具有高度差异化、清晰明确的品牌形象;在营销推广方面,资源县一般通过旅游节庆活动如河灯歌节、旅游推介会进行宣传推广,较少通过传统媒体(电视媒体、纸质媒体)、新媒体(网络媒体、手机媒体)等渠道推广宣传资源县旅游。据调查,资源县旅游客源主要来自广西及其周边城市,游客游玩时间大约为一天,逗留时间短,经济效益微薄,不能充分利用周边城市的客源市场。宣传不到位阻碍了客源市场的开拓及潜在市场的挖掘,好的品牌打不出去,先进项目进不来,制约了资源县旅游发展水平的提高。

12.3.2 资源县县域旅游发展主要问题的原因分析

12.3.2.1 处于旅游发展初级阶段

资源县旅游发展起步比较晚,近年来虽然取得良好成绩并成功创建特色旅游名县,但是其旅游发展仍处于初级阶段,旅游产业链短而窄,积累经验少,旅游

开发过程中往往借鉴先进地区的经营模式，对本土文化的挖掘不够深入，导致产品同质化、缺乏特色。以地理区位来看，资源县位于广西东北部越城岭山脉北麓，海拔在310~2142m，距离首府南宁有487km的距离，虽然如今交通状况有了很大的改观，但先天性的地理区位决定了游客花在旅行交通上的时间比较长。从后天制约因素来看，民族地区经济意识不断增强，许多居民外出打工谋生，新的价值观念和生活观念逐渐形成，民族文化遭受长期冷落和闲置，直接导致民族文化发展意识的不断削弱和民族文化生存环境的不断恶化，一定程度上阻碍了富含文化内涵的高附加值的旅游产品的开发。

12.3.2.2 专项资金投入不足

近年来，政府虽然加大了对旅游业发展和民族文化事业保护的投入，但因地方财力的限制，专项资金十分有限，经费投入与发展需求差距仍然较大。而且民间民俗文化的挖掘、保护、传承和开发利用是一项错综复杂的工程，牵涉民族地区人民群众生活的方方面面，资金投入需求量大。由于其缺少资金上的支持，导致基础设施薄弱、文化挖掘和开发利用不够深入、品牌树立和推广不足，制约了资源县县域旅游的发展。

另外，旅游企业融资难。资源县旅游企业多属于规模小的中小企业，市场占有率低、盈利能力微弱，创新能力低下，资信水平相对较低，导致融资难、融资渠道不畅，开发资金短缺，阻碍了其开发更符合市场需求的类型多样的旅游产品，产品吸引力低，旅游产业链短而窄。

12.3.2.3 宣传推介力度不够

在营销推广方面，资源县宣传推介方法单一、手段疲软，一般通过旅游节庆活动如河灯歌节、旅游推介会进行宣传推广，较少通过传统媒体（电视媒体、纸质媒体）、新媒体（网络媒体、手机媒体）等渠道推广宣传资源县旅游；宣传推介缺乏个性内容与品牌意识，直接影响了文化产品的发展规模与效益，阻碍了知名文化品牌的诞生。

12.4 资源县县域旅游发展建议

12.4.1 完善各类配套设施，提升旅游接待能力

建设提升旅游基础设施。各项基础设施建设将影响旅游产业各个运行环节协调程度和发展程度，进而影响旅游产业结构合理化和科学化水平。交通作为基础

设施建设的组成部分,是旅游产业供给环节的主体支撑,是游客需求实现的保障,交通的完善是发展旅游产业的基础。建成科学便利的交通枢纽和网络能为游客的出行提供更为便捷的服务,扩大游客的出行规模、提高出行质量。重视旅游基础设施的规划与设计,增强人与自然的可达性与亲密性,发展旅游的同时保护景观和环境资源,促进可持续发展。以广西全力推进全域旅游发展工作为契机,结合旅游景区、田园综合体、乡村旅游点、特色小镇的规划布局,全面提升改造资源县旅游路网设施,高标准做好道路沿线绿化美化工作,打造"车窗风景线、最美旅游道",实现与广西全域旅游公路网的无缝连接;丰富多元的旅游公共信息服务能够增强旅游服务系统的功效,提升游客在旅游目的地的生活体验。旅游大众在游前需要全面的旅游讯息获取服务,在游中需要顺畅的信息响应和及时的信息分享服务,在游后需要完善的信息反馈与后续保障服务。因此,资源县需要推进旅游公共信息服务建设,在旅游网络信息服务系统、旅游现场咨询与声讯服务系统、旅游信息解说系统建设等多层面加强建设与供给;同时,健全有效的旅游安全保障服务,在旅游安全领域既需要从上至下的体制机制创新,也需要在安全预警、重点监管、意识观念、救援体系、保险保障等产业链条进行整体强化。

建设完善旅游配套设施。增设旅游厕所、游客集散中心、商品购物店、停车场、医疗设施等;加快建设娱乐设施、物品寄存点、旅游购物设施等;建立各个景点间的标识引导系统,把各景点更好地串联起来,完善旅游交通指引标识牌;全面实现景区 4G 通信网络和无线网络覆盖;提高如停车场、饭店、农家餐馆和民宿客栈等旅游接待设施的档次,并合理布局。例如,为解决资源河灯歌节在旅游发展过程中存在的配套设施不完善问题,可以在旅馆服务设施建设时,适当地建设具有当地特色的家庭小旅馆和民宿,并组织一些简单的民俗文化游乐活动,让游客在入住时能直接体验到当地的文化和生活方式。此外,资源县景点标志的缺乏给游客带来极大的不便,甚至有的景点并未设置相关的旅游标志牌,从而影响了游客体验。因此,要重新规划和设计旅游标志系统,统一风格,设置相应景点的标志,突出地方文化特色。

12.4.2　差异化开发产品,突显地方特色

产品主题差异化开发。主题设计是旅游产品的灵魂,主题鲜明的景区产品能够凸显产品的特色、提高产品的区分度,给游客留下深刻的印象。应当坚守民族差异性,不同的少数民族具有不同的民族文化,少数民族地区的旅游资源多姿多彩,衣食住行皆是文化。民族歌舞、节日庆典、婚丧嫁娶,还有独特的自然风景,都对外地游客产生巨大的吸引力。资源县少数民族文化资源丰富,应当坚持"民族风情旅游园区"的产品定位,使开发的旅游产品紧紧围绕"民族风情旅游园区"

的建设主题，深度挖掘如苗族、瑶族建筑、服饰、节庆、歌舞、宗教和饮食等异质性民族文化资源，并将其整合、开发成独特的和具有吸引力的集食、宿、行、游、购、娱为一体的系列文化产品。同时，在保护和传承本民族文化资源的基础上深入挖掘已经得到初步开发的表演节目，如欣赏山歌、河灯放逐、砍山舞、瑶族盘王舞和文艺演出等，进一步开发类型多样的体验性项目，如顶竹竿、舞狮、舞龙、大象拔河、斗鸡、斗羊等古朴的民间体育和娱乐竞技活动，还有手工编织竹筛、打油茶、刺绣、磨豆浆和冲糍粑等桂北民俗风情活动，以凸显资源县民族风情旅游项目与其他民族风情旅游园区的差异，实现景区产品差异化主题构建。

产品功能差异化开发。目前，单纯的观光旅游已经无法满足现代旅游者的多元化需求，旅游景区的功能也已逐渐向休闲度假、修学求知、保健养生等方向发展。在旅游产品开发过程中，资源县要结合市场新需求，将诸如健康、环保、文化、体验、参与等旅游新元素融入旅游产品的开发设计中，如借助少数民族文化和乡村风光增添民族节庆游、民族文化修学游和乡村生态游等，或者充分挖掘景区内苗族、瑶族文化资源特色，增设多样历史文化观览区，更新现有歌舞表演项目等，以开发出满足当代旅游者多元化需求的旅游产品。

产品服务差异化开发。旅游行业本质上属于服务行业，并且景区的产品服务贯穿于游客旅游消费的整个过程。实施产品服务差异化策略能够使景区在旅游面貌和游客体验上区别于其他竞争对手，从而增强景区吸引力。资源县应通过招商引资加大景区投资力度来完善交通、酒店、餐饮和公共服务设施等方面的建设，提升景区旅游产品服务品质。在景区基础设施健全的基础上，旅游企业还应加强景区服务人员培训和管理，以标准化、规范化和可感知化的产品服务来提升景区竞争力。

产品组合差异化开发。产品组成因素的多样性，促使企业可以通过整合产品组成要素实施差异化产品组合策略来适应和满足多样化的消费需求，应对激烈竞争的市场。资源县实施差异化产品组合策略的途径有两个，一是根据不同的旅游目的和方式，整合、创新旅游资源和产品服务，开发不同形式和档次的旅游产品。例如，可以整合现有的自然风光、瑶族文化和红色遗址遗迹等资源开发出"瑶族风情游""田园风光游""重走长征游"等产品满足消费者的不同需求；二是在完善自身主题产品建设的同时，可以和周边城市的优质景区进行对接和组合，打造出一条精品旅游线路，提高景区的开放度。

12.4.3 优化旅游产业链，形成规模效应

纵向延伸旅游产业链。产业链纵向延伸是指将产业链向上游产业和下游产业延伸，以增加产业链的长度。旅游产业链纵向延伸不仅着眼于产业链环节的完整

性，还要考虑旅游产业链的本土化，让当地居民融入产业链的经营。就目前资源县县域旅游实际情况来看，旅游农副产品和手工艺品的生产与加工是当地居民融入产业链的最好途径，如做西红柿、葡萄、茶叶等农副产品深加工，做河灯、织锦等手工艺品生产与加工。政府和旅游企业提前做好旅游农副产品和传统手工艺品等旅游商品的开发与产品设计环节，让居民直接参与旅游商品的生产和制作；向下延伸到旅游商品的营销宣传，构建网络平台拓宽销售渠道，减少旅游商品的销售障碍。旅游产业链纵向延伸的关键是注重产业链的本土化和当地居民的参与设计，通过挖掘本土旅游资源、延长产业链实现居民增收。

横向整合旅游产业链。产业链横向整合是指核心企业通过联合经营、兼并、重组、合资参股等形式与链外相关企业进行合作，获取范围经济，有利于形成具有群体规模效应的产业集群，增强区域竞争力和市场影响力。国外旅游扶贫实践经验表明，社会型企业雇佣当地居民、开发本土旅游产品与服务，对当地居民增收和地区经济发展有深远的影响。我国乡村旅游资源的所有权是分散的农户所有，但是农户对资源的整合能力较差，"企业＋农民"和"企业＋合作社＋农民"是目前乡村旅游产业常见的经营组织模式，这种模式一方面保证了农民的所有权，同时企业的加入为旅游经营注入了资金和技术。截至2019年年底，资源县有不同类型的农业合作社30多家，旅游企业20多家[①]，这些旅游企业和合作社产业链相对较窄，还不具备横向整合乡村旅游产业链的能力。选择责任感强、经营能力强的合作社着力培育成社会型旅游企业是资源县乡村旅游产业链横向整合的有效途径。

拓展外部旅游产业链。产业链外部是指将与旅游产业链相关的行业通过区域外旅游竞合的方式纳入旅游产业的运行过程中，实现旅游产业链在不同产业、不同区域间的渗透。资源县地处桂北地区，毗邻的龙胜、三江和融水是广西旅游脱贫重点县，这4个县是少数民族聚居地，在旅游资源方面具有绝对的优势，各具特色。资源县有"丹霞之魂"的八角寨、"山水画廊"之称的资江风光、国家级非物质文化遗产"民族传统河灯歌节"等；龙胜县有"世界一绝"的龙脊梯田和"人间瑶池"的温泉等；三江县有程阳八寨和浓郁的侗族民族风情；融水县有民俗旅游示范点贝江景区和国家森林公园元宝山景区。建立桂北民族地区乡村生态体验旅游示范区，加强桂北区域间的旅游线路开发和市场合作可以有效促进资源县旅游产业链向外部拓展。

12.4.4　加强推介宣传，树立旅游品牌形象

树立统一的整体旅游品牌形象。立足资源县丰富的自然资源和独特的文化资

---

① http://www.doc88.com/p-69829008644549.html

源塑造一个统一的鲜明突出的旅游整体形象来聚合品牌价值,设计统一的宣传LOGO、宣传口号和形象吉祥物,制作旅游宣传片、宣传手册等,融合自然与人文审美打造旅游文创商品,升级旅游品牌形象,提升品牌辨识度和竞争力;着力打造一批高品质的景区景点、叫得响的文艺精品,培育一批具有资源县生态特色、地域标识特色和民族文化特色的大品牌。

  加强推介宣传,提高品牌知名度。采用全方位的推广策略,从旅游节庆活动、旅游推介、文化引领宣传、旅游信息化建设、新媒体宣传等方面进行整合强化,促进资源县旅游宣传工作顺利进行。全力推进旅游硬件设施建设的同时,充分认识宣传推广的重要意义,加大县级融媒体平台的建设和百度、新浪等重要网络媒体的深入合作,强化精准营销和靶向推广。与广西卫视、南方电视台、CCTV-7《美丽中国乡村行》栏目组、南方日报社等媒体合作,通过专题旅游节目推广资源县旅游品牌。创新营销方式,策划开展大规模旅游推介活动、体育赛事和文化节庆活动,提升广西旅游品牌的知名度、美誉度及影响力。印制资源县旅游宣传折页和旅游攻略,与马蜂窝、携程、去哪儿、途牛等在线旅游企业合作,加强宣传力度。建设资源县旅游网站,利用微信公众号、搜狐、新浪微博等新媒体平台展示资源县独特的旅游资源。通过全方位的推广策略使其宣传推介工作走在前列,打响资源县旅游品牌,为旅游产业跨越式发展打下坚实基础。例如,资源河灯歌节在区内外都有一定的知名度,但是要把河灯歌节打造成桂林市的精品旅游节庆,还需要不断加强旅游推介与宣传。一是在资源河灯歌节开始前,可在桂林市区或是县城汽车客运站和广场设置专门的河灯歌节宣传栏,同时将宣传资料和图片发布到相关网站;二是结合现今流行的媒体运营方式进行宣传,如利用直播平台和短视频APP将河灯歌节的内容传播给更多的潜在客源;三是邀请著名专业或表演艺术家前来资源河灯歌节进行观赏,树立河灯歌节的旅游形象,打造民俗文化特色品牌,提高旅游知名度。

第 13 章 环江旅游树标杆——城中区

13.1 城中区县域旅游发展概况

13.1.1 发展现状

近年来，城中区紧紧围绕"打造广西商贸金融、科教文旅强区"目标，始终把发展作为第一要务，注重发挥第三产业的拉动和支撑作用，实施"旅游+"融合发展模式，提升传统的商业商贸、住宿批零、社区服务等产业与高端服务产业间的融合发展水平，不断催生新经济、新业态、新模式。经过不懈努力，全域旅游工作取得新突破，2018 年获得全区首批、全市首个"自治区级全域旅游示范区"称号。百里柳江景区获评"广西生态旅游示范区"，"大美环江"乡村旅游区获评"广西五星级乡村旅游区"，三里农庄获评"广西四星级农家乐"，环江村雷村屯获评"全国百佳乡村旅游目的地"。在旅游竞争力的各项二级指标中，城中区的要素竞争力在十强中排名第五，说明城中区旅游资源较为丰富，具有得天独厚的基础条件，且旅游接待能力较强；发展竞争力排名第五，2018 年城中区的旅游消费增长率为 40%，旅游人数增长率为 38%，说明旅游发展规划、信息化管理、营销管理三个方面都较为完善，竞争力较强；新媒体评价排名靠后，2018 年，城中区的百度指数、PGC 指数、UGC 指数三个指标均较低[①]，说明需加大新媒体宣传力度（图 13-1）。

图 13-1 城中区乡村振兴示范带

---

① http://www.gxcounty.com/tour/lyzx/20191106/152356.html

13.1.1.1.1　成功创建广西全域旅游示范区

城中区按照广西全域旅游示范区创建单位的创建标准，不断深化旅游综合改革，加快产业转型升级，扎实推进全域旅游高质量发展，每年投入专项资金用于旅游发展，将旅游业培育成战略支柱型产业，如投入 1.25 亿元用于环广西公路自行车赛沿线村庄和雷村屯风貌集中整治、改造，丰富旅游业态，完善配套设施。经过努力，2018 年城中区接待国内游客超 698 万人次，增长 38%，国内旅游消费超 85 亿元，增长 40%[①]，并成功创建广西全域旅游示范区。截至 2019 年年底，城中区拥有 1 家国家森林公园、1 家国家工业旅游示范基地、5 家国家 4A 级景区、1 家国家旅游体育示范基地、1 家广西生态旅游示范区[②]。

城中区已经形成"一山一水一路一村"的全域旅游版图。"一山"是指莲花山，位于柳州市主城区和柳东新区之间，该地域范围内森林覆盖率达 67%，具有保持水土、涵养水源、净化空气、减缓热岛效应等重要生态功能，是市区不可多得的大型生态功能区、城市"后花园"和"绿肺"，同时是一处集合了原生态森林、康体休闲、农业体验的郊野休闲区。"一水"是指百里柳江，是柳州市打造的沿江景观带，集现代城市风貌、历史文化、民俗风情、水上休闲、生态环境为一体，而城中区拥有百里柳江百里画廊景观精华段。乘坐游船夜游柳江便能近距离观赏到两大吉尼斯世界之最，最大的升降浮式喷泉"水上音乐喷泉"和规模最大的人工瀑布"蟠龙山瀑布群"，同时还将文庙、窑埠古镇、风情港、柳江桥梁等沿岸精华景点尽收眼底，柳江沿岸还能欣赏到柳州古八景之一的龙壁回澜和仿造程阳风雨桥修建的两座风雨桥。"一路"是指环江滨水大道，起于河东大桥东端桥头，沿柳江东岸向北延伸，至环江村后改为自北朝南一路沿柳江西岸通往静兰大桥，总长约 30km，宽 9~35m，是融合人行道、自行车道、机动车道等于一体的休闲观光道路，沿途将回龙壁观景台、望月亭等十余个景观节点串联起来，现环江滨水大道美名远扬，已然成为龙城的亮丽名片，还多次举办了国内外不同规格的自行车大赛（图 13-2）。"一村"是指环江村，环江旅游小镇有 16 个村屯，一侧为三门江森林公园丰茂的树林，另一侧为沿江开阔的江景视线，有着原生态的自然盆景风貌，并且民风淳朴保留了百年独特的民族习俗。比较受游客欢迎的是深水屯的象棋馆，是以展示、传承、推广象棋文化为内容的小型博物馆，馆藏实物近千件。还有环江雷村木工馆，是城中区美丽乡愁纪事馆群项目中的第一个民间馆，馆址为明代"柳州八贤"之首的戴钦后人之居所，共展出木工锯、斧、刨、凿、尺、墨斗等工具，以及木料、生活旧物、书信、票证、照片等藏品 200 多件。还有城

---

① https://www.sohu.com/a/290921649_752244
② https://baijiahao.baidu.com/s?id=1621516805679745928&wfr=spider&for=pc

中区蜂蜜馆，是一家融展示、体验、互动、品鉴为一体的民间特色纪事馆，可以亲眼观察蜜蜂的生活习性、动手参与手工摇蜜、制作蜂蜜小吃、品尝蜂蜜菜肴、扮演蜂蜜小剧的主角等。

图 13-2　大美环江

13.1.1.2　乡村振兴成效初显

城中区在全面实施乡村振兴战略的过程中，以城乡融合发展为主线，以全面深化农村改革为动力，以乡村特色发展为根本，以新时代美丽乡村建设为重要抓手，加快乡村振兴示范带建设，辐射带动全区乡村产业振兴、人才振兴、文化振兴、生态振兴、组织振兴，塑造广西柳州乡村振兴特色品牌。2019 年，城中区乡村振兴工作取得显著成效，全区农林牧渔业总产值 2.18 亿元，增长 2.6%[①]；农村居民人均可支配收入 24835 元，增长 9.2%；每个行政村村级集体经济收入达到 5 万元以上[②]。柳东村牛姆坪屯获评"全国百佳旅游目的地"；柳东村获评"美丽广西"乡村建设示范村、柳州市"星级文明户"活动先进村；4 个屯获评"美丽广西"乡村建设绿色村屯；环江村获评自治区乡风文明示范村、柳州市"红旗村党组织"；牛姆坪农庄获评广西四星级农家乐；2 个屯获评"美丽柳州·宜居乡村"活动"百佳村屯"；深水屯成功打造为"美丽柳州"乡村建设综合示范村屯，"三农"工作呈现出稳中向好的发展态势。

全长 30km 的环江滨水大道，是城中区的乡村振兴示范带，是国家级 4A 级景区"百里柳江"中最重要的山水生活文化景观区域，也是柳州市生态旅游示范基地。城中区将环江滨水大道沿线的 2 个"全国百佳旅游目的地"、4 个"美丽柳州"乡村建设综合示范村，连线成片扩面，打造乡村振兴示范带，加快农业农村现代

---

① http://www.czq.gov.cn/czqzf/xxgk/fdzdgknr/sjkf/tjsj/202002/t20200213_1415564.html
② https://k.sina.com.cn/article_3514732862_d17e913e02000r6xz.html?subch=onews

化,不断提高农民的获得感、幸福感和安全感。

强化统筹谋划,推动产业振兴。在乡村振兴示范带沿线打造农业示范园、花海茶园,建设35家特色民宿、农家乐等休闲旅游项目,大力发展现代乡村经济。持续扩大蜜柚、水果玉米等特色农产品3700余亩,推动农业增产增效。大力推进"三变"改革,指导河东村成立河东永利投资置业有限公司,该村2019年集体经济收入达794万元,人均分红超4000元。举办龙眼节、蜜柚节等节庆活动,承办或协办柳州国际水上狂欢节部分赛事及表演、环广西公路自行车世界巡回赛、世界铁人三项赛等重大赛事,助推乡村旅游发展。2019年,乡村振兴示范带接待各地游客100多万人次,旅游收入达3400余万元。2020年5月,广西文旅重点项目——投资120亿元、占地666亩的华润静兰湾文旅小镇签约开工,必将为城中区的乡村振兴注入不竭动力。

培育新型职业农民,推动人才振兴。建立完善激励干部干事创业担当作为的制度体系,实施村干部"阵雁培育计划",建立村级后备干部资源库,储备村级后备干部46人,形成人往基层走、业在基层创的良好局面。通过着力培养新型职业农民队伍,加强农村专业人才队伍建设,发挥科研人才支撑作用,培养造就一支懂农业、爱农村、爱农民的"三农"工作队伍。创办"乡贤学院",实施科技推广进村行动,培育懂农业、懂技术、善经营的新型职业农民,助推乡村人才振兴。

大力弘扬乡土文化,推动文化振兴。大力弘扬"唐宋八大家"之柳宗元,明代"柳州八贤"之戴钦、佘勉学、佘立、张翀等著名文人的人文精神和乡贤文化。建设4个乡愁馆、东流"柳贤清风"文化等项目,打造文化教育基地。2020年5月,美丽环江村研学行"没有围墙的课堂"获评广西十佳文博研学线路。创建村级综合服务中心、"基层理论宣讲示范基地""道德讲堂""远程教育中心"、新时代文明实践所(站)等文化宣传阵地,开展"戏曲进乡村"和"三下乡文艺演出"等活动,建设村屯舞蹈队、篮球队,凝聚乡村建设正能量,将乡村建设成为农民群众的精神家园、人文家园、和谐家园。

加快环境整治,推动生态振兴。先后投入约2.53亿元,改造乡村振兴示范带沿线16个村屯的基础设施,不仅便利了村民生产出行,也促进了乡村环境提升,实现了"一村一韵"。全面推进农村垃圾、污水、厕所"三大革命",推广"微田园、微菜园、微果园"生态治理模式,积极开展以"三清三拆"为重点的农村人居环境整治工作,区域内绿化率居全市首位,乡村生态颜值更加亮丽。

持续完善治理体系,推动组织振兴。所有行政村均打造为自治区"五星级党组织",为每个村配备驻村工作队员2名和村党组书记助理1名,有效充实村级基层党建工作力量。在返乡回村的"能干人"、下乡创业的"实干家"中发展党员,用知识、能力充实党支部，提高党支部领导服务发展的能力。党员带头发展农家乐、水果种植、乡村旅游等产业，自觉维护乡村的和谐稳定、生态环境。注重"三治融合"，建立"一约四会"，以德治"春风化雨"，以法治"定纷止争"，以自治消化邻里矛盾，促进乡村和谐有序。

13.1.1.3 旅游品牌形象鲜明

为了打造全域旅游这张靓丽名片，突出城中区全域旅游品牌形象，于2018年6月举办了"城中区旅游主题形象口号及形象LOGO设计征集评选活动"，活动一经推出，便受到全国各地网民的广泛关注和热情参与。11月推出全新的旅游宣传片、主题口号、城中旅游LOGO和吉祥物。

城中区全域旅游主题形象口号：诗中画中、点赞城中。城中区是柳州的中心城区，区位优势得天独厚，既有商业浓郁、时尚靓丽的河北半岛和河东新区，又有百里柳江和莲花山生态风景区，旅游资源丰富，山水风光优美，人文底蕴深厚，像一首梦幻诗，更像一幅美丽画卷。同时，城中区的河北半岛与河东新区、环江滨水一带，与蜿延的柳江完美构成了一个大拇指"点赞"的形状。"点赞"这个词口语化、网络化，朗朗上口，既形象地描述了城中区的地形地貌和旅游景观特征，也表明了城中区的文化自信和发展全域旅游的信心与决心，同时也表明了城中区诚迎天下客，希望得到广大市民、游客的认同和赞许。

城中区全域旅游LOGO以"玉带束龙腰""金钱吊玉壶"的美誉作为切入点，由"城中"拼音字母"CZ"为元素，融入"腾龙、飞鸟、东门城楼、现代城市、百里柳江、莲花山"等柳州城中区标志形象，凸显出城中区优越的区域位置和地域文化内涵，彰显出人文城中、生态城中的内涵和特色，如一幅优美的山水生态画卷，引人神往。其中，由字母"C"形象转化而成的巨龙，比喻城中区最起始的河北半岛老城区，昂首腾空，展现了城中区人民昂扬奋进、开拓进取、勇挑重担的奋斗精神。由字母"Z"形象转化成的柳江，起笔如一个拇指"点赞"，穿绕在巨龙之内，融入了城楼、崖壁、飞鸟等元素，展现了城中区的自然景观和人文景观。城中区全域旅游LOGO标志整体概括了城中区独特的地域风貌和人文风情，描绘出"城在山水中，山水在城中"的美好景象，象征城中区经济社会发展和旅游事业充满活力与勃勃生机。

吉祥物"成成"是柳江河里的水滴精灵，圆圆的盘，象征柳江环抱的城中半岛，点赞的右手，取自环江段柳江曲折形成的大拇指手势。紫荆花领结，象征着城市之花，更象征"成成"这个城中区旅游小精灵的彬彬有礼，在拥有柳州市最优质的旅游资源城中区休闲娱乐，会受到宾至如归的礼遇。"成"与城中区的"城"字同音，取其"城中之城""全市旅游看城中"之意（图13-3）。

图 13-3　城中区全域旅游 LOGO 和吉祥物 "成成"

13.1.2　发展优势

13.1.2.1　优越的区位条件

自然环境优越。城中区地理位置处于河流阶地，地形地貌以峰林谷地、石灰岩孤峰平原、矮山低丘为主。老城区内无石山、无土岭，多缓坡丘陵，海拔 81～93m。当地气候属南亚热带与中亚热带交替过渡气候带，年均气温 20.5℃，年降雨量 1490mm，全年日照时数 1635h，珠江干流的柳江环绕过境，素有"玉带束龙腰""金钱吊玉壶"之美誉，三面环江呈半岛状，形成冬暖夏凉的独特小气候，光、热、降水资源十分丰富，土壤主要有砂页岩红壤、第四纪红壤、河流冲积土，土壤肥沃，非常适合农作物生长。

社会经济环境优越。城中区位于柳州市中心，是柳州"城市形象展示区""生活核心区"，也是柳州都市旅游的靓丽名片和城市会客厅，属地分河北半岛（2.047km²），及河东片区（75.628km²）。城中区四面临江，东与河东新区相接，南接鱼峰区，西连柳南区，北与柳北区相连。城中区是柳州市的政治、文化、商业、金融、教育、娱乐中心，柳州市委、市人大、市政府、市政协机关及所属公安、财政、交通、邮电、教育、国土、卫生、园林等直属委办局，以及券商、银行、保险等多家金融单位均驻于区内。

13.1.2.2　丰富的自然文化资源

丰富的文化遗产。城中区历史悠久，是柳州市商贸、金融、文化、教育、娱乐中心，柳江蜿蜒穿过。城中区集中拥有众多人文历史古迹和自然风光，如镌刻柳州千年文脉的柳侯祠，内存韩文、柳事、苏书而成的"荔子碑"等，还有蕊石、厚砖铺就的明代东门城楼，曾塑有佛像 5 尊的清代西来古寺历史遗迹等。"唐宋八大家"之柳宗元，明代"柳州八贤"之戴钦、佘勉学、佘立、张翀等著名文人的人文精神和乡贤文化流芳千古。林业资源丰富，生态环境良好。城中区有林地面积 2655.9hm², 占土地面积的 40.4%。其中, 森林面积 2402.0hm², 占 90.4%, 灌木林面积 205.0hm², 占 7.7%, 疏林地 2.2hm², 占 0.1%, 无立木林地面积 7.5hm², 占 0.3%, 苗圃地 39.2hm², 占 1.5%[①]。常见乔木树种有马尾松、樟树、红荷木等, 灌木主要有油茶、黄荆、桃金娘等, 草本类有五节芒、铁芒萁、白芽、野香茅及野古草等。矿产资源较为丰富, 开发利用价值高, 已探明矿产有 9 种, 产地 25 处, 尤以石灰岩矿、白云矿分布较广。水资源丰富, 城中区水资源总量为 6.7 亿 m³, 地表水径流量面积 568.01km², 多年平均径流量 3.976 亿 m³, 地下水面积 325km², 水资源量 1.4186 亿 m³[②]。农业资源丰富, 全区森林面积 31200 亩, 耕地面积 11808 亩, 农业总人口 14052 人。城中区种植业以蔬菜、水果生产为主, 兼种甘蔗、花生、黄豆等经济作物, 养殖业以二元杂母猪和家禽为主[③]。

13.1.2.3 四通八达的交通网络

城中区交通发达, 经济繁荣。截至 2019 年年底, 城中区有一级道路 18 条, 二级道路 47 条, 三级道路 42 条, 四级道路 38 条[④]。境内水陆交通发达, 湘桂线铁路、国道公路和水路穿城而过。在陆路运输方面, 龙城路、五一路、八一路、东环路、桂中大道、学院路、文昌路、桂柳路、文惠路等市内主要干线纵横交错、布局合理, 有柳州恒达巴士股份有限公司公共汽车途经辖区线路 80 多条（其中快速线路 10 条）。境内跨江大桥有柳江铁路特大桥、柳州公路大桥（柳江大桥）、河东大桥、壶东大桥、文惠桥、静兰大桥、红光大桥、文昌大桥和文惠新桥等, 209 国道、322 国道穿城而过, 将城中区与河南、河西市区连成一片。改造城乡道路面积约 5 万 m²; 莲花大道工程、白沙大桥工程和环江滨水大道 B 段景观工程建设顺利推进。

在水路运输方面, 有东堤旅游码头、雷村渡口码头、龙村渡口码头、深水渡口码头、东流渡口码头。柳江河呈"S"字形流经城中区域, 1991～2002 年, 盘绕市区的 74.9km 河面为城中区管辖。2003 年后, 柳江河从柳州铁桥开始南下环绕城中区的河北半岛后, 北上流经河东大桥环绕城中区的河东新区至河东村, 经环江村南下过三门江大桥到静兰大桥出境, 流经城中区域长约 15km, 面积约 10km²。水上公交运营船舶共 8 艘, 停靠站点 21 个, 开通线路 8 条[⑤], 畅通无阻, 四通八达。

---

① https://baike.baidu.com/item/%E5%9F%8E%E4%B8%AD%E5%8C%BA/70654?fr=aladdin
② https://baike.baidu.com/item/%E5%9F%8E%E4%B8%AD%E5%8C%BA/70654?fr=aladdin
③ http://www.114huoche8.com/zhengfu/liuzhou-chengzhongqu
④ http://www.czq.gov.cn/czqzf/pzcz/xfcz/jtys/201909/t20190905_1324306.html
⑤ http://www.czq.gov.cn/czqzf/pzcz/xfcz/jtys/201909/t20190905_1324306.html

13.2 城中区县域旅游的探索与实践

13.2.1 发展历史梳理

2015年来，城中区认真贯彻实施《"十三五"广西旅游公共服务发展规划》《"十三五"广西旅游信息化发展规划》《广西高铁旅游公共服务系统规划（2014～2020年）》和《广西旅游厕所建设管理三年行动计划（2015～2017年）》，大力建设完善旅游基础设施，扎实推进旅游厕所革命，加快推进全区旅游导览、旅游交通标识、旅游咨询服务中心（点）、旅游集散中心建设，为城中区的旅游发展提供了基础。

《城中区文化体育和新闻出版事业发展"十三五"规划编制》阐明了规划期内政府对文化体育和新闻出版事业发展战略意图和工作重点。2017年，城中区启动广西全域旅游示范区创建工作。按照规划，城中区依托东（东门戏台）、西（西来寺庙会文化）、南（柳江明珠水上大舞台）、北（刘三姐大舞台）、中（五星步行街商业文化）"五大文化活动"平台，积极开展广场大众文化、河堤休闲文化、农村乡土文化、社区邻里文化、商业时尚文化、民族民俗文化、历史传承文化、校园艺术文化、传统饮食文化、全民健身文化"十大文化"活动。通过打造和提升"欢乐城中"群众文化活动品牌，引导基层培育"一社区（村）、一特色、一品牌"，逐步形成特色鲜明、结构合理的群众文化活动品牌体系。

2018年，城中区投资促进局"十三五"招商引资发展规划，深入贯彻党的十九大的会议要旨，围绕建设"品质城中、幸福城中"总目标，深化柳州"城市生活核心区"和"城市形象展示区"建设，积极应对环境新变化，主动适应发展新要求，提升招商服务水平，引进外来企业。

2018年9月，市委常委会会议审议通过了《柳州市莲花山总体规划方案》，莲花山片区定位为"城市生态绿心和郊野型国家级森林公园"，总用地面积约$40.9km^2$，划分为核心保护区、现状控制区和综合利用区三个部分，明确了城中区发展全域旅游和打造"半小时乡村旅游圈"的重点和方向。

2018年，城中区全域旅游工作取得新突破，获得全区首批、全市首个"自治区级全域旅游示范区"称号。百里柳江景区获评"广西生态旅游示范区""大美环江"乡村旅游区获评"自治区五星级乡村旅游区"，三里农庄获评"自治区四星级农家乐"，环江村雷村屯获评"全国百佳乡村旅游目的地"。

2019年2月，柳州通过了《柳州市紫荆花园规划方案》，计划打造一个紫荆花园。柳州市紫荆花园项目位于柳州市鹧鸪江大桥南端东南侧，西临东环大道，东临莲花山景区。该项目是 2019 年市级层面统筹推进重大项目，规划红线总面积 46.2 万 m^2，其中山体面积 25.34 万 m^2，总绿化面积 33.89 万 m^2。该项目充分利用柳州"紫荆花"这一品牌，建设实施分布更均衡、品种更多样、花期更长、内涵更深刻的市级紫荆花观赏园。根据场地现状，柳州市紫荆花园规划为"一环、两带、五片"。其中，"一环"为山体休闲环；"两带"为紫荆花街带、山水相迎带；"五片"为紫荆城市广场片区、紫荆乐园片区、紫荆花谷片区、紫荆街片区、紫荆创意园片区。同年 4 月，城中区柳侯清风文化街在弯塘路揭牌启用，全长 1000 余米，分"先贤品格""清风廉语""倡廉故事"和"榜样力量"4 个主题区域。各区域分别展示了古代先贤柳宗元廉洁品行，廉政语录及格言警句，古今劝廉故事，和道德模范榜样人物事迹等系列内容。还有城中区委、区政府创新全域旅游工作特色和亮点，精心打造的艺术中心楼顶花园，占地 $3300m^2$，是集市民休闲、阅读、书咖空间、露天公益电影、艺术沙龙等特色文化服务于一体的空中花园大舞台。

同年，依据《城中区 2019 年重大项目实施方案》，当地政府组织实施推动自治区重大项目 11 项，包括官塘大桥、莲花大道、城中区体育园、柳州市紫荆公园等项目；市级层面重大项目 36 项，包括环江清水生态园、牛车坪村整村改造、莲花山风景区道路工程等项目；城市建设计划项目 28 项，年度计划投资 24.95 亿元；城区项目 49 项，年度计划投资 0.96 亿元。已于 2019 年年底建设完成的城中区体育园作为柳州市重大项目，建筑总面积为 $17616.59m^2$，修建有"五馆四场"。"五馆"为游泳馆、气排球馆、羽毛球馆、篮球馆和乒乓球馆。其中，游泳馆内设有 50m 长的泳道标准池 1 个、常温水池 1 个，气排球馆内设 4 块场地，羽毛球馆内设 9 块场地，篮球馆内设 2 块场地，乒乓球馆内设 24 张球桌。"四场"为室外的篮球场、七人制足球场、网球场和门球场。其中，篮球场设 6 块场地，七人制足球场设 3 块人工草坪场地，网球场设 8 块场地，门球场设 4 块人工草坪场地。城中区体育园将修建 640 个机动车位和 4395 个非机动车位，设 3 个出入口。此外，在体育园周边，还将修建一条环绕整个体育园的慢跑道，700~800m 长，供市民进行慢跑、健步等锻炼使用。

2019 年 9 月，在东盟博览会上，城中区分别与红星欧丽洛雅、农工商揽山庭、联发两面针厂东侧地块三个项目签署合作意向。红星欧丽洛雅位于东环路延长线西侧，计划投资 11.2 亿元，建成后购物面积达 8 万 m^2，集结国内外一线品牌，打造全球家居博览中心至尊 MALL。联发集团于 2019 年 6 月竞价拍下两面针厂东侧 27.17 亩地块，投资 29 亿，欲打造高品质城镇住宅。农工商房地产（集团）有限公司（隶属光明地产集团）也于 2019 年 6 月拿下桂柳路南侧 55.28 亩地块，投资 38 亿元打造人文典范揽山庭住宅项目。

2020 年 5 月，广西文旅重点项目——投资 120 亿元、占地 666 亩的华润静兰湾文旅小镇签约开工，必将为城中区的乡村振兴注入不竭动力。城中区静兰片区集"大城"之势，规划快速无缝衔接城市各区域的重要领地。学院路、西江路等城市快速路与桂柳路、三门江大桥、静兰大桥等城市主干道交织于此，形成"西十字，东扇形"的特殊结构。轨道交通 1 号线（规划中）与轨道交通 3 号线（规划中）的双轨道交通将交会于此。静兰片区生态景观优渥，是"百里柳江"的山水画廊，享有自然山水浓厚的莲花山景区，将柳江水引入湾区造就生活内湖，形成"山、水、湖、园"的滨江景观带；人文历史浓厚，是一个宜居的古老片区，6000 年前新石器时代，此地就是兰家村古村落所在地。1200 年前开化柳州的柳宗元、300 年前曾流连忘返此处的明代旅行家徐霞客，都是历史的重要见证。通过规划发展，淬炼文化内核，留住原汁原味的"静兰"文化，探索文旅、人居、商业的多元融合，激发出静兰"城市新门户"的强大生命力。

13.2.2 环江旅游树标杆模式

13.2.2.1 富群众，走好产业绿色发展"新路子"

城中区依托得天独厚的生态和人文优势，将莲花山、百里柳江、环江滨水大道及沿线村屯打造为网红旅游路线，广泛开展田园乡村观光、农耕文明传承、农事活动体验等活动，培育特色民宿、农家乐 35 家，使乡村旅游成为繁荣农村、富裕农民的新兴支柱产业，有效释放"生态红利"。每年举办龙眼节、蜜柚节、社王节等节庆活动，以及协办环广西公路自行车世界巡回赛、世界铁人三项赛、世界摩托艇锦标赛、世界滑水锦标赛等重大赛事，助推乡村旅游发展、群众增收致富。通过招商引资共建共营、组建专业合作社集体经营、固定资产出租联营，切实整合闲置土地、闲置房屋，不断壮大村集体经济，实现资源变资产、资金变股金、农民变股东。大力推动创业就业，引导外出务工人员返乡创业，推动"打工经济"向"创业经济"转变。

同时，聚焦绿色生产、生活方式，大力发展生态循环农业，积极构建多元增收体系，引导农民扩大无公害农产品的生产，推动 3700 余亩特色水果、蔬菜等传统产业提质增效，建设花海茶园、农业示范园，大力发展特色民宿、农家乐，以休闲农业示范园推动农村新产业、新业态蓬勃发展，增加农产品附加值，促进农村产业链向中高端延伸。例如，环江村深水屯是"美丽柳州"乡村建设综合示范村屯、自治区绿色村屯，村民以种植红肉蜜柚、蔬菜为主。为进一步优化产业结构，促进当地休闲农业和乡村旅游业深度融合发展，城中区农业农村局为深水屯引进种植了黄皮果 170 株、鹰嘴桃 350 株、芒果 100 株、杨梅 100 株，打造了一个面积约 5 亩的"四季果园"①，让村民通过优质水果种植打造新的经济增长点，不断壮大村集体经济，促进全域旅游发展，实现产业兴旺。

2019 年，环江滨水大道共接待各地游客 100 多万人次，旅游收入达 3400 余万元②；城中区农业总产值 2.18 亿元，同比增长 2.6%③；农村居民人均可支配收入 24835 元，同比增长 10%④，位居广西县（市、区）前列，走出了一条具有城中特色的产业强、百姓富、生态美、人民幸福感强的绿色发展之路。

13.2.2.2 美乡村，树立乡村风貌提升"新标杆"

近几年，城中区以创建"自治区级全域旅游示范区"为契机，以沿江自然人文景观为点，以环绕莲花山的柳江带状地理空间为线，以城中区河东半岛为面，点线面融合构建集人文历史与休闲旅游、经济发展与生态保护等多种功能于一体的综合性旅游文化功能区。先后投入约 2.53 亿元改造环江滨水大道沿线 16 个村屯的基础设施，推进"三清三拆"工程，提升乡村风貌，整治人居环境，不仅便利了村民生产出行，也促进了乡村环境提升。例如，投入资金 2300 多万元，将深水屯打造为"产业兴旺、生态宜居、乡风文明、治理有效、生活富裕"的"美丽柳州"乡村建设综合示范村屯，其风貌景观建设的主要内容有：小园林、灯光球场、旅游基础设施、亮化工程、深水屯入口景观、龙舟纪念公园、步行栈道、观景台、以及文化中心改造、给排水改造和管网改造、房前屋后庭院改造等。值得一提的是，深水屯的步行栈道投入了 447 万元进行建设，该栈道长 700m、宽 3m、建设面积达 11919.96m^2，并配套了 3 个观景台⑤；在柳东村牛姆坪屯内定点配备垃圾桶，保洁员定时清运垃圾，采取"村收区运市处理"的垃圾处理模式，极大地改善了屯内的环境卫生状况。

在柳江沿线上选择节点性的位置或场所，重点引入、扶持、支持一批创意性强、带动力大的优质项目。开发农事体验区、采摘区、湖边垂钓区，着力扶持发展特色水果、紫薇花海、林下养殖等农旅项目，持续推进打造总面积为 500 亩的城郊休闲旅游农业基地。推动建设了"悦橦生活馆""朴树·繁花""宿畔·柳江"等多家特色鲜明的农庄和民宿，大力促进乡村民宿资源开发和产品建设。逐步完善乡村的旅游设施，新建游客服务中心、骑行驿站及多处观景亲水平台，提升完善乡村旅游标识标牌导览服务功能。全面推进农村垃圾、污水、厕所"三大革命"，推广"微田园、微菜园、微果园"生态治理模式，积极开展以"三清三拆"为重

---

① http://www.czq.gov.cn/czqzf/xxgk/fdzdgknr/jytajggk/202008/t20200807_1863698.html
② http://szb.lznews.gov.cn/lzrb/html/2019-12/28/content_149376.htm
③ http://www.czq.gov.cn/czqzf/xxgk/fdzdgknr/sjkf/tjsj/202002/t20200213_1415564.html
④ https://k.sina.com.cn/article_3514732862_d17e913e02000r6xz.html?subch=onews
⑤ http://www.czq.gov.cn/czqzf/xwtt/202008/t20200806_1860807.html

点的农村人居环境整治工作。打造"农村半小时公共服务圈",全面推进村级综合服务中心建设,为村民提供多项惠民服务,推动基本公共服务实现城乡均等。通过多措并举,各乡村实现了绿色、协调、可持续发展,以环江村为核心的"大美环江"乡村旅游区成为柳州市全域旅游的新名片、全国百佳乡村旅游目的地。

13.2.2.3 重基础,构建服务便捷惠民"新体系"

为了给游客创造更多美好体验,城中区加快构建便捷、惠民的全域旅游公共服务体系。2017年,开通环江滨水大道风光专线102路公交车,沿路可以欣赏龙壁回澜、环江风雨桥等景点,被网友称为"最美公交线路"。同时,在环江滨水大道沿途设置了龙壁回澜、玛雅骑行、下泥步屯3个驿站和下泥步屯、龙壁回澜2个观景台。此外,城中区还推进"厕所革命",完善旅游咨询服务体系和旅游标识系统。截至2019年年底10座A级旅游公厕投入使用,50多个旅游厕所正逐步改造完成,其中环江滨水大道沿线建有6个3A级旅游厕所[①],该建筑采用半透明的设计方式,可透过玻璃欣赏美丽的柳江风光。与此同时,城中区旅游集散中心、五星街和雷村旅游咨询服务中心配套设施也已完善,环江滨水大道40多个停车场投入使用,并将河东管理大厦、中南街道办、前茅中学等5个地方作为旅游旺季停车场[②]。依托智慧城中平台,城中区完善了智慧旅游服务功能,实行免费Wi-Fi全覆盖,建立旅游大数据平台。同时注重打造特色化旅游服务,推出柳州博物馆、柳州科技馆、柳州两面针、柳州卷烟厂科普研学特色服务,山水游艇会、水上俱乐部户外运动特色服务,以及东门城楼汉服婚俗情感体验特色服务和百里柳江游船邮轮游艇特色服务等,提升了智慧旅游服务档次。

13.2.2.4 树新风,打造乡风文明和谐"新风尚"

城中区大力弘扬"唐宋八大家"之柳宗元,明代"柳州八贤"之戴钦、佘勉学、佘立、张翀等著名文人的人文精神和乡贤文化,当地各族群众相互学习、相互融合,淬炼出勤劳勇敢、质朴善良的优秀品格,凝聚起乡村建设的正能量。

精心打造了木工馆、农耕馆、象棋文化馆、蜂蜜馆、家风馆5个美丽乡愁纪事系列馆群,弘扬传统文化和人文精神,让游客深刻地感受到流淌其中的历史根脉和可贵精神。紧锣密鼓推进柳贤清风馆、柳贤清风文化园、柳东村腐竹文化馆、莲花山生态馆和牛母坪茶文化馆等特色乡愁文化馆群建设,构建了具有城中味道、城中标签、城中特色的乡愁·乡村旅游特色纪事馆群。通过举办"移风易俗树新风"文体活动、建立"一约四会"制度、评选"星级文明户"等活动,推进农村

---

① http://gxrb.gxrb.com.cn/html/2019-01/02/content_1564283.htm
② http://gxrb.gxrb.com.cn/html/2019-01/02/content_1564283.htm

精神文明建设，倡导新风尚，营造出移旧俗、除陋习、尚科学的浓厚氛围。推进"基层理论宣讲示范基地""道德讲堂"、新时代文明实践所、农民体育健身工程等一系列惠民工程的建设，传播先进文化，倡导讲文明树新风，不断提高农民群众的综合素质和乡村社会文明程度。积极开展"移风易俗树新风"的文体活动和"平安乡村""文明村屯""星级文明户"等创建活动，社会主义核心价值观要求的新观念新生活在乡村成为新风尚。

13.3　城中区县域旅游发展的主要问题及原因分析

13.3.1　城中区县域旅游发展的主要问题

13.3.1.1　全域旅游体制机制尚待优化完善

跨部门的联动领导机制尚未完全建立。发展全域旅游需要创建完善的全域旅游组织领导机制，形成"领导挂帅，部门联动，宣传组织"三级联动机制。目前，柳州市仅有融水县建立了较为完善的创建工作领导小组，形成了一定的部门合力，城中区尚未建立完善的全域旅游工作机制。放观全市乃至自治区，全域旅游创建体制和运行机制仍需完善。

政策、资金、基础设施、服务配套的建设是发展全域旅游不可或缺的几个方面。出台有利于全域旅游快速发展的综合性政策文件、逐年增加财政对旅游业的资金预算与投入、加大对旅游基础设施的建设、提高公共服务配套设施的服务水平、推进"全域旅游"配套体系建设显得尤为重要。为了"双创双促"，柳州市于2014年制定了《柳州市创特色旅游名县的配套支持政策》，每年由市财政安排特色旅游名县创建发展资金1000万元，用于支持创建县的旅游公共服务设施和重点旅游项目建设。虽然安排了一定的旅游项目建设资金，但项目资金还远远不够。旅游项目建设仍需大量用地指标，需要自治区统筹协调和支持。

13.3.1.2　旅游产品供给的融合创新驱动不足

旅游规划起点低，市场定位不精准。城中区相关旅游规划多以山水风光、人文风情作为旅游特色打造，虽然城中区山水资源、人文风情比较丰富和独特，但特色不够明显。旅游规划和产业发展不够精细高效，旅游产业发展与交通、文化、体育、健康、养老、农业、经贸、科技、教育等相关产业的融合有待加强。

旅游产业规模小，旅游业态不丰富。城中区范围内的旅游景区、农家乐、乡村旅游区受制于农村土地分散、规模较小、项目缺乏科学规划等多方面因素，造成布局分散、项目单一，缺乏内涵和特色。旅游项目总体规模小，尚未形成参观、购物、旅游、休闲等一条龙服务的产业体系，导致难以释放巨大旅游红利的困局。

13.3.1.3 公共服务配套无法满足快速增长的旅游需求

旅游交通路网服务建设仍需完善。柳州是西南工业重镇和交通枢纽，具备较好的交通优势，6条铁路干线、5条高速公路和6条国道在柳州重叠交汇，但火车站、汽车站、机场、旅游集散中心、咨询服务中心、旅游接驳或专线车、旅游停车场、旅游厕所等相关服务场所和设施配套，仍有较大提升空间。

旅游质量等级有待提升。随着游客的不断增长，城中区景区质量、精品路线设计、基础设施配套、宣传营销、旅游服务等要素必须在"质"的方面进一步提升。城中区现有国家4A级景区5个，国家五星级酒店1个，四星级酒店2个，三星级酒店5个，绿色旅游饭店1个，广西三星级农家乐2个，缺乏具有垄断性、特色鲜明、强大市场吸引力的龙头旅游项目，以及国际连锁品牌酒店和文化主题酒店。各景区的交通道路、旅游厕所、停车场，以及景区周边的餐饮、住宿、购物等接待能力还有待提升。

13.3.1.4 旅游服务的品质提升缺乏完善的旅游人才队伍支撑

"双创双促"工作已列为自治区政府和柳州市政府年度重点工作，而城中区的旅游人才队伍建设与全域旅游的发展趋势和发展要求不相匹配。缺乏高素质的旅游智库队伍，旅游企业从业人员流动性大，影响服务质量的提升；部分村屯、景区也缺乏运营管理人才。乡村旅游点经营管理者多数是当地农民，缺乏先进管理经验，没有一套成熟的管理体制，设施、设备落后，服务质量有待提高。导游、景区讲解员、星级饭店的管理员和服务员、星级农家乐经营者的从业水平不够高，管理经营水平相对滞后，无法满足当前旅游业发展要求和游客需要。

13.3.2 城中区县域旅游发展主要问题的原因分析

13.3.2.1 全域旅游理念尚未深入人心

自2016年全域旅游战略提出以来，除了行业相关人员较熟悉外，其余人员并没有深入了解该概念，也不清楚全域旅游是一个综合的、立体的旅游发展战略，对发展全域旅游带动和促进市域经济发展重要性认识不足，全域旅游的发展氛围不浓。部分政府部门对全域旅游重要性认识还不到位，缺乏全域旅游要素观、全域旅游产业观、全域旅游产品观、全域旅游宣传观、全域旅游建设观、全域旅游管理观等。旅行社、旅游企业追逐利益最大化，旅游供给、服务不够完善，满足不了游客日益多元的旅游需求。

13.3.2.2 文化产业市场化、创新程度较低

城中区拥有古人类文化遗址、乡贤文化、开山寺庙会等民俗文化及簸箕画等民间艺术文化资源，但是文化产业市场化程度较低，还处于产业化初级阶段，将文化宝藏发掘"变现"为产业化的经济运作能力较为薄弱。目前城中区在国内市场颇具竞争力的知名文化产品、规模大实力雄厚的文化产业集团（企业）屈指可数，文化产业和旅游产业融合过程中创新力度不足，形成有代表性的文旅品牌和高端旅游产品较少，文化内涵挖掘不深创意不足，没能展现城中区较为丰富的文化资源内涵。

13.3.2.3 "大旅游时代"对旅游软硬设施提出更高要求

我国旅游业经过近40年的发展，已进入快速增长期，已发展到全民旅游和个人游、自驾游为主的全新阶段。随着时代的发展，我国旅游业呈现出五大发展趋势：消费大众化、需求品质化、竞争国际化、发展全域化和产业现代化。传统的以抓点方式为特征的景点旅游模式已经不能满足现代"大旅游"发展的需要。旅游业的空间领域已从景点景区转变为以城市、城镇和乡村为主，旅游业的空间发展依托已转变为区域全覆盖，人们对旅游服务和旅游质量有了更高更多元的要求。

13.4　城中区县域旅游发展建议

13.4.1　加快补齐短板，优化机制政策

建立健全组织领导体系。坚持把旅游业纳入经济社会发展全局研究部署，持续完善顶层设计，创新机制体制改革，确保旅游产业发展的整体性和协调性。始终坚持党委领导、政府主导的领导体制和工作机制，建立健全县、乡、村三级工作体系，构筑党政一把手负总责、县乡村纵向贯通、相关责任单位横向联动的组织领导体系，为全域旅游改革创新提供有力组织保障。建立健全督促考核机制。把旅游工作列入全区工作目标管理考核体系，把全域旅游创建工作作为全区各部门、各乡镇（街道）年度"大赶考"的重要考核事项；拓宽融资渠道，开发重大旅游项目，吸引国际资本，引导各金融机构加大资金投入。挖掘政府项目，吸引私营企业、民间资本参与合作，重点提升交通网络、住宿餐饮、购物娱乐、旅游厕所、停车场、引导标识等公共基础设施，有效推进全域旅游发展。针对全域旅游发展进行系统研究和总结分析，整合各部门资源，有针对性地出台全域旅游发

展配套支持政策,增加旅游专项发展资金和旅游项目用地指标。

13.4.2 加大供给侧改革,加快产业融合

加强旅游工作的组织领导、协调联动,用心用情用力抓旅游业,形成大抓旅游、特抓旅游的大格局。以市场的需求为出发点,着力在"旅游＋城镇化""旅游＋农业、林业和水利""旅游＋工业和信息化""旅游＋科技、教育、文化、卫生和体育""旅游＋交通、环保和国土"上做文章,突出多元素融合发展。打造风情县城、特色小镇、森林人家、山地户外、自驾骑行等特色旅游产品,加大旅游业态的创新力度,推动旅游产品由观光型向度假休闲型转变。依托"桂、粤、黔、湘高铁沿线城市旅游合作""桂中旅游生态圈"打造跨省、市、县特色旅游合作联合体,打破行政区域壁垒,整合各地的优势旅游资源,形成城市间旅游区域发展的合力。

13.4.3 创新发展规划,打造一批旅游服务平台

出台创新发展规划,在城中区经济社会发展的全局中融入全域旅游的发展理念。要基于从观光旅游到体验旅游、从旺季旅游到全季旅游的需求变化,合理整合配置旅游资源与其他资源,注重布局上的科学性、思路上的前瞻性、与地方经济发展的协调性、品牌打造上的特色性及系统性。还要适应"快旅慢游"高铁时代的趋势,因地制宜地探索"以民族节庆活动为吸引,以山水观光和特色农业为依托"等全民参与的多种旅游模式。

加快推进全域旅游公共服务体系建设。从旅游发展全要素推进建设,如全域化的交通及服务系统,全域化的住宿、餐饮、厕所系统,智能化的旅游数据服务系统等,将景区与城市无缝衔接,将旅游文化与城市生活融合,提供更多可以由旅游者自主选择的旅游与生活服务设施,让旅游者享受到同城和贵宾双重礼遇,从而增强旅游的获得感。

大力推进旅游项目库建设,以涉旅项目建设为抓手大力推动全域旅游发展,争取国家层面和自治区层面的项目资金支持。加大城中区全域旅游的推广力度,完善网络平台信息发布建设,将推广与建设同步推进,提高市场影响力。

13.4.4 加强旅游人才队伍建设,提升服务品质

明确"人才强旅、科教兴旅"战略,积极改善旅游人才队伍建设现状。在部门编制、人事配置及相关旅游人才配套支持政策上,向各级旅游部门倾斜。着力培养一批高层次、复合型的领军人才。开展旅游企业中高级管理人员培训,充分利用柳州市乃至区内外高等院校的旅教育资源,扎实开展旅游职业教育。加强对乡村旅

游从业人员的服务技能培训，采取走出去、请进来的办法，组织经营管理人员到先进发达地区考察学习经验。调动各类培训机构、旅游协会和旅游企业等多方面的积极性，形成多渠道、多层面的旅游人才培训体系。建立健全旅游人才激励机制，吸引各类旅游专业人才，"引客入柳"更要"引才入柳"。借助互联网技术，组织专家、知名休闲农业企业家在网络上做专题讲座，对经营主体和员工开展专业知识、服务技能和职业道德等培训，重点培训诚信经营、经营管理、发展理念、信贷融资、安全生产、综合服务等知识，增强服务意识，提升从业水平。

第 14 章 产业融合绘美景——兴安县

14.1 兴安县县域旅游发展概况

14.1.1 发展现状

近年来,兴安县以"全景兴安、全域旅游"的思路为指导,依托得天独厚的资源禀赋、文化底蕴、产业基础和区位优势,全力打造"全域布局、全景覆盖、全局联动、全业融合、全民参与"的大旅游格局,"双创双促"工作取得突出成效。2015 年荣获首批广西特色旅游名县,2016 年被列为首批"国家全域旅游示范区"创建单位。作为首批"国家全域旅游示范区"创建单位,兴安县高度重视创建工作,截至 2018 年年末,县财政和政府平台公司投入资金 5.88 亿元,撬动涉旅社会投资 62 亿元,有力地推动了县域旅游公共服务及基础设施建设,逐步实现从观光旅游向休闲体验旅游转变,从文物旅游向文化旅游转变,从景点旅游模式向全域旅游模式转变,从小旅游向大旅游格局转变,做足文旅融合大文章。

据统计,2016 年兴安县旅游综合收入占全县 GDP 的 43.67%,占第三产业的 81.3%[1],在第三产业中的龙头地位更加突出;2018 年,兴安县累计接待游客 797.89 万人次,同比增长 14.75%,实现旅游总收入 89.49 亿元,同比增长 18.86%[2];2019 年,兴安县荣获"中国县域旅游竞争力百强县",全县旅游接待总人数 1006.36 万人次,同比增长 26.1%,实现旅游总收入 117.81 亿元,同比增长 31.65%[3]。先后荣获"中国十大魅力名镇""广西特色旅游名县""中国最美的小城""广西十大休闲旅游目的地""全国旅游标准化省级示范县""中国最美文化休闲旅游名县""美丽中国示范县"等众多殊荣。

14.1.1.1 世界遗产助推产业融合释放新动能

灵渠不仅是世界上最古老的运河之一,还是中国古代农业灌溉文明的代表性工程,有着"世界古代水利建筑明珠"的美誉。其伟大之处在于它沟通了漓江和湘江,使长江与珠江得以通航。灵渠流经之地沿途土地肥沃,素有"灌田甚多,民田赖之"的说法。如今灵渠的总灌溉面积达到 6.5 万亩,覆盖了兴安县的 5 个

---

[1] https://www.sohu.com/a/213319857_817737
[2] http://www.ce.cn/culture/gd/201903/18/t20190318_31700542.shtml
[3] http://www.xazf.gov.cn/jjxa/xayw_61519/202001/t20200122_1667726.html

乡镇。从 2016 年起，兴安县投资数亿元全面实施灵渠保护修缮、环境治理和生态修复等工程，按照"文化搭桥、自然和谐、生态景美、突出特色"的原则，修建灵渠南渠 30km 休闲绿道，成功打造了"马头山庄""三米驿站"等一级休闲驿站，同时完成以秦文化为主题的秦始皇铜像广场、马援广场、秦兵广场等，旨在打造一个以灵渠为中心，以湘江为主轴的历史文化旅游核心区。2018 年，灵渠被列入世界灌溉工程遗产名录（图 14-1）。

图 14-1　灵渠渠首

兴安县积极探索"旅游＋历史文化""旅游＋水利"和"旅游＋农业"的融合发展模式，对漓江上游流域沿岸 72 个村屯进行了改造和提升，引导群众发展生态农业、休闲农业，打造了一批上规模、上档次的现代农业示范区，有效改善了兴安旅游单一观光游的现状，补足"吃、住、行、游、购、娱"方面的短板，有力推动了全域旅游的发展。截至 2018 年年底，兴安县有全国农业旅游示范点 2 个，广西壮族自治区农业旅游示范点 1 个，乡村旅游示范带 11 条，乡村旅游示范村 4 个[①]。这些美丽的休闲乡村实现了"三乡七肆六十屯，一渠两岸百里画"的美好愿景，"灵渠人家""桂北老家"等旅游精品线路的开发，更是有力推动了旅游与休闲观光农业的融合发展。2018 年，兴安县乡村旅游接待游客 236 万人次，实现旅游总收入 17.7 亿元[②]。

14.1.1.2　红色旅游成消费新热点

湘江战役烈士纪念公园建成于 1995 年，是首批百家"全国爱国主义教育示范基地"之一。近年来，随着红色旅游的兴起，兴安县先后投入 8000 多万元，修缮和建成了一批红色旅游景点和红色旅游路线。其中，湘江战役烈士纪念公园拓展了园区面积，并对三官堂、红军街、红军标语楼、红军墓等遗址进行了修缮。老山界也新建了大批红色旅游标志性建筑设施，红色旅游生态区逐步成型。

---

① http://www.gxzf.gov.cn/mlgx/gxjj/xjjjd/20191231-787457.shtml
② http://www.gxnews.com.cn/staticpages/20190315/newgx5c8ae210-18129267.shtml

2018年9月30日，由兴安、全州、灌阳、资源、龙胜5县组成的桂北红色旅游联合体挂牌成立，桂北红色旅游发展取得新突破。当年10月，联合体共接待参加红色旅游线路的游客18万人次，其中，兴安县国庆期间接待游客7.2万人次[①]，旅游人数和旅游收入大幅度增长；2019年，兴安县红色旅游接待游客532.6万人次，同比增长98.36%，红色旅游收入13.7亿元，同比增长125.12%[②]。红色旅游的持续升温也火了周边的农家乐，带动了当地特色农产品销售。

兴安县红色旅游线路辐射区域内7个乡镇，所涉及的贫困人口占全县总贫困人口的58.3%[③]，旅游扶贫作用渐显。例如，苏家村，2016年县扶贫办出资179万元，整合交通资金300万元，组建"突击队"，历时2年修通了一条长27km、145个大弯的盘山路。沿线14个自然村、2000多名群众，摆脱"行路难"，蘑菇、竹笋等山货销往外地，成为当地村民重要的经济来源。村民也开始寻找更好的生计方式，外出培训学习种养技术并回乡创业，开办有5家大型养鸡养鸭场、4家100亩以上的药材种植基地、3个养鱼塘、4家菌菇基地等。苏家村120户贫困户，纯收入从2015年的1100元到2019年增到6100元，村集体收入达到4万元。2019年实现了整村脱贫[④]；漠川乡利用山区昼夜温差大、海拔高等自然条件种植温克葡萄，如今发展温克葡萄2020亩，每亩纯收入达到8000~10000元，人均增收3000元[⑤]，获得广西"温克葡萄第一乡"的美誉，温克葡萄也成为漠川最有"温度"的甜蜜果。此外，漠川乡是银杏之乡，拥有百年以上古银杏树1500多棵，遮天蔽日。每到秋日，银杏叶黄，落叶缤纷，景色宜人（图14-2）。该乡利用县里建设"桂北老家"旅游精品线路的机会，把张家崎、榜上等10个自然村连成一线，大力发展银杏旅游。截至2020年7月，已有5个村庄申报为"历史文化名村"或"自然景观名村"，每年举办"银杏节"，年接待游客5万多人次[⑥]，一个偏僻的乡镇成了脱贫的"先锋"。华江瑶族乡（简称华江乡），在华南第一峰猫儿山下，猫儿山是当年红军长征翻越的第一座高山。为推动全乡经济高质量发展，按照生态绿色、历史红色、瑶乡原色"三色"文化发展思路，乡党委提出并开展了"老山界下守初心，瑶乡处处党旗红"的党建活动，老山界下的梁家寨、潘家寨等9个寨子，风光旖旎，且有红色文化加持。"党旗领航，建最美九寨"，当地通过党委发动、支部推动、党员带动、党群互动，形成"一村一主题"的瑶乡康养"九寨"集群。2019年8月，以红军长征为主题的梁家寨开寨，寨子22户瑶胞以38间房

---

① http://www.gxnews.com.cn/staticpages/20190315/newgx5c8ae210-18129267.shtml
② http://www.yjxww.com/news/gd/2020/0313/032020_48463.html
③ http://www.ce.cn/culture/gd/201903/18/t20190318_31700542.shtml
④ http://www.gxnews.com.cn/staticpages/20200530/newgx5ed238cb-19577494.shtml
⑤ http://www.gxnews.com.cn/staticpages/20200530/newgx5ed238cb-19577494.shtml
⑥ http://www.gxnews.com.cn/staticpages/20200530/newgx5ed238cb-19577494.shtml

屋入股,当年每户旅游增收 3800 元[①]。24 户建档立卡贫困户靠在旅游企业和农家乐中打工增加了收入,甩掉了贫困帽。"九寨"全部完工,预计全村旅游年收入达到 2000 万元。截至 2019 年年末,华江全乡共有农家乐 86 家,建有特色旅游景点 18 处,42%的农户从事旅游及相关产业[②]。2019 年华江乡农民人均收入达 1.8 万元,继续保持"广西少数民族首富乡"的桂冠。兴安县以红军精神"壮筋强骨",努力攻下了一个个贫困的"堡垒"。到 2019 年年底,兴安县 28 个贫困村有 25 个脱贫摘帽,建档立卡贫困户由 5272 户 17872 人,减少为 261 户 713 人,贫困发生率由 2014 年的 5.3%降为 0.2%[③]。

图 14-2　漠川乡

依托丰富的红色文化和红色旅游资源,兴安县创新推出了集培训、体验、实践于一体的"兴安红色培训模式",目前已打出以湘江战役纪念公园和遗址为核心的红色文化旅游品牌,今后将继续挖掘红色旅游资源,以红军长征走过的线路为轴,以沿线重要遗址为点打造红色旅游景区,带动沿线的生态旅游和特色农业发展,从而在全县境内形成以红色文化为核心的旅游发展新态势(图 14-3)。

图 14-3　湘江战役纪念馆

---

① http://gjw.gxzf.gov.cn/xwdt/sxxx/t5483369.shtml
② http://gjw.gxzf.gov.cn/xwdt/sxxx/t5483369.shtml
③ http://gjw.gxzf.gov.cn/xwdt/sxxx/t5483369.shtml

14.1.1.3　农旅融合初见实效

兴安县是传统农业大县，所产的柑橘、葡萄、生猪、竹木、白果等农产品驰名全国，享有"南方吐鲁番"的美誉。自 2009 年开始举办一年一度的葡萄节，节庆期间，有现场参观葡萄园、中国创意农业暨南方葡萄产业发展高峰论坛、果蔬经贸洽谈、百名中小学生同绘百米葡萄（书画、绘画）长卷、葡萄仙子评选、葡萄展示一条街、葡萄山歌比赛等活动，吸引了无数游客前往参观。2019 年兴安县葡萄种植面积 14.6 万亩，产量达 25.2 万 t，产值近 16 亿元[①]，葡萄产业已经成为兴安拉动县域经济发展和农民增收的支柱产业。

源江村是"十三五"自治区级贫困村，但是拥有 10 万亩华南最大的风电基地，有桂林排名第三的摩天岭大峡谷生态徒步线路，还有美丽壮观的冰川瀑布和高山小气候。2015 年后，随着绿色风能发电项目的纵深推进，源江村的"大风车"吸引了大量游客前来观光，徒步、骑行的驴友络绎不绝。为此，源江村采用"风电产业＋蔬果产业＋农旅结合"的绿色发展模式，鼓励村民依托"大风车"等旅游资源优势开办农家乐，发展药材、蔬菜种植，让前来的游客有玩有吃，回程带上土特产。2016 年，源江村因此摘掉贫困帽。2017 年，兴安镇以源江村周家园自然村新村建设为试点，整合 200 亩闲置土地，引领群众发展猕猴桃、百香果、罗汉果、高山蔬菜为主的旅游观光型农业产业，每年为村集体增收 3 万余元，实现群众人均收入 1.2 万元[②]。2018 年，源江村争取 20 万元财政资金入股风电企业，每年可分红 2 万元，加上其他产业收入，全村集体经济收入达到 9 万余元[③]。由旅游带动起来的 4 家农家乐，年创收近 60 万元[④]，源江村实现了从贫困村到新型旅游地的转变。截至 2019 年 9 月，源江村已建成县级农业核心示范区高山蔬菜基地 400 多亩，新建蔬菜大棚 10 个，建成 1000 亩的高山绿色蔬菜市级农业核心示范区[⑤]。源江村还将以举办"风车文化节"为抓手，以高山蔬果种植和高山雪景为"卖点"，打造"醉美天上源江·风车之歌飞扬"旅游品牌，打造广西五星级乡村旅游示范区和国家级生态旅游示范基地，让群众通过发"风"财走上小康路。

14.1.2　发展优势

14.1.2.1　区位条件得天独厚

兴安县位于广西壮族自治区的东北部，地处"湘桂走廊"要冲，古为"粤楚

---

① http://www.xazf.gov.cn/jjxa/xayw_61519/202012/t20201217_1960086.html
② http://www.xazf.gov.cn/jjxa/xzdt/202008/t20200810_1859534.html
③ http://epaper.guilinlife.com/glrb/html/2019-06/14/content_1727425.htm?div=-1
④ http://gxrb.gxrb.com.cn/html/2019-09/04/content_1625204.htm
⑤ http://gxrb.gxrb.com.cn/html/2019-09/04/content_1625204.htm

咽喉"之地，是湘江、漓江的主要发源地，也是世界上最古老的运河——灵渠的所在地，自古以来即是楚越文化交汇之区，湘江北去、漓水南流构成兴安奇特的地理环境。

生态环境良好。兴安县境内地形多样而复杂，西北和东南为山地，山峦重叠，沟谷溪流纵横。西北部为越城岭山系，逐渐向西南倾斜。东南部是都庞岭的海洋山系，并逐渐向东北倾斜。形成两大山系之间的狭长谷地，称为"湘桂走廊"，其间有土岭、石山、河谷平原。走廊中部的临源岭是制高点，湘江和灵渠由县城东郊分水塘的东北和西南低处方向分流。整个地形恰似一只蝴蝶，东北角形似蝴蝶的头，西南角形似蝴蝶的尾，东南和西北恰似展开的翅膀。兴安县的山脉分属越城岭山系和都庞岭海洋山系。海拔 500m 以上的山峰 111 个，其中 1000m 以上的山峰 36 个。兴安县处于五岭之下，森林覆盖率达 73.8%[①]；兴安县地处北回归线附近，属中亚热带湿润季风气候区，气温适宜，雨量充沛，日照时间长，积温多，霜期短。兴安县境内有湘江和漓江两大主流，其他河流都是支流，分属长江和珠江两大水系。长江水系干流湘江，其主要支流有海洋河、西波江、漠川江。珠江水系干流漓江，其主要支流有黄柏江、川江河、灵河、小溶江。全县河流总长 817.7km，总流域面积 2348km^{2}[②]。独特的地形、气候、水文为兴安县种植特色农产品、生产特色农副产品、发展休闲生态旅游提供了有利条件。

交通便捷，区位优势独特。兴安县距桂林市区仅 57km、距两江国际机场 60km，国道 322 线、泉南高速公路及湘桂铁路、高速铁路纵贯全境。依托高铁枢纽，"桂林兴安·灵渠号"动车从兴安北站始发经南宁东站、湖南东安至广东广州动车组在广西境内首站经停兴安，兴安与桂林市区实现动车组出行同城化，日行千里、朝发夕回。2020 年 7 月 1 日，由桂林兴安北站始发至广州南站的"广西桂林—秀美灵渠·红色兴安"动车组 D2981 次列车正式开行，这是兴安县首次开行跨省始发动车，兴安与粤港澳大湾区中心城市广州实现高铁"一乘直达"，两地时空距离压缩到 3h，为兴安红色旅游发展注入更强劲的"高铁动力"。作为桂北交通的咽喉和枢纽，兴安正以全新的姿态积极融入西进云贵、南下广州、北接长沙的桂粤湘黔四省会"三小时经济圈"。

14.1.2.2 民族文化各具特色

由于历史和地理的原因，兴安是湘方言与西南官话的交汇之域。居民交际通用语言为带有湘方言口音的西南官话和湘方言，少数地区使用汉语土话和瑶语。

---

① http://lib.gxdfz.org.cn/view-c1-16.html
② http://lib.gxdfz.org.cn/view-c1-16.html

民间风俗有春节贴春联、放鞭炮、拜年、舞狮，元宵吃汤圆，清明扫墓祭祖，端午划龙船、插菖蒲，农历六月六尝新米、七月半祭祖先，中秋吃月饼、插柚香，结婚娶媳唱贺郎歌、闹洞房，丧葬时"闹丧"，华江瑶家迎亲歌，吃青菜与瑶家送懒，瑶族打醮，宝石工艺画，关公文化节，红瑶晒衣节，恭城桃花节，全州瑶族婚礼舞，龙胜侗族游艺民俗，全州东山瑶族服饰，侗族祭萨节，月柿节，阳朔民间对歌，阳朔福利五月八节等。

兴安县的民间文艺也较发达，是桂剧、彩调的故乡。较有地方特色的文艺形式有渔鼓、文场、马仔调、师公舞、牌灯、板凳龙、山歌、贺郎歌、孝歌、开山歌等。民国时有"桂戏状元"蒋晴川、"彩调状元"刘顺卿，当代著名桂剧表演艺术家蒋金亮于 20 世纪 50 年代曾进京参加国庆十周年献礼演出，受到当代京剧表演大师梅兰芳、马连良、袁世海和豫剧表演大师常香玉的高度赞誉。

兴安人热情好客，饮食文化十分丰富。饮食风味受湘菜、粤菜和岭南少数民族风味影响，以湘菜风味为主。代表性的美味佳肴有香芋扣肉、清水炖鸡、白果炖老鸭、酸辣禾花鱼、冬笋炒腊肉等，佐餐开胃的腌菜有酸辣椒、剁椒、酸豆角、酸生姜。兴安酒文化亦较发达，不仅出产广西驰名的"秦堤三花酒"、村村皆酿米酒，而且喜欢以酒待客，席间劝酒，部分地区办红白喜事时还以"喊席"助兴。土特产与美食小吃丰富多样，兴安葡萄、兴安米花糖、兴安米粉、兴安猪脚粉、兴安白果、桂林白果、兴安粑粑、南源禾花鱼、干桂花、桂林马蹄、清水炖鸡、桂北冬笋、月柿、柚子皮炒肉丝、漓江鱼头酸笋汤、优优蜂蜜等，其中，最负盛名的要数桂林米粉，已成为全国最响亮的饮食品牌之一。最早的桂林米粉出现在秦代，当时秦始皇南征百越、统一岭南的军队里，已广泛食用大碗的桂林米粉，2000 多年来，桂林米粉历久不衰，享誉中外。自 2007 年起，兴安县每年不定时举办桂林米粉节，同时宣传推介兴安、树立兴安新形象。每次节庆期间，除了大型的开幕式外，还有颇具兴安特色的声势浩大的花车巡游，在巡游队伍中展示兴安马仔调、龙船调、民族歌舞、仿秦马车、知名米粉等，还有制粉高手在秦城现场制作世界上最长的 300m 的米粉，展示历代米粉工艺流程及米粉晾晒景观，展示米粉历史文化等。

14.1.2.3 "色彩旅游"焕发活力

红色，是兴安最耀眼的底色；绿色，是兴安最生动的颜色。兴安县发挥红色历史文化、绿色生态文化和民族本色文化的精神引力、生态张力和民族魅力，大力推进文旅融合绘就新美景。

红色文化引领乡村旅游。兴安是湘江战役的发生地，红军长征经过兴安，一路留下宝贵的红色遗址遗迹和精神财富。兴安县立足红色历史文化开辟了多条从湘江战役渡江渡口到翻越老山界的红色旅游精品线路,"红色"覆盖区域面积达400多平方千米。通过长征体验游、生态休闲游、山水养生游等多种业态综合开发模式,打造"老山界""红军堂"等20多个红色景区景点,开办以尝"红军餐""红米饭"为代表的农家乐30多家①。目前,以弘扬长征精神为主题的"红色游"持续升温,在"突围之旅""转折之旅"两个红色旅游品牌引领下,桂北五县红色旅游联盟应运而生,成为红色研学体验的"大讲堂"。

绿色文化承载产业优化升级。兴安县处于五岭之下,森林覆盖率达73.8%,良好的生态条件有利于发展生态旅游。兴安县坚持生态优先绿色发展,积极推动全民参与全域旅游环境建设。投入9亿元,实施灵渠环境整治、水系连通、高铁沿线环境综合整治等工程;全面加强漓江流域保护、湘江环境治理,关停漓江流域16家采石场和19家采砂场并进行生态复绿;投入8亿余元,加大村屯环境治理,创建微果园、微菜园、微庭园建设模式,成功实施城乡环卫一体化改革,形成"村收、镇运、县处理"城乡垃圾处理体系;先后引进超亿元旅游龙头项目4个,以旅游龙头项目建设提振全县旅游产业。同时,大力扶持猕猴桃、罗汉果、中药材、冷水鱼、竹林鸡等示范基地建设,以"合作社+基地+贫困户"发展模式,助推产业优化升级。截至2019年年末,兴安县已建成38个种养合作社、30个水果种植基地、12个药材种植基地、8个冷水鱼养殖基地②。

14.2 兴安县县域旅游的探索与实践

14.2.1 发展历史梳理

2007年,兴安县委、县政府十分重视旅游业在整个县域经济中的地位,坚持把旅游业作为新的经济增长点和支柱产业来培植和发展,把加快基础设施建设、完善旅游硬环境作为推动全县旅游业发展的重要举措。多方筹措资金,投资扩建了通往乐满地主题乐园、红军长征纪念碑园的道路,扩建和改造了通往华江生态旅游景区的22km长柏油路,铺设了灵渠分水塘南路旅游步行道。同时加快旅游景点景区开发建设,投资近1亿元对古灵渠流经兴安县城长约1km的街市进行了修复,形成了具有桂北民俗特色、秦韵浓郁的水街和秦城;投资700多万元完成了"世纪冰川灵佛洞"一期工程;投资6亿元启动了乐满地主题乐园二期工程建设;投资200多万元修复了灵渠铧嘴,恢复了"铧嘴观澜"这一壮丽景观。以开展新农村建设为契机,把具有旅游潜力的灵渠景区内南陡村、白石秦家大院、华

---

① http://wlt.gxzf.gov.cn/zwdt/gsyw/t6223787.shtml
② http://www.gxcounty.com/news/xyjjbd/20190715/149774.html

江塘坊边和青殿等村作为旅游景点来改造建设，形成了具有自然生态、历史文化特色的乡村旅游。据统计，2007年"五一"黄金周，华江生态旅游、灵渠景区、桂北古民居秦家大院等景点接待游客达8.8万人次[1]。

2011年，兴安县接待游客402.7万人次，实现旅游收入26亿元，同比分别增长22.7%和26.8%[2]。2012年以来，兴安县不断加大旅游对外营销力度，通过举办桂林米粉节和葡萄节、在中央电视台《早间新闻》等栏目插播兴安旅游宣传片来吸引游客，取得了良好效果。2012年1~6月，兴安县接待游客248.83万人次，同比增长28.6%，旅游总收入同比增长31.9%[3]。把农业和旅游视为助力兴安赶超跨越的两驾"马车"，强力推进"新能源示范县、农业特色县、文化旅游名县、和谐文明县"建设。2012年全县拥有5A级景区1个、4A级景区1个，全国农业旅游示范点2家、自治区农业旅游示范点3家[4]。先后获得"中国十大魅力名镇""中国十佳最美小城""全国特色景观旅游名镇""广西特色景观旅游名镇""桂林市旅游发展先进县"等多项殊荣。

2013年8月，兴安县灵渠南渠休闲绿道一期正式开通，这条专用休闲绿道全长28km，设有人行道、自行车道等，集环保、运动、休闲、旅游等功能于一体，兼具了生态、经济、文化等各种功能，可供居民、游客安全健康地开展慢跑、散步、骑行等各种活动。兴安县计划在2年内建成200km长的旅游休闲绿道网，基本形成全县旅游休闲绿道框架。

2014年11月，兴安县建成了广西首个空中旅游项目，意味着游客可从空中俯瞰桂林山水。其中投资21亿元的通用机场，通过了航空运营许可审查，已购回直升机8架。该低空旅游项目由香港桂龙航空产业集团有限公司和广西展卓通用航空公司投资建设，占地4900亩，计划形成以16架美国塞斯纳201系列和208系列的小型固定翼飞机、4架贝尔直升机为主体的航空机队。

自2013年广西正式提出创建"广西特色旅游名县"工作后，兴安县紧紧围绕《桂林国际旅游胜地建设发展规划纲要》的要求和定位，以创建"广西特色旅游名县"为契机，大力发挥旅游资源优势，突出特色与亮点，旅游业实现了质与量的提升，并在2015年荣获首批"广西特色旅游名县"。同时，依托各类媒介加大宣传力度，在高铁杂志《旅伴》、动车杂志《新发现·旅途》等上面进行旅游宣传，受众达5600余万人次[5]。作为电影电视剧外景地也成为宣传兴安旅游的新亮点。例如，在华江和猫儿山拍摄的电视剧《远山的呼唤》，在灵渠、猫儿山、白石、高

---

[1] http://www.gxcounty.com/tour/lyzx/20080307/25943.html
[2] http://www.gxcounty.com/news/xyjjbd/20121101/73235.html
[3] http://news.hexun.com/2012-08-07/144474500.html
[4] http://roll.sohu.com/20121101/n356320050.shtml
[5] https://www.sohu.com/a/23690803_115402

尚等多个景区拍摄的旅游微电影《江上秋之歌》，特别是以红军长征突破湘江历史事件为背景的 38 集电视剧《突围突围》于 2015 年 3 月在中央台 CCTV-8 黄金时段播出后，使兴安旅游宣传取得了良好的效果。

2016 年，兴安县被列为首批"国家全域旅游示范区"创建单位以来，编制了《兴安全域旅游总体规划》《兴安县红色旅游总体规划》《兴安县重点旅游片区发展规划》等 10 余个旅游规划，出台了《关于加快旅游业跨越发展的决定》《兴安县加快旅游业发展扶持奖励暂行办法》等优惠政策，成立以县委、人大、政府、政协主要领导为组长的创建工作领导小组，从相关部门和乡镇抽调 180 多人投入创建工作和旅游项目建设，上下形成合力，层层落实，步步走稳。成立了灵渠复航工程、旅游精品线路、滨江公园、灵渠保护修缮工程、灵渠大道、兴安县红军长征文化资源保护与开发利用建设等项目建设指挥部。建立了周例会、月督查、季总结、年考核工作协调推进机制和重大项目考评机制，并纳入机关和乡镇年度绩效考评，形成了全县上下抓创建的良好氛围。

2017 年 7 月 1 日，兴安北始发南宁"桂林兴安·灵渠号"动车正式开通，兴安县成为广西第二个拥有县域始发动车组列车的县城，这为推动兴安县县域经济发展、便利兴安群众出行注入了更强劲的"高铁动力"。同时，兴安县以城市棚户区改造为切入点，启动魁星楼、白云驿历史文化街区建设，恢复重建明嘉靖初年建于城东的魁星楼、白云驿、白云亭及攀桂桥，打造新的文化地标。该项目 2018 年 9 月开工建设，2019 年 10 月完成主体建设，项目总占地面积约 1.8 万 m^2，其中魁星楼高 30 余米，为明代早中期建筑风貌。白云驿紧邻魁星楼，呈现明清时期木结构建筑风貌，分为驿站和驿馆两个区域，建筑面积 $1267m^2$[①]，为江南园林风格。魁星楼、白云驿串联起白云亭、攀桂桥、临江楼、濂溪坊、双女井溪等景点，成为湘江沿岸层次丰富、具有地域特色的历史文化景观建筑群。

2018 年 8 月，灵渠成功列入世界灌溉工程遗产名录，成为广西首个"世界灌溉工程遗产"。

2019 年，兴安县被评为广西 2018～2019 年"旅游综合竞争力十强县"。

2020 年 7 月 1 日，由桂林兴安北站始发至广州南站的"秀美灵渠·红色兴安"动车组 D2981 次列车正式开行，这是兴安县首次开行跨省始发动车，桂北红色旅游名县兴安与粤港澳大湾区中心城市广州实现高铁"一乘直达"，两地时空距离压缩到 3h，进一步方便了粤港澳大湾区游客到兴安接受革命传统教育，助推兴安红色旅游快速发展。

---

① http://www.yybnet.net/guilin/xingan/202007/10654455.html

14.2.2 产业融合绘美景模式

14.2.2.1 完善功能配套,提升旅游发展新形象

大力加强旅游基础设施建设,完善服务配套功能,推动旅游服务提质上档。近年来,兴安县举全县之力投入 18 多亿元加大旅游交通路网建设。兴资高速、高铁进站公路、兴阳旅游通道等一大批近 300 多千米的改建、扩建和新建公路相继完成并投入使用。同时,开通了兴安至南宁"灵渠号"动车和乐满地主题乐园、猫儿山旅游专线。进一步加大主要旅游目的地、主要旅游线路和旅游景点的游客服务中心、旅游厕所、旅游商品购物中心、旅游停车场等旅游公共服务设施的建设力度;增设旅游标识,完善自驾车旅游服务体系。累计投入 300 多万元制作和更新全县旅游导向标识牌和大型旅游导览牌 141 块;投入 1800 多万元完成火车北站高铁游客集散中心和严关游客集散中心建设;投入 2000 余万元完成 34 座旅游厕所和溶江、高尚、崔家三个乡镇的旅游咨询服务中心建设[①]。

14.2.2.2 突出产业融合,激发旅游经济新活力

大力实施"旅游+"战略,以旅游业为龙头,推动产业跨界融合发展,突出"旅游+农业"创特色。打造全县 12.5 万亩红花草和油菜花的观赏农业;引导高尚镇江村村民流转土地近 500 亩,打造集花卉种植、生态农业、观光旅游度假为主的生态园[②]。按照"旅游+观光+休闲+农业"的模式创建了源江高山风车生态旅游区、严关马头山草莓、溶江莲塘葡萄和漠川长洲提子、界首柑橘等采摘体验旅游基地,打造广西五星级灵渠葡萄产业(核心)示范区和广西三星级红色湘江蜜橘产业(核心)示范区。其中,葡萄获得国家地理标识;突出"旅游+工业"创品牌。通过发展旅游,延伸产业链条,扩大产品销售,进一步树立品牌、开拓市场。秦堤三花、六峒茶、水哥禾花鱼、鸿达食品、云峰食品、日盛食品等已成为兴安县较有知名度的旅游商品;打造摩天岭大峡谷和源江"华南最大风电基地"精品徒步旅游线路;突出"旅游+体育"显活力。承办第四届国际长征运动会,连续两年成功举办兴安灵渠古运河马拉松赛。除此之外,还举办了狮王争霸赛、划龙舟比赛等地方特色体育赛事,吸引了大批游客前来观赏。

14.2.2.3 加大宣传推介,提高旅游知名度

坚持以"四个结合"为抓手,实施全方位、多层次"立体化"推介,着力拓展旅游营销新平台。兴安县于 2017 年 7 月 1 日开通了"桂林兴安·灵渠号"始发

---

① https://www.sohu.com/a/213319857_817737
② https://www.sohu.com/a/213319857_817737

动车,并编印了《兴安旅游》杂志投放在动车上。通车仪式当天 50 多家媒体记者、100 多家旅游企业代表共享盛会,对兴安进行系统化、动态化宣传推介。央视《远方的家》《江山多娇》《记住乡愁》《探索发现》,广西卫视《广西故事》等栏目组到兴安县拍摄专题宣传片以展示兴安魅力;合作拍摄电视剧《突围突围》,与同程、携程、去哪儿等知名旅游门户网站合作,全面开展旅游目的地营销活动,并通过线上线下加体验等方式精准推广,同时,以举办"桂林米粉节和兴安葡萄节""兴安镇源江风车文化节""漠川乡'金色梦想'银杏旅游节"为契机,邀请各级知名媒体进行全程跟踪报道,并结合会展平台抓推介,积极到重要客源地广州、佛山等地进行旅游推介,每年组织人员参加区、市在各地举办的旅博会、旅游展,借助国际国内促销平台提高兴安旅游知名度和美誉度。

14.2.2.4 立足共建共享,开辟生态旅游新境界

兴安县秉承"绿水青山就是金山银山"的理念,突出抓好旅游生态建设、环境建设,大力建设生态宜居乡村。将"美丽广西"乡村建设与全域旅游工作相结合,大力实施农村改厨改厕改圈工程,优化乡村旅游环境,综合整治、改善城乡旅居环境。投资 5298.39 万元新建的城北污水处理厂已竣工并运行,全面完成农村垃圾专项治理两年攻坚项目建设,并推进村级垃圾处理中心、镇级生活污水处理厂项目、乡镇垃圾碳化热解项目,大大提升了乡村风貌。

人居环境的改善,让人民群众真正得到实惠,同时也给旅游者提供了舒适的旅游环境,使一批电子商务、农家乐、民宿、乡村旅游点得到发展。打通"工艺品下乡、农产品进城"的双向通道,拓宽农民的增收渠道;溶江镇获得"中国特色小镇",界首镇获得"中国历史文化名镇",漠川榜上村和白石水源头村被列入首批"中国传统村落名录",高寨村被评为"广西特色旅游名村"。旅游产业有力带动了农业发展、增加了农民收入,周家园村成为兴安县旅游扶贫样板村,实现了旅游产业发展和脱贫攻坚工作有机结合,群众的获得感和幸福感明显提高。

14.3 兴安县县域旅游发展的主要问题及原因分析

14.3.1 兴安县县域旅游发展的主要问题

14.3.1.1 配套设施不完善,服务功能差

兴安县旅游基础设施不完善,尚未形成集吃、住、行、游、购、娱于一体的完善配套设施体系,如物品寄存点、娱乐设施、医疗救护设施、旅游购物设施等设施不足甚至欠缺;旅游接待设施数量、种类少,感知体验差,农家餐馆和民宿

客栈等分布不合理,规模小且档次低;特色美食开发不足,没能充分利用兴安丰富的饮食文化资源,没能让游客感受到当地美食的独特性;旅游衍生品缺乏内在文化,无法体现当地特色,起不到纪念兴安的作用;从业者知识水平和文化素质偏低,从事开发、经营、管理和公共礼仪的专业人才严重缺乏,影响了游客对兴安的旅游感知。

14.3.1.2 知名度低,宣传效果弱

近年来,虽然兴安县通过举办桂林米粉节、葡萄节,编印旅游杂志,拍摄专题宣传片等方式宣传推介兴安旅游,其宣传推广工作也取得了一定效果。但是在旅游大时代环境中,兴安县的旅游知名度和美誉度比较低,宣传推广工作还有待加强。另外,兴安县还没有形成一个定位清晰的统一的整体旅游形象,也没有设计统一的旅游宣传口号和宣传LOGO。这些因素制约了兴安特色品牌形象的打造,影响了其旅游品质的提升与发展。

14.3.1.3 文化挖掘力度不够,内涵品位低

兴安县红色长征文化、历史文化和民俗风情文化较为丰富,但是兴安旅游还存在开发不深入、品位低的问题,没能充分挖掘利用其文化资源、展示其文化特色,体验性旅游活动和产品不够丰富,还停留在传统的低层次经营层面,无法满足游客多元化的需求。旅游是文化性较强的经济产业,文化是旅游的灵魂,只有加强旅游产品的文化性、深挖文化内涵、展示文化特色、提高文化品位,才能对游客产生更高的吸引力。此外,农家乐也未形成规模,生态农业旅游主题不够突出,展示不强,娱乐体验、高参与性的高端旅游产品缺乏,旅游产品组合不完善,并缺乏统一的管理。兴安县应注重对乡村习俗、生态田园、农事活动旅游产品的形式进行开发,就地取材开展具有当地特色的生态农业旅游项目,使其形式多样、特色鲜明,以增强旅游产品的竞争优势。

14.3.1.4 "+旅游"发展不充分,旅游新格局有待完善

目前,兴安县依托红色历史文化、绿色生态文化和民俗风情文化发展"文化+旅游",已经取得初步成效,但是文旅融合程度还得朝纵深度发展,开发高层次高体验的高端旅游产品,纵向延伸、横向整合旅游产业链。此外,旅游业是综合性和关联性很强的行业,一个具有高附加值的旅游产业链须做到第一、第二、第三产业的深度融合。兴安县属于农业大县,但是"农业+旅游"发展不充分,在"旅游+农业、工业、科技、教育、卫生和体育"方面还有很大的提升空间,兴安处于大桂林旅游圈的作用未得到充分发挥,旅游新格局有

待进一步完善和发展。

14.3.2 兴安县县域旅游发展主要问题的原因分析

14.3.2.1 县域旅游发展起步较晚

20世纪90年代以来，我国的旅游业发展迅速，对经济增长的影响日益加大，全国各地对本地区旅游业的发展也愈加重视。随着我国经济快速发展和人们收入水平的不断提高，县域旅游业出现了大众化趋势。比较而言，我国县域旅游的发展起步较晚，尚处在初期阶段，发展中还存在许多问题，后劲不足，普遍呈现出"起步容易，提升艰难"之态势。兴安县和我国绝大多数县域一样，旅游发展起步较晚，发展不均衡。随着我国县域产业结构调整，旅游者对县域旅游品种的多样性、内容的丰富性和体验的差异性要求日益提高，县域旅游逐渐进入转型期，需因时而变，提质升级。

14.3.2.2 发展旅游的思想意识落后，认识不统一

总体而言，许多县（市、区）对旅游产业的认识还不够深入。把旅游看作是简单的吃喝玩乐，把支撑旅游业发展的主要设施如宾馆、饭店、景点的开发建设仍视同为非生产性支出；没有认识到随着社会经济的快速发展和人民生活水平的不断提高，旅游业作为第三产业中的重要行业将在国民经济发展中占据越来越重要的地位；当地居民也没有深刻地意识到发展旅游对带动当地经济发展的作用，甚至认为发展旅游业与己无关，不时做出一些影响当地旅游形象、破坏投资环境和影响投资者信心的事情；旅游企业在整体宣传上都是各自为战等。落后的思维桎梏了县域旅游的快速、持续发展。

14.3.2.3 县域旅游的营销力度不够

尽管许多县及其旅游企业、景区加强了宣传促销，采取"走出去，请进来"的方式，做好旅游宣传，取得了一定的效果，但都是一些短暂的产品促销行为，有什么就促销什么，很少以旅游者的需求为中心。营销是一项系统工程，以旅游者的需求为中心，强调的是整体形象的打造。另外，销售渠道不通畅，与旅行社的合作处于一个很低的水平，如果离开旅行社这个重要的合作平台，就单靠旅游资源自己去宣传，不仅成本更高，而且效果不一定理想。还有，对旅游策划重视不够，策划可以出奇制胜，延长旅游产品的生命周期，提升景区的知名度和美誉度，带来丰厚的利润。但是各景区旅游企业的宣传促销都是只宣传自己的景区，没有联合其他景区发挥整合效应，这样的后果就是各自都增加了经营成本，影响

了县域整体旅游形象。

14.3.2.4 人才缺乏，整体经营管理与服务水平较低

我国旅游业的发展历史较短，真正发展只有二十几年的时间，刚开始主要集中于大中型旅游城市，而县域旅游的发展起步更晚。因此，目前县域从事旅游产业发展的人才奇缺，尤其缺乏旅游经营管理人才、市场营销人才和旅游规划人才。此外，从事旅游接待与服务的一线人员的职业化能力、客户服务能力普遍较低。这样的人力资源配置导致县域旅游产业在低水平徘徊，难以实现旅游业的大发展、快发展。

14.4 兴安县县域旅游发展建议

14.4.1 完善配套设施，提升服务水平

旅游业发展的同时对旅游目的地的旅游配套设施及服务功能提出了更高的要求，因此，兴安县要继续加大旅游投入力度，建设提升旅游配套设施，形成完善的系统，增加游客的舒适度，如提高旅游接待设施（包括停车场、酒店、饭店等）的档次及规模，并合理分布农家乐、民宿、饭店等，解决游客晚上回县城入住的问题，增设旅游服务中心、旅游购物设施、娱乐设施、医疗救护设施、物品寄存点等，使游客"吃得有特色、住得有感觉、行得便捷、游得舒服、购得畅快、娱得满意"，并且突出特色，将当地文化传统与民俗风情相结合，形成兴安韵味。另外，要注重提升服务水平。在全域化旅游交通、旅游服务、旅游标志、智慧旅游、旅游产品和旅游线路等方面提升游客满意度，如开发兴安旅游 APP，可以对用户的喜好作出判断，并提供相对应的最佳旅游线路供用户选择，还能让游客发布游记，游览线路图可覆盖整个兴安县，还可根据游客的需要为其提供私人订制线路，以最大限度地满足游客的需求。

14.4.2 线上线下同步宣传，提高知名度

兴安县首先应该塑造一个定位清晰的统一的旅游品牌形象，设计采用统一的旅游宣传口号和旅游 LOGO，并设计旅游吉祥物，形成一个鲜明突出的差异化的兴安旅游形象，以提高知名度。依托各类宣传媒介，采取线上线下全方位推介手段，做好宣传推广工作。线上利用微博、微信、旅游官网和抖音等进行宣传，如在微博创建话题，再借助明星的网络影响力、转发等提高公众参与度，利用微信公众号推文增加关注量，拍摄生动有趣的微视频在抖音上播放等，从多方面进行

宣传。官方网站与微博同步发布一些活动举办的排练场景等内容动态，吸引大众的关注。通过优酷网、南宁时空网论坛、广西卫视、旅游卫视及各地方电视台对兴安县内举办的一些活动进行报道；线下利用传统的报纸、杂志、宣传单、攻略手册等方式，进行长期持续的宣传，以提升其旅游品牌形象与知名度。定期招募商业群体进行展览、专题推介、特色餐饮文化品尝会等活动，吸引大众参与活动，从而提高兴安旅游的知名度、美誉度和影响力。

14.4.3　深度开发旅游资源，提升内涵品位

首先，抓住兴安县列为全国首批创建"国家全域旅游示范区"机遇，响应国家红色旅游号召，借鉴学习国内外经典案例，因地制宜进行发展，打造鲜明突出的旅游品牌形象。兴安县红色旅游目前发展态势比较好，已修缮和建成了一批以湘江战役纪念公园为主的红色旅游景点和红色旅游路线，再加上"广西桂林-秀美灵渠·红色兴安"动车组 D2981 次列车的正式开行，为兴安红色旅游发展注入更强劲的"高铁动力"。但是兴安红色旅游产品开发层次浅，以观赏性体验为主，应该围绕深度开发，如利用人机交互、VR（虚拟现实）、AR（增强现实）等技术进行实景再造，将现代科技、地方特色与历史文化有机结合，帮助旅游者重塑历史记忆、感受文化魅力，提升兴安县红色旅游的感染力和吸引力。让游客真实地感受长征途中的艰险情景，创新性地打造参与性高、附加值高的高端红色旅游产品，讲好红军长征故事，传承长征精神。

其次，兴安县的民间文艺较为发达，是桂剧、彩调的故乡。较有地方特色的文艺形式有渔鼓、文场、马仔调、师公舞、牌灯、板凳龙、山歌、贺郎歌、孝歌、开山歌等。但是兴安县并没有充分利用好这些拥有丰富内涵的民间文艺资源，一般在活动节庆上以表演的方式出现。兴安县应该在保护传承民间艺术的前提下加大开发力度，通过"旅游＋文艺"，打造文艺精品路线、开发系列文创商品，让游客在旅游的同时了解、保护、传承传统文化，紧紧地将民间文艺与群众文化创建活动紧密结合起来，让民间文艺"站起来"，为来自于民间、通行于民间的文艺搭建更大更精彩的舞台。

再次，兴安县的饮食文化也十分丰富。代表性的美味佳肴有香芋扣肉、清水炖鸡、白果炖老鸭、酸辣禾花鱼、冬笋炒腊肉等，土特产与美食小吃丰富多样，如兴安葡萄、兴安米花糖、兴安米粉、兴安猪脚粉、兴安白果、桂林白果、兴安粑粑、南源禾花鱼、干桂花、桂林马蹄、清水炖鸡、桂北冬笋、月柿、柚子皮炒肉丝、漓江鱼头酸笋汤、优优蜂蜜等。但是其中比较有知名度的只有桂林米粉、葡萄和"秦堤三花酒"，其他的特色美食知名度并不高。因此，兴安县要充分利用好丰富的饮食资源，深度开发特色美食，加大宣传推介力度，提高兴安美食知名

度和美誉度，增强兴安县旅游吸引力。

14.4.4 从"旅游＋"到"＋旅游"，构建旅游新格局

"旅游＋"是指充分发挥旅游业的拉动力、融合能力，大力发展"旅游＋农业、工业、交通、体育、卫生、健康、科技、航空"等，为相关产业和领域发展提供旅游平台，插上"旅游"翅膀，形成新业态。"旅游＋"体现的是旅游业寻求与相关产业相融发展，"＋旅游"则是其他产业与旅游业的主动融合、合力联动，在产业整合中不断衍生新兴业态，培育产业内容新增长点。

做好"旅游＋"发展模式。兴安县首先应该走好"旅游＋"融合发展之路，充分挖掘当地特色文化的基础上融合创新开发历史文化之旅、山水之旅、休闲度假之旅、红色之旅、民俗风情之旅和生态养生之旅等多元化的品牌旅游，不断提升旅游产品档次。例如，将北渠和南渠作为一个整体来进行规划，深挖灵渠厚重的历史文化，并使之与灵渠两岸旖旎的自然风光融为一体，融合发展"旅游＋文化、生态、农业、体育、康养"，发挥旅游产业巨大综合效应；积极加入大桂林旅游圈，构建旅游新格局。以建设桂林国家旅游综合改革试验区的契机，建设到阳朔的旅游通道和三大水库、猫儿山2个生态带，并将3个带连接起来，实现同步发展，拉长桂林旅游的链条，不断提升旅游产品档次，不断完善升级旅游设施和服务，优化旅游环境，提升兴安旅游知名度和美誉度。

逐步过渡到"＋旅游"模式。"＋旅游"绝不仅仅是"产业＋旅游"的简单叠加，而是一种产业化程度的提升，是多方面、多范围的产业重塑与再造。兴安县应该鼓励支持其他产业主动积极地和旅游业融合、联动发展。例如，开发一个区域旅游项目，以旅游为导向，以"1＋N（养老、养生、体育、亲子、研学、餐饮、住宿、购物、娱乐等）"为模式，激活自然生态、气候环境、历史文化、产业生产、流通消费和创新创意等要素，融通各类传统上不相关的产业要素，形成以一产为基础、二产为支撑、三产为亮点，三大产业协同发展的复合产业关系，从而实现兴安县旅游业的大发展，推动经济社会的大繁荣。

参 考 文 献

保继刚，楚义芳，彭华．1993．旅游地理学．北京：高等教育出版社．

保继刚，楚义芳．1999．旅游地理学（修订版）．北京：高等教育出版社．

陈洁，于琳，李春意．2009．基于后发优势理论的县域旅游经济发展研究——以焦作各县域为例．价值工程，(1)：52-54．

邓志勇．2010．城市群旅游竞争力评价研究．北京：中国社会科学院．

丁蕾，吴小根，丁洁．2006．城市旅游竞争力评价指标体系的构建及应用．经济地理，(3)：511-515．

甘枝茂，马耀峰．2000．旅游资源与开发．天津：南开大学出版社．

郭洪喜，刘峰．1999．知识经济对我国旅游业发展启示．发展研究，(5)：26-27．

胡春丽，王敏，李永文．2011．河南旅游交通发展现状与对策．华北水利水电学院学报（社科版），(27)：78．

黄秀娟．2007．旅游目的地国际竞争力决定因素研究——基于中国省级区域的分析．厦门：厦门大学．

黄羊山，王建萍．2001．旅游规划．北京：中国旅游出版社．

赖燕波．2010．国际化背景下旅游专业人才培养对策．科技信息，(29)：158．

李建平．2007．一部开拓省域竞争力研究新领域的力作——评《中国省域经济综合竞争力研究报告（1998～2004）》．管理世界，(2)：168-169．

李瑞，殷红梅．2010．民族县域旅游发展综合评价体系建立及实证研究．地理与地理信息科学，(26)：99．

李少游，张瑾．2009．桂黔湘边区民族县域旅游竞争力评价指标体系及比较研究．旅游论坛，(6)：361．

李天元．2003．旅游学概论（第五版）．天津：南开大学出版社．

李忠武，部先蓉，王彬．2008．生态旅游环境承载力研究．湖南大学学报（社会科学版），22(4)：75．

廖廓．2009．我国旅游信息化研究综述．企业导报，(2)：47．

刘明广．2010．论旅游目的地信息化及对策——以吉林省为例．现代商业，(27)：179．

刘志国，李明月．2009．县域旅游开发中的政府角色分析．管理科学，(11)：28．

迈克尔·波特．2002．国家竞争优势．李明轩，邱如美译．北京：华夏出版社．

牛亚菲．1988．论我国旅游资源开发条件的地域性．人文地理，(1)：47-50．

苏伟忠，杨英宝，顾朝林．2003．城市旅游竞争力评价初探．旅游学刊，(3)：39-42．

宿倩．2004．城市旅游产业竞争力研究．大连：大连理工大学．

孙根年．2001．论旅游业的区位开发与区域联合开发．人文地理，16（4）：1-5．
陶伟，倪娟．2010．中西方旅游需求预测对比研究：理论基础与模型．旅游学刊，(8)：12-17．
田晓辉，张河清．2009．县域旅游资源定量评价与整合开发策略——以湘西古丈、永顺两县为例．资源开发与市场，(25)：463．
万绪才，李刚，张安，等．2001．区域旅游业国际竞争力定量评价理论与实践研究——江苏省各地市实例分析．经济地理，21（3）：355-358．
王纯阳．2009．国外旅游目的地竞争力研究综述．旅游科学，(7)：29．
王大悟，魏小安．1998．新编旅游经济学．上海：上海人民出版社．
王莉红，马耀峰．2009．地级城市旅游竞争力比较研究——以山西运城、晋中、大同为例．山西师范大学学报（自然科学版），(23)：102．
王瑛，王铮．2000．旅游区位分析——以云南为例．地理研究，55（3）：346．
夏玢．2005．景区集群开发对客流季节性分布的影响——以安徽省潜山县为例．安徽师范大学学报，(6)：234-237．
肖星，严江平．2000．旅游资源与开发．北京：中国旅游出版社．
肖占鹏．2004．中国旅游可持续发展研究．天津：南开大学出版社．
谢彦君．1999．基础旅游学（第一版）．北京：中国旅游出版社．
徐淑梅．2006．区域旅游竞争力基本理论与评价体系研究．吉林：东北师范大学．
杨林．2000．充分发挥政府和市场在旅游业发展中的作用．经济问题探索，(1)：64-65．
易丽蓉，李传昭．2007．旅游目的地竞争力五因素模型的实证研究．管理工程学报，(3)：105-110．
袁清．2010．旅游业信息化发展趋势和对策研究．中国外资，(8)：226．
张城铭，翁李胜．2019．我国旅游地生命周期的阶段划分与节点判定——基于国内和入境游客数据的定量分析．旅游论坛，12（5）：21-30．
张敦富．1999．区域经济学原理．北京：中国轻工业出版社．
张辉．2001．旅游经济学．北京：旅游教育出版社．
张梦．2006．区域旅游业竞争力：二维度分析模型．旅游科学，(5)：8-12．
张倩，李莎．2010．南阳县域旅游发展的问题和对策．南阳理工学院学报，(2)：97．
张争胜，周永章．2005．城市旅游竞争力的实证研究——以广东省为例．资源开发与市场，(1)：13-16．
赵风云．2006．省域城市旅游竞争力比较研究——以山西省为例．石家庄：河北师范大学：11．
赵希勇，王锦．2007．旅游企业人才职业素质模型构建与应用研究．经济研究导刊，(6)：191-192．
周常春，保继刚．2005．肇庆城市旅游竞争力研究——兼论城市旅游竞争力的分析框架．地域研究与开发，(2)：78-83．
朱银娇，袁书琪．2005．论旅游区位对区域旅游市场的影响．福建地理，(20)：34．

朱应皋. 2002. 江苏旅游电子商务发展对策思考. 科技与经济, 15（5）：20-25.

Buhalis D. 2000. Marketing the competitive destination of the future. Tourism Management, (1): 97-116.

Butler R W. 1980. The concept of the tourist area cycle of evolution, implications for management of resources. Canadian Geographer, 24 (1): 5-12.

Dwyer L, Kim C. 2003. Destination competitiveness: Determinants and indicators. Current Issues in Tourism, 6 (5): 369-415.

Enright M l J, Newton J. 2005. Determinants of tourism destination competitiveness in Asia Pacific: Comprehensiveness and universality. Journal of Travel Research, (4): 339-350.

Huybers T, Bennett J. 2003. Environmental Management and the Competitiveness of Nature Based Tourism Destinations. Baltimore: Edwar Edgar Publishing.

Mihalič T. 2000. Environmental management of a tourist destination a factor of tourism competitiveness. Tourism Management, (1): 65-78.

Ritchie J R B, Crouch G I. 2003. The competitive destination: A sustainable tourism perspective. Cambridge: CABI Publishing.

附 录

附表1 2018~2019年广西县域旅游要素竞争力排名

顺序	县（市、区）	得分	顺序	县（市、区）	得分
1	阳朔县	4.392 08	25	宜州区	-0.241 42
2	青秀区	3.431 04	26	平南县	-0.242 57
3	海城区	1.982 57	27	上林县	-0.320 65
4	涠洲岛	1.217 73	28	雁山区	-0.325 06
5	秀峰区	0.878 17	29	荔浦市	-0.390 89
6	兴宁区	0.778 34	30	容县	-0.397 05
7	城中区	0.446 19	31	港北区	-0.458 12
8	龙胜县	0.415 99	32	巴马县	-0.465 87
9	三江县	0.273 25	33	合浦县	-0.473 82
10	大新县	0.232 62	34	鹿寨县	-0.478 92
11	玉州区	0.222 75	35	资源县	-0.482 04
12	兴安县	0.164 34	36	平果县	-0.494 30
13	恭城县	0.082 52	37	凌云县	-0.516 62
14	钦南区	0.061 54	38	宁明县	-0.518 14
15	靖西市	0.037 26	39	金秀县	-0.549 85
16	东兴市	-0.017 45	40	乐业县	-0.629 25
17	昭平县	-0.099 29	41	永福县	-0.636 66
18	北流市	-0.101 94	42	融水县	-0.638 82
19	凭祥市	-0.114 59	43	龙州县	-0.701 11
20	桂平市	-0.121 45	44	凤山县	-0.793 42
21	蒙山县	-0.161 86	45	忻城县	-0.807 50
22	灵川县	-0.224 72	46	武宣县	-0.853 18
23	马山县	-0.227 68	47	南丹县	-0.896 00
24	邕宁区	-0.230 30	48	合山市	-1.005 88

附表2 2018~2019年广西县域旅游业绩竞争力排名

顺序	县（市、区）	得分	顺序	县（市、区）	得分
1	青秀区	4.518 56	3	兴宁区	1.962 47
2	海城区	2.447 37	4	阳朔县	1.948 01

续表

顺序	县（市、区）	得分	顺序	县（市、区）	得分
5	钦南区	1.092 60	27	三江县	-0.321 66
6	玉州区	0.603 38	28	龙州县	-0.341 32
7	东兴市	0.562 71	29	蒙山县	-0.387 56
8	荔浦市	0.348 20	30	资源县	-0.406 19
9	秀峰区	0.341 48	31	平南县	-0.430 16
10	龙胜县	0.258 27	32	宁明县	-0.433 45
11	昭平县	0.221 86	33	凭祥市	-0.438 15
12	恭城县	0.197 08	34	涠洲岛	-0.460 94
13	港北区	0.191 04	35	容县	-0.531 91
14	灵川县	0.175 44	36	桂平市	-0.639 32
15	大新县	0.167 90	37	南丹县	-0.641 98
16	北流市	0.110 43	38	合浦县	-0.687 57
17	乐业县	0.095 80	39	邕宁区	-0.691 57
18	宜州区	0.069 87	40	凤山县	-0.735 20
19	兴安县	-0.006 63	41	巴马县	-0.738 13
20	城中区	-0.028 25	42	平果县	-0.801 76
21	雁山区	-0.087 82	43	忻城县	-0.802 71
22	靖西市	-0.111 61	44	永福县	-0.865 86
23	鹿寨县	-0.177 65	45	凌云县	-0.867 06
24	上林县	-0.183 81	46	武宣县	-0.943 89
25	金秀县	-0.184 91	47	马山县	-0.989 34
26	融水县	-0.288 23	48	合山市	-1.087 83

附表 3　2018～2019 年广西县域旅游管理竞争力排名

顺序	县（市、区）	得分	顺序	县（市、区）	得分
1	阳朔县	1.686 59	10	兴安县	1.093 35
2	恭城县	1.649 72	11	融水县	0.990 49
3	容县	1.493 39	12	大新县	0.935 29
4	荔浦市	1.467 55	13	青秀区	0.814 35
5	金秀县	1.463 40	14	三江县	0.774 05
6	巴马县	1.381 15	15	城中区	0.521 00
7	龙胜县	1.360 57	16	靖西市	0.489 86
8	雁山区	1.316 22	17	马山县	0.434 69
9	资源县	1.123 37	18	邕宁区	0.328 67

续表

顺序	县（市、区）	得分	顺序	县（市、区）	得分
19	北流市	0.242 17	34	合浦县	−0.622 30
20	蒙山县	0.241 07	35	桂平市	−0.710 98
21	上林县	0.216 81	36	平果县	−0.855 01
22	涠洲岛	0.191 98	37	合山市	−0.911 21
23	秀峰区	0.187 18	38	平南县	−0.954 85
24	凭祥市	−0.050 65	39	宜州区	−1.037 60
25	龙州县	−0.058 79	40	玉州区	−1.068 28
26	宁明县	−0.181 76	41	凌云县	−1.088 90
27	灵川县	−0.187 81	42	兴宁区	−1.119 78
28	东兴市	−0.252 02	43	南丹县	−1.155 93
29	鹿寨县	−0.354 93	44	海城区	−1.283 73
30	昭平县	−0.484 81	45	凤山县	−1.287 98
31	港北区	−0.516 93	46	忻城县	−1.475 90
32	钦南区	−0.599 29	47	永福县	−1.481 93
33	乐业县	−0.618 44	48	武宣县	−2.043 13

附表 4　2018～2019 年广西县域旅游发展竞争力排名

顺序	县（市、区）	得分	顺序	县（市、区）	得分
1	资源县	1.941 23	17	涠洲岛	0.338 70
2	马山县	1.816 01	18	靖西市	0.319 52
3	秀峰区	1.793 21	19	巴马县	0.279 88
4	金秀县	1.702 69	20	鹿寨县	0.056 42
5	邕宁区	1.566 19	21	恭城县	0.046 97
6	阳朔县	1.520 14	22	大新县	0.009 28
7	融水县	1.413 34	23	龙胜县	−0.024 55
8	城中区	1.357 60	24	宜州区	−0.084 71
9	容县	1.209 33	25	平南县	−0.195 03
10	雁山区	0.912 68	26	宁明县	−0.201 40
11	龙州县	0.841 51	27	凤山县	−0.202 01
12	青秀区	0.659 05	28	三江县	−0.268 18
13	蒙山县	0.621 10	29	合浦县	−0.299 97
14	南丹县	0.455 01	30	上林县	−0.547 41
15	桂平市	0.453 78	31	合山市	−0.575 08
16	兴安县	0.403 58	32	钦南区	−0.661 07

续表

顺序	县（市、区）	得分	顺序	县（市、区）	得分
33	武宣县	−0.670 25	41	港北区	−0.973 93
34	北流市	−0.688 43	42	玉州区	−1.037 51
35	东兴市	−0.710 08	43	兴宁区	−1.060 07
36	永福县	−0.722 52	44	昭平县	−1.083 79
37	凭祥市	−0.821 48	45	乐业县	−1.125 00
38	灵川县	−0.896 40	46	忻城县	−1.391 20
39	凌云县	−0.949 07	47	海城区	−1.683 60
40	平果县	−0.973 28	48	荔浦市	−1.871 21

附表5　2018～2019年广西县域旅游新媒体评价排名

顺序	县（市、区）	得分	顺序	县（市、区）	得分
1	涠洲岛	4.192 18	25	凭祥市	0.029 89
2	靖西市	3.157 74	26	武宣县	0.018 27
3	阳朔县	1.966 17	27	雁山区	0.012 12
4	东兴市	0.973 45	28	灵川县	−0.000 45
5	大新县	0.526 41	29	宜州区	−0.015 81
6	龙胜县	0.431 82	30	凤山县	−0.020 82
7	金秀县	0.421 65	31	融水县	−0.023 05
8	兴安县	0.284 71	32	秀峰区	−0.060 46
9	上林县	0.226 33	33	合浦县	−0.087 83
10	荔浦市	0.191 54	34	城中区	−0.088 38
11	平南县	0.174 66	35	合山市	−0.116 71
12	凌云县	0.146 01	36	恭城县	−0.755 96
13	三江县	0.126 44	37	南丹县	−0.894 61
14	北流市	0.118 02	38	桂平市	−0.910 57
15	平果县	0.088 00	39	马山县	−0.942 46
16	昭平县	0.087 26	40	乐业县	−0.959 08
17	容县	0.076 92	41	龙州县	−1.063 57
18	巴马县	0.075 12	42	宁明县	−1.065 04
19	兴宁区	0.067 20	43	海城区	−1.095 10
20	邕宁区	0.065 00	44	永福县	−1.105 31
21	蒙山县	0.062 98	45	港北区	−1.108 77
22	青秀区	0.059 03	46	玉州区	−1.113 40
23	鹿寨县	0.039 73	47	钦南区	−1.113 74
24	资源县	0.037 87	48	忻城县	−1.115 40

附表6　2018～2019年广西县域旅游综合竞争力排名

顺序	县（市、区）	得分	顺序	县（市、区）	得分
1	阳朔县	2.302 60	25	北流市	-0.063 95
2	青秀区	1.896 40	26	上林县	-0.121 75
3	涠洲岛	1.095 93	27	鹿寨县	-0.183 07
4	靖西市	0.778 56	28	灵川县	-0.226 79
5	秀峰区	0.627 92	29	钦南区	-0.243 99
6	金秀县	0.570 60	30	宜州区	-0.261 93
7	龙胜县	0.488 42	31	龙州县	-0.264 65
8	资源县	0.442 85	32	昭平县	-0.271 75
9	城中区	0.441 63	33	凭祥市	-0.279 00
10	兴安县	0.387 87	34	平南县	-0.329 59
11	大新县	0.374 30	35	桂平市	-0.385 71
12	容县	0.370 14	36	合浦县	-0.434 30
13	雁山区	0.365 63	37	玉州区	-0.478 61
14	融水县	0.290 74	38	宁明县	-0.479 96
15	恭城县	0.244 06	39	港北区	-0.573 34
16	邕宁区	0.207 60	40	平果县	-0.607 27
17	兴宁区	0.125 63	41	凤山县	-0.607 88
18	三江县	0.116 78	42	南丹县	-0.626 70
19	东兴市	0.111 32	43	乐业县	-0.647 19
20	巴马县	0.106 43	44	凌云县	-0.655 12
21	蒙山县	0.075 15	45	合山市	-0.739 34
22	海城区	0.073 50	46	武宣县	-0.898 43
23	马山县	0.018 24	47	永福县	-0.962 45
24	荔浦市	-0.050 96	48	忻城县	-1.118 54

后　　记

广西县域旅游竞争力研究得到广西壮族自治区文化和旅游厅甘霖及广东省文化和旅游厅曾颖如、梅其洁等领导的关心和指导；得到桂林旅游学院党委书记林娜、校长程道品的大力支持；也得到广西壮族自治区和广东省相关职能部门的关心和协助，在此一并表示感谢！

广西县域旅游竞争力研究同时也得到了法国昂热大学副校长莫里斯（Morris）教授、世界优秀旅游目的地组织总干事弗朗索瓦·贝达德（Francois Beidade）教授、美国圣地亚哥州立大学凯蒂（Ketti）教授及广西壮族自治区、广东省相关旅游院校的指导和帮助。广西旅游科学研究所林选妙、孙国华，广州大学旅游学院博士研究生 Nurima Rahmitasari、Abdel Jebbouri，硕士研究生邓泽平、许咏媚、马静、郭婷婷、冯怡琳、彭彩婷等参与了田野调查、素材编写和资料整理工作。书稿撰写具体分工如下：总报告（执笔人：梁业章、张河清、王蕾蕾、邓泽平、马静、郭婷婷、林选妙）；分报告（执笔人：张河清、梁业章、王蕾蕾、许咏媚、冯怡琳、彭彩婷、孙国华）。全书最后由梁业章、张河清、王蕾蕾共同完成修改和定稿工作。